JN223469

通達改正でこう変わる!!

# キャッチアップ
# 保険の税務

中央大学教授 **酒井克彦** [編著]

ぎょうせい

# はしがき

　中小企業においては，法人税の節税策の１つとして生命保険を利用することが多々ある。代表取締役等に生命保険をかけ，高額な保険料の支払で利益を圧縮し，特定の時期に解約することにより支払った保険料の多くが解約辺戻金として戻ってくるなどといったいわゆる節税保険の利用は，もはや当たり前ともいえる節税方法であったといえよう（金融庁の指導により「節税保険」という表現が問題となっているようであるが，本書は業界指導とは距離を置く書籍であるから，そのような拘束を受けることはない。）。そうした実務が定着していた中，保険通達が改正されるとあって，実務上大変な注目を集めたわけであるが，ここでは，節税保険が生み出されている論拠ともされている通達の取扱いがなぜ改正されることになったのかという点について考えてみたい。

　これまで，国税庁は個別通達を発遣することで，長らく節税保険への対応を図ってきた。すなわち，国税庁は，例えば，平成20年には「逓増定期保険」についての通達，平成24年には，「がん保険」についての通達を発遣し，法人契約における支払保険料の損金算入を制限してきたが，その効果も限定的であったといってよかろう。

　そのような中，平成31年２月に遠藤俊英金融庁長官が，販売主体の生命保険各社のトップに意見交換会の場で，法人向け定期保険について「厳しい収益環境の中でのトップライン維持のために，過去を顧みず，問題がある商品を販売するという姿勢はいかがなものか。経営のあり方として美しくない」と述べたと報道されている（平成31年２月25日付けロイター発）。すなわち，ここでいうところの「問題がある商品」として，いわゆる節税保険に焦点が当てられていたことは周知のとおりである。

　また，同月，国税庁から各生命保険会社に対して，「法人向け定期保険等の税務取扱いについて見直しを検討している」旨の連絡があったが，そこでは，解約返戻率が50％以下は対象外とされたというのである。

　このような意見発信の後，国税庁はパブリックコメントを出し（第５章資料編参照），通達の取扱いに変更を加える旨の方向性を示したのである。

この通達改正の課税実務に与える影響は相当に大きいものといえよう。そこで、どのような通達が発遣されたのか、その影響はいかるものか、また、このような通達が発遣されるに至る背景などを整理し、租税専門家がかかる通達を読み解くためのヒントを提示することとしたい。また、このような通達改正のインパクトを念頭に置くと、今こそ通達行政を見直す契機と捉えることもできるのではなかろうか。

もっとも、法人契約の保険の目的には節税以外にも様々なものがある。例えば、その法人の役員や使用人の福利厚生のためであるとか、あるいは死亡や障害事故の発生が経営にもたらす影響（リスク）を回避するためというような機能も期待されている。

このような法人契約の保険のうち保険期間が長期に及ぶ生命保険商品の場合、保険期間中の保険料を一定とする平準保険料の下で、保険料の積立金が積み立てられることから（責任準備金）、保険料自体には、保障に係る部分と貯蓄に係る部分という2つの側面が同時に併有されている。純粋に考えれば、保障に係る部分の保険料は福利厚生費や支払給与といった意味合いを有するので損金算入されるべきものであるとしても、貯蓄に係る部分の保険料は資産計上がなされるべきことになろう。しかしながら、かかる保険料について、保険数理による計算をして、上記の2つの側面のそれぞれに支払保険料の額を割り振りすることは煩雑であることから、法人税基本通達9－3－4《養老保険に係る保険料》は簡易な計算方法を許容している。

同通達によると、支払保険料の2分の1が損金算入されることとなっているため、単純にこの通達を適用するとなれば、保障に係る部分と貯蓄に係る部分の実際の割合を無視して、いかなる種類の養老保険であっても支払保険料の2分の1は損金に算入できることになりそうである。もっとも、通達とはそのように適用すべきものではないのであるが、多くの実務家が通達というものを誤解して、あたかも、上記通達がいわばセーフハーバーであるかの如く理解をしていることから、通達に示された取扱いを前提とした保険商品が数多く登場するようになったのである。

また、このような法人税基本通達の取扱いと財産評価基本通達214《生命保

険契約に関する権利の評価》等の取扱いとをうまく兼ね合わせて，節税提案がされる傾向にもあるのが現状であった。すなわち，財産評価基本通達214は，生命保険契約に関する権利の評価を「解約返戻金の額」によって行うとするものであるが，名義変更を利用したスキームも存在する。すなわち，長期の法人保険契約を組み，多額の保険料を払い込み（その一部は法人税法上の損金算入済み），解約返戻金の額の少ない時期に契約者を法人から例えば，代表取締役社長へ変更することで（契約者変更），解約返戻金の額によって低く評価された保険をかかる社長名義のものとすることができるという商品設計ないしスキームも一般的に行われているのが現状となっている。

　もっとも，今回の通達の改正は，法人が契約する定期保険契約ないし第三分野保険契約の支払保険料のそれも，保険期間3年以上の最高解約返戻率50％超の保険に係るものに限定しているため，全ての節税に活用される保険契約に係る税務上の取扱いに変更が加えられたものではない。そのような意味では，考え方によっては，多くの問題の一部についてのみ通達が改正されたということにもなる。


　そもそも，通達による支払保険料の取扱いは租税法律主義の見地からみて問題はないのか。このような通達変更による行政上の圧力は，いわゆる通達行政といわれる行政上の問題に拍車をかけることになりはしないかという点からの問題関心も惹起されるところである。

　そこで，今回の通達改正から考えるべき上記にいくつか摘示した問題を含めた諸問題につき，アコード租税総合研究所のメンバーを中心として，『通達改正でこう変わる!!　キャッチアップ保険の税務』として刊行することとした。

　本書では，第1章で保険と税務に関して概観したのち，第2章に実務編を設けた。そこでは，改正通達ないし保険税務に関する実務上の問題について分析及び解説を行っている。第3章では，理論編として，法人税法が依拠する公正処理基準ないし企業会計準拠主義という基本構造と保険通達との関係について，法律構成から行政手法にわたって問題点を整理するなど，保険税務に所在する理論的問題について検討を加えている。さらに，第4章では，新日本保険新聞社・榊原正則氏との対談において，実務的な問題関心の掘り起こしを行ってい

る。

　本書は，ぎょうせい社のアコード租税総合研究所の研究への深いご理解とご協力を経て出版に漕ぎつけたものである。ここに深く感謝申し上げたい。また，本書の校正作業においては，アコード租税総合研究所の事務局長の佐藤総一郎氏にご尽力いただいた。秘書の手代木しのぶさんには，この度も表紙のデザイン案を使わせていただいた。ここに深く御礼申し上げたい。

　令和元年 8 月

酒井　克彦

# 目　　次

# 第4章　対　談　編

# 第5章　資　料　編

# 凡　　例

　本書では，本文中は原則として正式名称を用い，主に（　）内において下記の略語を使用している。

　また，読者の便宜を考慮し，判決・条文や文献の引用において，漢数字等を算用数字に変え，必要に応じて3桁ごとにカンマ(,)を入れるとともに，「つ」等の促音は「っ」等と小書きしている。

　なお，引用文献や判決文等の下線ないし傍点は，特に断りのない限り，筆者が付したものである。

〔**法令・通達等**〕

　　民　　……民法
会　　社……会社法
行　　手……行政手続法
法　　法……法人税法
相　　法……相続税法
措　　法……租税特別措置法
保　　険……保険法
保 険 業……保険業法
保険業規……保険業法施行規則
法 基 通……法人税基本通達
相 基 通……相続税法基本通達
評 基 通……財産評価基本通達
Ｆ　Ａ　Ｑ……令和元年7月8日付け「定期保険及び第三分野保険に係る保険料
　　　　　　の取扱いに関するFAQ」

〔**判例集・雑誌**〕

民　　集……最高裁判所民事判例集
刑　　集……最高裁判所刑事判例集
集　　民……最高裁判所裁判集民事

行　　　集……行政事件裁判例集

訟　　　月……訟務月報

税　　　資……税務訴訟資料

判　　　タ……判例タイムズ

ジ　ュ　リ……ジュリスト

税　　　弘……税務弘報

税大論叢……税務大学校論叢

税　　　法……税法学

曹　　　時……法曹時報

民　　　商……民商法雑誌

〔文　　　献〕

金子・租税法……金子宏『租税法〔第23版〕』（弘文堂2019）

水野・大系……水野忠恒『大系租税法〔第2版〕』（中央経済社2018）

酒井・通達の読み方……酒井克彦『アクセス税務通達の読み方』（第一法規
　2016）

酒井・保険税務……酒井克彦『クローズアップ保険税務』（財経詳報社2017）

# 第 1 章

## 節税と保険

# 保険通達に係る改正の必要性及び そこに所在する問題点

## はじめに

　保険の取扱いを巡る租税法の解釈適用領域における処理一般を「保険税務」と呼ぶことが多いが，かかる保険税務においては，生命保険，損害保険あるいは第三分野保険に限らず，ある特徴的な問題が包摂されていると思われる。それは通達による支配である。とりわけ支払保険料が，法人税法上の損金に算入されるか否かや，所得税法上の必要経費ないし一時所得を得るために支出した金額に算入されるか否か，またそれらに算入されるとした場合の金額の計算について，通達による取扱いに実務が支配されているという認識は実務家に共有されているのではなかろうか。さらにいえば，生命保険各社における保険商品の開発段階から，国税庁の発遣している通達を相当意識しており，通達の取扱いがあたかも法律の規定であるかのごとく強い影響力を発揮している。言い方を変えれば，通達による支配が保険業界全般にまで及んでいるといっても言い過ぎではないようにさえ思えるのである。

　さて，このたび，そのような強い影響力を有する保険税務に関する通達が大幅に改正されることとなった。具体的にいえば，これまでの保険税務に係る個別通達のいくつかが廃止されるとともに，法人税基本通達における保険税務に関する部分に改正がなされることとなったのである。

　通達内容の詳細にわたる部分については，本書において，丁寧に分析し解説を加えることとするが，まず，ここでは，上記のいくつかの通達の廃止や改正の背景及び考え方について，若干の整理を行うこととしたい。

# 1 通達改正の概観

## 1 バレンタイン・ショック

保険業界では，今回の通達改正は，平成31年2月13日の国税庁からの連絡から始まり，翌14日より生命保険各社が一斉に対象となり得る保険商品の販売を自粛したことから「バレンタイン・ショック」などと呼ばれているようである。

国税庁からはおおむね次のような連絡があったという。

① 平成31年2月に国税庁から各生命保険会社に対して，「法人向け定期保険等の税務取扱いについて見直しを検討している」旨の連絡があった。

② 見直しの具体的内容・時期については検討段階であり未定であるが，支払保険料の経理処理において損金算入できる取扱いを見直す内容となることが想定される。

③ 法人向け定期保険等の最高解約返戻率が50％以下は対象外とする予定である。

## 2 意見公募手続

その後，国税庁は通達改正案を行政手続法上の意見公募手続という形で，国税庁のホームページに公表した。

その内容は，「『法人税基本通達の制定について』（法令解釈通達）ほか1件の一部改正（案）（定期保険及び第三分野保険に係る保険料の取扱い）等に対する意見公募手続の実施について」というもので，「『法人税基本通達の制定について』の一部改正について（法令解釈通達)」と，「『連結納税基本通達の制定について』の一部改正について（法令解釈通達)」並びに保険商品の類型ごとに保険料の損金算入の取扱いを定めている法令解釈通達（個別通達）の廃止がその内容とするところであった。

次に，法人税基本通達改正及び個別通達廃止の背景について，国税庁が意見公募手続に示した考え方に沿って簡単に確認をしておくこととしよう。

## 3　法人税基本通達改正及び個別通達廃止の背景

### ■　定期保険に係る保険料の税務上の取扱い

　法人税法上，当該事業年度の損金の額に算入される費用の額は，別段の定めがあるものを除き，一般に公正妥当と認められる会計処理の基準に従って計算されるものとされている（法法22③④）。この点，商法及び会社法は，企業会計の慣行に委ねることとしているところ，企業会計原則では，前払費用について，当期の損益計算から除去し，資産の部に計上しなければならないとされている（企業会計原則第二損益計算書原則一，原則第三貸借対照表原則四，財務諸表等規則16，31の２）。かような会計処理は，法人税法22条４項にいう「一般に公正妥当と認められる会計処理の基準」に適合するものと認められるので，法人税法上，課税標準の金額の計算においては，前払部分の保険料は損金算入せずに，資産計上するのが原則的な処理となるわけである。

　さて，保険期間が複数年となる定期保険の支払保険料は，加齢に伴う支払保険料の上昇を抑える観点から平準化されているため，保険期間前半における支払保険料の中には，保険期間後半における保険料に充当される部分，すなわち前払部分の保険料が含まれている。しかしながら，国税庁では，いわゆる掛捨ての危険保険料及び付加保険料のみで構成されている，その平準化された定期保険の保険料について，これらを期間の経過に応じて損金の額に算入したとしても，一般に，課税所得の適正な期間計算を大きく損なうこともないと考えられることから，法人税基本通達９－３－５《定期保険に係る保険料》において，その保険料の額は期間の経過に応じて損金の額に算入することと取り扱ってきていた。

　すなわち，同通達は，次のように通達していた。

　しかし，特に保険期間が長期にわたる定期保険や保険期間中に保険金額が逓増する定期保険は，その保険期間の前半において支払う保険料の中に相当多額の前払部分の保険料が含まれており，中途解約をした場合にはその前払部分の保険料の多くが返戻されるため，このような保険についても上記の法人税基本通達9－3－5の取扱いをそのまま適用すると課税所得の適正な期間計算を損なうこととなるといえよう。ここでは，費用収益対応の原則の観点からの問題意識が背景にあったのではなかろうか。そこで，国税庁は，かような保険については，上記の原則的な考え方に則った取扱いとすることが適当であるため，平成20年2月28日付け課法2－3「法人が支払う長期平準定期保険等の保険料の取扱いについて」（個別通達）により，その支払保険料の損金算入時期等に関する

取扱いの適正化を図ってきたという経緯がある。

**2　いわゆる第三分野保険に係る保険料の税務上の取扱い**

　また，いわゆる第三分野保険についても上記と同様の考え方の下，以下の個別通達により，それぞれの個別通達に定める保険について，支払保険料の損金算入時期等に関する取扱いを明らかにしてきた。

---

①　昭和54年6月8日付け直審4−18「法人契約の新成人病保険の保険料の取扱いについて」

②　平成元年12月16日付け直審4−52，直審3−77「法人又は個人事業者が支払う介護費用保険の保険料の取扱いについて」

③　平成13年8月10日付け課審4−100「法人契約の『がん保険（終身保障タイプ）・医療保険（終身保障タイプ)』の保険料の取扱いについて（法令解釈通達)」

④　平成24年4月27日付け課法2−5，課審5−6「法人が支払う『がん保険』（終身保障タイプ）の保険料の取扱いについて（法令解釈通達)」

---

**3　取扱いの見直しの必要性**

　しかしながら，これらの個別通達の発遣後相当年月を経過し，次のような種々の理由から，国税庁では，各保険商品の実態を確認して，その実態に応じた取扱いとなるよう資産計上ルールの見直しを行う必要が生じ，類似する商品や第三分野保険の取扱いに差異が生じることのないよう定期保険及び第三分野保険の保険料に関する取扱いを統一することとしたというのである。

---

①　保険会社各社の商品設計の多様化や長寿命化等により，それぞれの保険の保険料に含まれる前払部分の保険料の割合にも変化が見られること

---

② 類似する商品であっても個別通達に該当するか否かで取扱いに差異が生じていること

③ 前払部分の保険料の割合が高い同一の商品であっても加入年齢や保険期間の長短により取扱いが異なること

④ 第三分野保険のうち個別通達に定めるもの以外はその取扱いが明らかではなかったこと

そこで，上記通達の全面的な見直しをするというのが今回の通達改正の背景及び考え方であるというのである。これは，国税庁の示す通達改正の背景及び考え方であるが，その根底には，以下のような考え方もあり得るように思われる。次に，租税法解釈論的視角から保険税務が通達に依拠して行われてきたことの問題点を簡単に炙り出すこととしよう。

## 2 租税法解釈論的視角からの問題関心

### 1 制度濫用論

しばしば，保険契約を利用して行う節税に関心が寄せられるが，例えば，わざわざ，通達の取扱いに合わせるように契約を仕組み，本来の保障機能が下がってでも，租税負担が軽減されるべく工夫を施すような保険契約があったとすると，それはいわば租税負担軽減目的の制度濫用的な意味を持つ契約であるといえなくもない。

租税回避については，これまで，講学上，課税要件の充足を免れるものと定義されてきたが，今日の有力な学説は，あえて課税要件の充足を図ることで「租税制度」を濫用するものまで含めて租税回避と論じるようになっている[*1]。

例えば，法人税法69条《外国税額の控除》１項の外国税額控除を利用

---

[*1] 金子・租税法135頁。

して，取引関係者が利益を得るというスキームが問題となった事例に，いわゆるりそな銀行事件がある。同事件の上告審最高裁平成17年12月19日第二小法廷判決（民集59巻10号2964頁）[2]は，法人税法69条の定める外国税額控除の制度について，「同一の所得に対する国際的二重課税を排斥し，かつ，事業活動に対する税制の中立性を確保しようとする政策目的に基づく制度」であると位置付けた上で，「ところが，本件取引は，全体としてみれば，本来は外国法人が負担すべき外国法人税について我が国の銀行である被上告人が対価を得て引き受け，その負担を自己の外国税額控除の余裕枠を利用して国内で納付すべき法人税額を減らすことによって免れ，最終的に利益を得ようとするものであるということができる。これは，我が国の外国税額控除制度をその本来の趣旨目的から著しく逸脱する態様で利用して納税を免れ，我が国において納付されるべき法人税額を減少させた上，この免れた税額を原資とする利益を取引関係者が享受するために，取引自体によっては外国法人税を負担すれば損失が生ずるだけであるという本件取引をあえて行うというものであって，我が国ひいては我が国の納税者の負担の下に取引関係者の利益を図るものというほかない。そうすると，本件取引に基づいて生じた所得に対する外国法人税を法人税法69条の定める外国税額控除の対象とすることは，外国税額控除制度を濫用するものであり，さらには，税負担の公平を著しく害するものとして許されないというべきである。」と論じている。

　これは，課税要件の充足を免れるものではなく，むしろ逆に，法人税法69条１項に示す要件を充足する事案であったのであるから，それは一般的には「節税」を意味するものであるようにも思われるが，最高裁は，節税規定である同条を濫用したものとして，外国税額控除の適用を否認した課税庁の更正処分を適法であると判断している。前述のように，今

---

＊2　判例評釈として，杉原則彦・曹時58巻６号177頁（2006），木村弘之亮・税法569号43頁（2013），岡村忠生・租税判例百選〔第６版〕38頁（2016），今村隆・税理49巻７号2頁（2006），酒井克彦・会社法務 A2Z99号58頁（2015）など参照。

日の学説は，このように課税要件を充足する場合であっても，私法上の形成可能性を利用して租税制度の濫用により租税負担の軽減・排除を図る行為を，租税回避の定義に含めることと解しているのである。

　また，いわゆるヤフー事件最高裁平成28年2月29日第一小法廷判決（民集70巻2号242頁）[3]は，「同条〔筆者注：法人税法132条の2〕にいう『法人税の負担を不当に減少させる結果となると認められるもの』とは，法人の行為又は計算が組織再編成に関する税制（以下『組織再編税制』という。）に係る各規定を租税回避の手段として濫用することにより法人税の負担を減少させるものであることをいうと解すべきであり，その濫用の有無の判断に当たっては，①当該法人の行為又は計算が，通常は想定されない組織再編成の手順や方法に基づいたり，実態とは乖離した形式を作出したりするなど，不自然なものであるかどうか，②税負担の減少以外にそのような行為又は計算を行うことの合理的な理由となる事業目的その他の事由が存在するかどうか等の事情を考慮した上で，当該行為又は計算が，組織再編成を利用して税負担を減少させることを意図したものであって，組織再編税制に係る各規定の本来の趣旨及び目的から逸脱する態様でその適用を受けるもの又は免れるものと認められるか否かという観点から判断するのが相当である」とする。

　このように近時の最高裁は，制度濫用を問題視しており，新たな学説はこれらを「租税回避」の一類型として位置付けるに至っているのである[4]。

　ところで，仮に，保険通達の取扱いを形式的に濫用したものと認められる商品設計や契約関係の場合に，同通達の許容する処理として許されるか否かについては議論の余地があるように思われる。支払保険料の損金算入が，通達の示すとおりに常になされると考えることは妥当である

---

＊3　判例評釈として，岡村忠生・ジュリ1495号10頁（2016），今村隆・税弘64巻7号54頁（2016），伊藤剛志・ジュリ1496号31頁（2016），泉絢也・税務事例48巻6号32頁（2016），多賀谷博康・アコード・タックス・レビュー9＝10号64頁（2018）など参照。
＊4　金子・租税法135頁。

のかという問題関心が惹起される素地は既にあったのである。見方によっては，通達が示す要件をあえて充足させることによって，その制度を濫用して租税負担の軽減を図っているとみることができなくはないのである。

もっとも，通達は法律ではないので，上記のような制度濫用論にいう「制度」の濫用とはいい難い。租税回避論では，課税要件を念頭に議論を展開しているのであるが，租税法律主義の下，通達にはそもそも課税要件が記載されていないので，仮に通達に示す要件「的」なものを満たさないように（充足を免れるように）契約を組んだとしても，決して課税要件の充足を免れることにはならない。また，その逆に，通達には節税要件も記載されているものではないから，通達を濫用したとしても，制度濫用とはいえないことになる。それが講学上の整理となるはずである。

ただし，租税回避という概念には当たらないとしても，そこには問題視されるべき素地があったのではなかろうか。

## 2　保険通達による助長

他方で，国税庁が上記のような通達「濫用」を許容していたという面はなかったのであろうか。例えば，介護保険通達が発出されると，それを所与のものとして，新たな個別通達が発出されていくという連鎖がある中，いったん節税要件「的」なものが通達に示されるとそれが所与のものとなって，同様の節税要件「的」な取扱いがさらに拡がるという実態を観察することもできるのである。

いわば，国税庁が個別通達を発遣した部分については，セーフハーバー（安全地帯）的な取扱いが公認されたかのような誤解が拡散するという点で，やや批判的にみれば，課税当局にも，かような事態を招いた責任の一端があるようにも思われるのである。

そもそも，発遣された通達にいかなる法的根拠があるのか必ずしも判

然としない取扱いが少なくない。例えば，養老保険に係る取扱いについても，なぜ，いわゆるハーフタックス，すなわち，2分の1の損金算入が許容されるのかについて，法人税法22条3項2号ないし，同条4項の解釈論からいかなる法的な説明がなされ得るのか明確にされてはいない。この度の通達改正においても，その根拠となるデータなどは開示されていない[5]。

　一般に公正妥当と認められる会計処理の基準から，どのような整理でハーフタックスの処理が許容されるのかという点が明確にされていないことにこそ，単なる通達をして，そこに法的な意味合いにも似たものを認めることとしてきたことの問題があるのではなかろうか。常に，実定法の解釈から導出できる取扱いであることを明確にしてさえいれば，実務的対応においても，実定法に依拠した解釈が検討されることになるであろうが，そのような考察をすることさえもできないような通達が発出されると，法条の根拠はともかくも，かかる通達をいわば妄信せざるを得ないという納税者や保険業界の立場もあったとみてよいのではなかろうか。

## ③ 個別通達にみる問題点

### ① 個別通達がもたらす空白域

　今回の法人税基本通達の整備に伴い，第三分野保険に係る個別通達が

---

＊5　国税庁は，「今回の法令解釈通達は行政手続法の『命令等』に該当するか。『命令等の案に関連する資料』等として，最高返戻率の区分や資産計上額等の定めの合理性を裏付けるデータをあらかじめ公示すべきではないか。」との意見に対して，「通達とは，上級行政機関が関係下級行政機関及び職員に対して指揮監督権に基づいて行う命令であり，法人税基本通達（法令解釈通達）は，行政手続法第2条第8号に規定する『命令等』に当たります。なお，今般の改正に際して，生命保険協会からのヒアリング等により，各生命保険会社が販売している各保険商品の実態を確認していますが，守秘義務の観点からデータの公表は差し控えさせていただきます。」と回答している（令和元年6月28日付け国税庁「『法人税基本通達の制定について』（法令解釈通達）ほか1件の一部改正（案）（定期保険及び第三分野保険に係る保険料の取扱い）等に対する意見公募の結果について」）。

廃止されたのは既述のとおりであるが，これらの通達が個々の商品等を対象として国税庁が個別に質問を受けたものに対する回答に基づいていることから明らかなとおり，あくまでも個別通達は，個別の商品を対象にして回答されたものである。すなわち，果たして，類似商品についても，公表されている個別通達と同様の課税上の取扱いとなるか否かは必ずしも判然としない中にあって，類似商品を販売している保険会社等は，おそらく同じ課税上の取扱いになるであろうとの予測の下で行動しているのが実情であった。

かような意味では，類似商品とはいっても完全一致のものは少ないと考えられることからすれば，そこでの予測可能性とは，やや不安定な予測可能性にとどまるともいえよう。さりとて，国税庁としても全ての個別商品に対する質問を前広に受け付けて回答を行うことは，あまりにも煩雑であって現実的ではない。そうすると，個別通達と個別通達の間に所在すると思われる空白域を埋める作業の必要性をどのようにして担保するかという点でのある種の工夫が必要となるのであって，今回法人税基本通達の改正によって，その空白域の発生を予防的に塞いだことには意味があるといえよう。

もっとも，広く網を張るという意味で，定期保険と第三分野保険を対象に通達が改正されたのであるが，上述の議論とは逆の問題も同時に生じる。すなわち，この網の張り方があまりにも広いのではないかとの疑問も惹起され得るところである。

## 2　個別商品開発と国税当局との話し合い

非公開の，いわばブラックボックスでの話し合いを前提として課税上の取扱いが決定されるとすれば，それはいくつかの点で問題が惹起され得る。

例えば，国税庁にパイプを有する者のみの意見が当局の見解に反映されるという問題がある。これは平等取扱原則を棄損するおそれとして問

題視され得る点でもある。また，租税法律主義にいう合法性の原則からすれば，和解は禁止されるところであるが，個別の照会に対する回答が前提とされる個別通達は，租税法律主義が禁止する和解に接近するおそれがないこともない。

そのような問題があることから，平成14年に国税庁は文書回答手続の整備を行ったのであるが（平成14年6月28日付け課審1－14ほか8課共同国税庁長官通達「事前照会に対する文書回答の事務処理手続等について（事務運営指針）」〔最終改正平成29年5月23日〕），そこでは，同業者団体による文書回答手続のルールも設けられた。平成16年2月17日付け課審1－3ほか8課共通国税庁長官通達「同業者団体等からの照会に対する文書回答の事務処理手続等について（事務運営指針）」〔最終改正平成29年5月23日〕がそれである。

もっとも，今回の通達改正は生命保険協会等からのアクションではなく，国税庁側からのアクションであるから，もちろん，文書回答手続のルートに乗るものではないが，国税庁が生命保険協会等といかなる接触を行ってきたのかが見えない点に問題はなかろうか。

## 4 残された課題

### 1 解約返戻金による時価評価

既に，筆者は，国税庁におけるレセプションにおいて，行き過ぎた節税保険については警鐘を鳴らすべきであると指摘するなどしてきた[6]。また，税理士会などでの講演においても，節税保険が今後どのような取扱いになるかについては不透明であり，現行の保険がそのまま許容され続けるか否かについては判然としない旨論じてきたし，小職が座長を務める研究会報告においてもその旨を次のように指摘してきた[7]。

---

[6] 例えば，酒井克彦「課税逃れに対するアプローチ試論」税大ジャーナル28号1頁以下（2017）。

法人契約の保険を個人に契約者変更を行った場合の課税関係については，例えば，ある会社が契約をしていた低解約返戻金型逓増定期保険を，被保険者である同社社長に契約者変更を行う場合，①保険の買取代金はどのように決定されるべきかという問題と②低解約返戻金期間中に解約をした場合も同様に考えるべきかという問題がある。

　保険契約を前提としたとき，時価とは解約返戻金相当額（積立配当金額を含む。）と実務上考えられている。すなわち，所得税基本通達36−37《保険契約等に関する権利の評価》が，「使用者が役員又は使用人に対して支給する生命保険契約若しくは損害保険契約又はこれらに類する共済契約に関する権利については，その支給時において当該契約を解除したとした場合に支払われることとなる解約返戻金の額（解約返戻金のほかに支払われることとなる前納保険料の金額，剰余金の分配額等がある場合には，これらの金額との合計額）により評価する。」とするのである（図表参照）。

　低解約返戻金型逓増定期保険を低解約返戻金期間中に解約をした場合には，上記と同様に考えるべきなのであろうか。低解約返戻金型逓増定期保険とは，低解約返戻金期間（解約返戻金を抑制する期間をいい，契約から3から5年が多い。）中の解約返戻金を抑制して，保険料を割安とする保険である。

　このような商品についても，上記通達のとおり，解約返戻金で時価評価をしてよいのかについては疑問が残る。低解約返戻金期間中に低い価額で買い取りをして，通常の返戻金になったときに解約返戻金を手にすると，その差額の経済的利益の課税をどこで行うべきかという議論も出てこよう。すなわち，解約をしたときに，取得金

---

＊7　酒井・保険税務90頁〔松岡章夫執筆〕。

額と解約金額の差額を課税するのではなく，取得時に適正な時価を算出するべきという考えもあり得るからである。所得税基本通達36－37の取扱いには，法的根拠という意味において疑問を覚えざるを得ないのである。

●図表－1　低解約返戻金型逓増定期保険のイメージ図

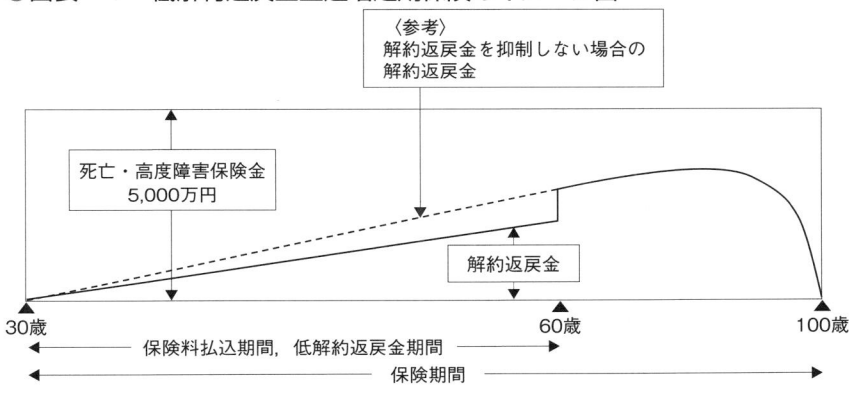

このような問題は今回の通達改正では取り上げられていない。

## 2　個人契約の保険税務との平仄

　加えて，今回の通達改正については，所得税法上の取扱いが不明であるという問題がある。

　特に，廃止された個別通達のうちには，所得税法上の取扱いが通達されていたものもある。例えば，平成元年12月16日付け直審4－52，直審3－77「法人又は個人事業者が支払う介護費用保険の保険料の取扱いについて」は，法人税法上の取扱いのみならず，個人所得税法上の取扱いも通達しているところであるが，そもそも，この通達を法人税基本通達で廃止することは手続的にできないように思われるし，また，仮に，同通達を廃止することができたとしても，それは，所得税法上の取扱いを示した通達がなくなってしまうことをも意味するのである。

そもそも，前述のとおり，個別通達間の空白域の問題は，何も法人税法上の問題にとどまらず，所得税法においても同様の問題関心はあるはずである。そうであるのにもかかわらず，今回の保険税務に関する通達の改正は，法人税法上の取扱いに限定されており，所得税法上の取扱いは依然として判然としないままなのである。

●図表－2　保険税務に係る取扱い〔改正通達の射程範囲〕

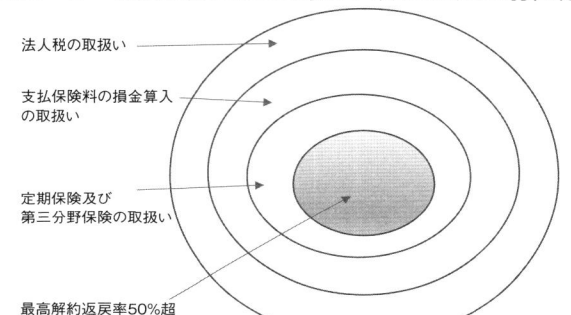

法人税の取扱い

支払保険料の損金算入
の取扱い

定期保険及び
第三分野保険の取扱い

最高解約返戻率50％超
の保険に係る取扱い

さらに，これに加えて，前述のとおり，「法人又は個人事業者が支払う介護費用保険の保険料の取扱いについて」が廃止されるとなれば，より予測可能性という点からも所得税法上の取扱いが混迷することになりはしないのであろうかという素朴な疑問を覚える。

これが筆者の不勉強による懸念であればよいのであるが。

## ■　結びに代えて

ここでは，今回の通達改正の背景について国税庁が示した考え方を紹介したが，行き過ぎた節税への警鐘が鳴らされたものといえよう。

他方，通達の改正という手法によって，保険税務の取扱いに変更が示されたということは，他方で，どこまでの節税が許容されるか否かが結局のところ国税庁の胸三寸で決定されるという従来型の行政手法には何らの変更もないということをも意味するのである。

〔酒井　克彦〕

# 第2章

# 実務編

# I 定期保険及び第三分野保険の保険料の原則的取扱い

## はじめに

　国税庁は，平成31年4月11日付けで，「『法人税基本通達の制定について』（法令解釈通達）ほか1件の一部改正（案）（定期保険及び第三分野保険に係る保険料の取扱い）等に対する意見公募手続の実施について」を公表した。行政機関は，命令等を定めようとする場合には，当該命令等の案及びこれに関連する資料をあらかじめ公示し，意見の提出先及び意見提出期間を定めて広く一般の意見を求めなければならない（行手39①。一連の手続等を総称して，パブリックコメント制度と呼ばれている）。国税庁では，「法人税基本通達の制定について」（法令解釈通達）及び「連結納税基本通達の制定について」（法令解釈通達）の一部改正並びに保険商品の類型ごとに保険料の損金算入の取扱いを定めている法令解釈通達（個別通達）の廃止を予定しているため，パブリックコメント（以下「本件パブリックコメント」という。）を実施したということである。

　本件パブリックコメントを経て，定期保険の保険料に係る取扱いを定める通達に第三分野保険の保険料に係る取扱いを加え，前払部分の保険料が相当多額と認められる場合を除き，期間の経過に応じて損金の額に算入するという方向で通達改正が行われている。ここでは，本件パブリックコメントに付された通達の原案及び本件パブリックコメントを経て原案を修正して改正された新通達に係る定期保険及び第三分野保険の保険料の原則的取扱いについて検討する（ただし，法人税基本通達の検討を中心に行う。）。

# 1  改正前における定期保険及び第三分野保険に係る各保険料の税務上の取扱い

## 1  定期保険に係る保険料に対する改正前の取扱い

　定期保険に係る保険料の法人税法上の取扱いについて，改正前の法人税基本通達（以下「旧通達」という。）９－３－５は次のとおり定めていた。

> ### 旧通達９－３－５《定期保険に係る保険料》
>
> 　法人が，自己を契約者とし，役員又は使用人（これらの者の親族を含む。）を被保険者とする定期保険（一定期間内における被保険者の死亡を保険事故とする生命保険をいい，傷害特約等の特約が付されているものを含む。以下９－３－７までにおいて同じ。）に加入してその保険料を支払った場合には，その支払った保険料の額（傷害特約等の特約に係る保険料の額を除く。）については，次に掲げる場合の区分に応じ，それぞれ次により取り扱うものとする。
>
> (1)　死亡保険金の受取人が当該法人である場合
>
> 　　その支払った保険料の額は，期間の経過に応じて損金の額に算入する。
>
> (2)　死亡保険金の受取人が被保険者の遺族である場合
>
> 　　その支払った保険料の額は，期間の経過に応じて損金の額に算入する。ただし，役員又は部課長その他特定の使用人（これらの者の親族を含む。）のみを被保険者としている場合には，当該保険料の額は，当該役員又は使用人に対する給与とする。

　定期保険に係る保険料に対する改正前の取扱い及びその背後にある考え方について，国税庁が本件パブリックコメント時に公表した関連資料

で述べるところを若干敷衍して要約すると次のとおりとなる。

法人税法上，当該事業年度の損金の額に算入される費用の額は，別段の定めがあるものを除き，一般に公正妥当と認められる会計処理の基準に従って計算されるものとされている（法法22③④）。企業会計原則では，前払費用については，当期の損益計算から除去し，資産の部に計上しなければならないとされており（企業会計原則第2損益計算書原則1，第3貸借対照表原則4，財務諸表等規則16，31の2），このような会計処理は一般に公正妥当と認められる会計処理の基準に適合するものと認められる。よって，法人税法上，前払部分の保険料は資産計上するのが原則となる。

このことを保険期間が複数年となる定期保険の支払保険料に対して当てはめてみると，かかる支払保険料は，加齢に伴う支払保険料の上昇を抑える観点から平準化されている。このため，保険期間前半における支払保険料の中には，保険期間後半における保険料に充当される部分，すなわち前払部分の保険料が含まれている。よって，法人税法上，前払部分の保険料は資産計上するのが原則であるが，その平準化された定期保険の保険料は，いわゆる掛捨ての危険保険料及び付加保険料のみで構成されている。これらを期間の経過に応じて損金の額に算入したとしても，一般に，課税所得の適正な期間計算を大きく損なうこともないと考えられる。したがって，旧通達9－3－5において，その保険料の額は期間の経過に応じて損金の額に算入することと取り扱っている。

しかしながら，特に保険期間が長期にわたる定期保険や保険期間中に保険金額が逓増する定期保険は，その保険期間の前半において支払う保険料の中に相当多額の前払部分の保険料が含まれており，中途解約をした場合にはその前払部分の保険料の多くが返戻される。このような保険についても上記の旧通達9－3－5の取扱いをその

まま適用すると課税所得の適正な期間計算を損なうこととなる。したがって，このような保険については，上記の前払保険料を資産計上するという原則的な考え方に則った取扱いとすることが適当であるため，平成20年2月28日付課法2－3「法人が支払う長期平準定期保険等の保険料の取扱いについて」（個別通達）により，その支払保険料の損金算入時期等に関する取扱いの適正化を図ってきた。

　ここで述べられているように，旧通達9－3－5の趣旨について，国税庁は，一定期間内に被保険者が死亡した場合のみ保険金が支払われる生命保険（死亡保険）である定期保険は，養老保険のように満期保険金がないため，その保険料の中身はいわゆる掛捨ての危険保険料と付加保険料のみであるから，法人が支払った保険料は，法人の損金にするか又は被保険者に対する給与とするかのいずれかになると説明してきた[1]。しかしながら，特に保険期間が長期にわたる定期保険や保険期間中に保険金額が逓増する定期保険は，その保険期間の前半において支払う保険料の中に相当多額の前払部分の保険料が含まれており，中途解約をした場合にはその前払部分の保険料の多くが返戻されるという問題がある。

　これに対して，国税庁は，上記「法人が支払う長期平準定期保険等の保険料の取扱いについて」（個別通達）を発出することにより対応を行ってきた。同通達は，保険期間満了時における被保険者の年齢等に基づいて，前払部分の保険料を算出し，支払保険料のうち資産計上額と損金計上額を振り分ける取扱いを定めている。その内容を簡単に確認しておく。同通達は，所定の長期平準定期保険又は逓増定期保険に係る保険料の損金算入時期について定める。長期平準定期保険又は逓増定期保険とはそれぞれ次のとおりである。

---

[1]　渡辺淑夫「法人税基本通達等の一部改正について(1)」国税速報3354号33〜34頁参照。旧通達9－3－5の取扱いについて，酒井・保険税務36頁以下も参照。

| | |
|---|---|
| 長期平準定期保険 | その保険期間満了の時における被保険者の年齢が70歳を超え，かつ，当該保険に加入した時における被保険者の年齢に保険期間の2倍に相当する数を加えた数が105を超えるもの。ただし，逓増定期保険に該当するものは除く。 |
| 逓増定期保険 | 保険期間の経過により保険金額が5倍までの範囲で増加する定期保険のうち，その保険期間満了の時における被保険者の年齢が45歳を超えるもの。 |

　具体的には，同通達は，法人が長期平準定期保険又は逓増定期保険に加入してその保険料を支払った場合には旧通達9－3－5及び9－3－6にかかわらず，次により取り扱うものとしている。ただし，役員又は部課長その他特定の使用人（これらの者の親族を含む。）のみを被保険者とし，死亡保険金の受取人を被保険者の遺族としているため，その保険料の額が当該役員又は使用人に対する給与となる場合は，上記保険料を支払った場合に含まれない。

(1)　図表－1に定める区分に応じ，それぞれ同表に定める前払期間を経過するまでの期間にあっては，各年の支払保険料の額のうち同表に定める資産計上額を前払金等として資産に計上し，残額については，一般の定期保険（旧通達9－3－5の適用対象となる定期保険）の保険料の取扱いの例により損金の額に算入する。

(2)　保険期間のうち前払期間を経過した後の期間にあっては，各年の支払保険料の額を一般の定期保険の保険料の取扱いの例により損金の額に算入するとともに，(1)により資産に計上した前払金等の累積額をその期間の経過に応じ取り崩して損金の額に算入する。

　なお，保険期間の全部又はその数年分の保険料をまとめて支払った場合には，いったんその保険料の全部を前払金として資産に計上し，その支払の対象となった期間（全保険期間分の保険料の合計額をその全保険期間を下回る一定の期間に分割して支払う場合には，その全保険期間とする。）の経過に応ずる経過期間分の保険料について，(1)又は(2)の処理を行うこととする。

●図表－1　前払期間，資産計上額等の表

| | 区分 | 前払期間 | 資産計上額 |
|---|---|---|---|
| 長期平準定期保険 | 保険期間満了の時における被保険者の年齢が70歳を超え，かつ，当該保険に加入した時における被保険者の年齢に保険期間の2倍に相当する数を加えた数が105を超えるもの | 保険期間の開始の時から当該保険期間の60%に相当する期間 | 支払保険料の2分の1相当額 |
| 逓増定期保険 | ① 保険期間満了の時における被保険者の年齢が45歳を超えるもの（②又は③に該当するものを除く。） | 保険期間の開始の時から当該保険期間の60%に相当する期間 | 支払保険料の2分の1相当額 |
| | ② 保険期間満了の時における被保険者の年齢が70歳を超え，かつ，当該保険に加入した時における被保険者の年齢に保険期間の2倍に相当する数を加えた数が95を超えるもの（③に該当するものを除く。） | 同上 | 支払保険料の3分の2相当額 |
| | ③ 保険期間満了の時における被保険者の年齢が80歳を超え，かつ，当該保険に加入した時における被保険者の年齢に保険期間の2倍に相当する数を加えた数が120を超えるもの | 同上 | 支払保険料の4分の3相当額 |

（注）　前払期間に1年未満の端数がある場合には，その端数を切り捨てた期間を前払期間とする。


## 2　第三分野保険に係る保険料に対する改正前の取扱い

　第一分野（生命保険）と第二分野（損害保険）に属さない疾病・傷害・介護を対象としたいわゆる第三分野保険（保険業3④二，保険業規4，5）*2に係る保険料に対する現行の取扱い及びその背後にある考え方について，国税庁が本件パブリックコメント時に公表した関連資料で述べるところを敷衍して要約すると次のとおりとなる。

---

*2　安居孝啓編著『最新保険業法の解説〔改訂3版〕』45頁（大成出版社2016）参照。

いわゆる第三分野保険についても定期保険に係る保険料に関して述べたところと同様の考え方の下，次に示す各個別通達に定める保険について，支払保険料の損金算入時期等に関する取扱いを明らかにしてきた。

① 　昭和54年6月8日付け直審4−18「法人契約の新成人病保険の保険料の取扱いについて」

② 　平成元年12月16日付け直審4−52，直審3−77「法人又は個人事業者が支払う介護費用保険の保険料の取扱いについて」

③ 　平成13年8月10日付け課審4−100「法人契約の『がん保険（終身保障タイプ）・医療保険（終身保障タイプ)』の保険料の取扱いについて（法令解釈通達)」

④ 　平成24年4月27日付け課法2−5，課審5−6「法人が支払う『がん保険』（終身保障タイプ）の保険料の取扱いについて（法令解釈通達)」

　例えば，上記④の通達について，法人ががん保険に加入してその保険料を支払った場合には，保険料の払込期間の区分等に応じて，前払部分の保険料を算出し，支払保険料のうち資産計上額と損金計上額を振り分ける取扱いを定めている。終身払込みのがん保険の保険料を例にすると，加入時の年齢から105歳までの期間を計算上の保険期間とし，当該保険期間開始の時から当該保険期間の50％に相当する期間（前払期間）を経過するまでの期間にあっては，各年の支払保険料の額のうち2分の1相当額を前払金等として資産に計上し，残額については損金の額に算入するものとしている。また，保険期間のうち前払期間を経過した後の期間にあっては，各年の支払保険料の額を損金の額に算入するとともに，次の算式により計算した金額を，上記資産計上額の累計額から取り崩して損金の額に算入することとしている。

（算式）

$$損金算入額（年額）＝資産計上額の累計額×\frac{1}{105－前払期間経過年齢^{(注)}}$$

（注）　前払期間経過年齢とは，被保険者の加入時年齢に前払期間の年数を加算した年齢をいう。

　これは，終身払込みのがん保険の保険料について，一律に，「当該保険期間開始の時から当該保険期間の50％に相当する期間」を前払期間とした上で，かかる期間の支払保険料の額の2分の1相当額のみの損金算入を認め，残額の損金算入を認めず前払金等として処理することを求めるものである。いわば，前払期間における支払保険料の一部を損金不算入とし，かつ，その損金不算入額について一種の割切り計算を行うものである。

　もともと，がん保険の保険料については，上記③の通達において，保険期間の前半において支払う保険料に含まれる前払保険料の割合が低率であり，かつ，保険期間の終了に際して支払う保険金がないことから，終身払込みの場合にはその支払の都度損金の額に算入し，有期払込みの場合には保険期間の経過に応じて損金の額に算入する取扱いを定めていた。しかしながら，上記③の通達発出後10年余を経過し，保険会社各社の商品設計の多様化等により，がん保険の保険料に含まれる前払保険料の割合及び解約返戻金の割合にも変化が見られることから，その実態に応じて取扱いの見直しを行うこととし，その際，国税庁は，平成24年2月29日付けで「『法人契約の『がん保険（終身保障タイプ）・医療保険（終身保障タイプ）』の保険料の取扱いについて』（法令解釈通達）の一部改正（案）等に対する意見公募手続の実施について」を公示し，パブリックコメントを実施した上で，上記のような割切り計算を定める通達に改正したという経緯がある。なお，国税庁は，上記のような割切り計算を行うことの根拠について，当該パブリックコメントにおいて提出された意見に対する回答の中で，次のように説明している。

> 「改正後の取扱いは，生命保険協会からのヒアリング等により把握した各生命保険会社が販売している個々のがん保険の商品全体に係るデータの分析を行った結果によるものであり，それらの各商品の平均的なデータに基づいて支払保険料の中に含まれる前払保険料について資産計上することとしたものです。各商品の前払保険料累計額のピークは，加入時の年齢から105歳までの計算上の保険期間の概ね5割程度を経過した時点となっていますので，保険期間の50%に相当する期間を前払期間としています。また，前払期間における各商品の前払保険料の割合の平均値は概ね5割程度となっていますので，支払保険料の2分の1相当額を資産計上することとしています。」

　他方，上記①の通達においては，所定の新成人病保険について，保険期間満了時に給付金がないこと等に顧み，法人が当該保険の保険料をその払込みの都度損金経理した場合には，その計算を認めるとしている。すなわち，法人が自己を契約者及び保険金受取人とし，役員又は従業員を被保険者として新成人病保険を契約した場合，契約者である法人の払い込む保険料は，その払込みの都度，損金の額に算入される。この保険は，保険料が掛捨てで満期保険金はないが，契約年齢により保険期間が長期にわたる場合には，中途で解約したとき保険料の払込期間に応じた所定の解約払戻金が保険契約者に払戻しされること及びこれは，保険期間が長期にわたるため，高齢化するにつれて高まる死亡率に対して，平準化した保険料を算出しているためであることが前提とされているものの，払込みの都度，損金算入することが認められているのである。

　このように見てくると，上記各個別通達の内容の法令適合性のほか，上記①と④の通達の取扱いの整合性，あるいは上記各個別通達の取扱いと各個別通達の適用対象外の第三分野保険に係る支払保険料の取扱いの

整合性が検討すべき論点として浮かび上がってくることを理解できよう。

## 3 取扱いの見直しの必要性

　本件パブリックコメントを実施するに当たり，国税庁は，定期保険及び第三分野保険に係る保険料の課税実務上の取扱いの見直しの必要性について，要旨次のとおり説明している。

　これらの個別通達の発出後相当年月を経過し，①保険会社各社の商品設計の多様化や長寿命化等により，それぞれの保険の保険料に含まれる前払部分の保険料の割合にも変化が見られること，②類似する商品であっても個別通達に該当するか否かで取扱いに差異が生じていること，③前払部分の保険料の割合が高い同一の商品であっても加入年齢や保険期間の長短により取扱いが異なること，④第三分野保険のうち個別通達に定めるもの以外はその取扱いが明らかではなかったことから，各保険商品の実態を確認して，その実態に応じた取扱いとなるよう資産計上ルールの見直しを行うとともに，類似する商品や第三分野保険の取扱いに差異が生じることのないよう定期保険及び第三分野保険の保険料に関する取扱いを統一することとする。

　要するに，今回の通達改正は，①各保険商品の実態を確認して，その実態に応じた取扱いとなるよう資産計上ルールの見直しをすることと，②類似する商品や第三分野保険の取扱いに差異が生じることのないよう定期保険及び第三分野保険の保険料に関する取扱いを統一することを主眼としている。

## 2 原案及び新通達の検討

### 1 原案の検討

#### ■ 新旧対照表（旧通達と原案）

　上記の取扱いの見直しの必要性を踏まえ，通達の原案（改正案）が本件パブリックコメントにおいて公示された。新旧対照表は次のとおりであり，下線部分が旧通達からの変更箇所である。

| 原　案 | 旧通達 |
| --- | --- |
| （定期保険及び第三分野保険に係る保険料）<br>9－3－5　法人が，自己を契約者とし，役員又は使用人（これらの者の親族を含む。）を被保険者とする定期保険（一定期間内における被保険者の死亡を保険事故とする生命保険をいい，特約が付されているものを含む。以下9－3－7の2までにおいて同じ。）又は第三分野保険（保険業法第3条第4項第2号《免許》に掲げる保険（これに類するものを含む。）をいい，特約が付されているものを含む。以下9－3－7の2までにおいて同じ。）に加入してその保険料を支払った場合には，その支払った保険料の額（特約に係る保険料の額を除く。以下9－3－5の2までにおいて同じ。）については，9－3－5の2《定期保険等の保険料に相当多額の前払部分の保険料が含まれる場合の取扱い》の適用を受けるものを除き，次に掲げる場合の区分に応じ，それぞれ次により取り扱うものとする。<br>(1) 保険金又は給付金の受取人が当該法人である場合　その支払った保険料の額は，期間の経過に応じて損金の額に算入する。<br>(2) 保険金又は給付金の受取人が被保険者又はその遺族である場合　その支払った保険料の額は，期間の経過に応じて損金の額に算入する。ただし，役員又は部課長その他特定の使用人（これらの者の親族を含む。）のみを被保険者としている場合には，当該保険料の額は，当該役員又は使用人に対する給与とする。 | （定期保険に係る保険料）<br>9－3－5　法人が，自己を契約者とし，役員又は使用人（これらの者の親族を含む。）を被保険者とする定期保険（一定期間内における被保険者の死亡を保険事故とする生命保険をいい，傷害特約等の特約が付されているものを含む。以下9－3－7までにおいて同じ。）に加入してその保険料を支払った場合には，その支払った保険料の額（傷害特約等の特約に係る保険料の額を除く。）については，次に掲げる場合の区分に応じ，それぞれ次により取り扱うものとする。<br>(1) 死亡保険金の受取人が当該法人である場合　その支払った保険料の額は，期間の経過に応じて損金の額に算入する。<br>(2) 死亡保険金の受取人が被保険者の遺族である場合　その支払った保険料の額は，期間の経過に応じて損金の額に算入する。ただし，役員又は部課長その他特定の使用人（これらの者の親族を含む。）のみを被保険者としている場合には，当該保険料の額は，当該役員又は使用人に対する給与とする。 |

原案は，法人が定期保険及び第三分野保険に係る保険料を支払った場合に，その支払った保険料のうち特約に係る保険料の額以外のものに対して，適用される。ただし，原案は，「9－3－5の2《定期保険等の保険料に相当多額の前払部分の保険料が含まれる場合の取扱い》の適用を受けるものを除き」，適用されるものとされている。このことから，原案は，定期保険及び第三分野保険の保険料の原則的取扱いを示すものと位置付けることができる。例外的な場合，すなわち定期保険等の保険料に相当多額の前払部分の保険料が含まれる場合は，上記通達9－3－5の2の所掌となる。

**2 要件と効果の分析（旧通達と原案）**

　便宜上，まず，旧通達9－3－5の定める内容を「要件」と「効果」に分けて検討する（図表－2参照）。ただし，通達は法令ではないので，あたかも法的な拘束力があるかのように「要件」と「効果」という語を使用することには慎重でなければならない。通達は原則として国民や裁判所を法的に拘束しないことに留意する必要があることを強調しておきたい。

　かかる整理をベースとして，原案の定める内容を「要件」と「効果」に分けてみたい（図表－3参照）。下線部分が原案において追加等された箇所である。

　効果に係る部分においても通達の改正が予定されているが，これは，旧通達9－3－5の適用対象である保険契約が一定期間内における被保険者の死亡を保険事故とする生命保険である定期保険のみに限定されていたところ，「各保険商品の実態を確認して，その実態に応じた取扱いとなるよう資産計上ルールの見直しを行うとともに，類似する商品や第三分野保険の取扱いに差異が生じることのないよう定期保険及び第三分野保険の保険料に関する取扱いを統一することとする」という上記通達見直しの趣旨に則り，第三分野保険についても同じ通達で定めることとしたことに伴う所要の整備にすぎない。よって，定期保険に係る保険料

## ●図表－2　旧通達の要件と効果

（要件）

| ① | 法人が次に掲げる保険に加入したこと | |
|---|---|---|
| | 保険の種類 | 定期保険（一定期間内における被保険者の死亡を保険事故とする生命保険をいい，傷害特約等の特約が付されているものを含む） |
| | 契約者 | 法人（自社） |
| | 被保険者 | 役員又は使用人（これらの者の親族を含む） |
| ② | 法人が①の保険に係る保険料を支払った（支払う）こと | |

（効果）

支払った保険料の額（傷害特約等の特約に係る保険料の額を除く）は次のように取り扱う。

| 死亡保険金の受取人 | 支払った保険料の額の取扱い |
|---|---|
| その法人 | 期間の経過に応じて損金の額に算入する。 |
| 被保険者の遺族 | 期間の経過に応じて損金の額に算入する。<br>ただし，役員又は部課長その他特定の使用人（これらの者の親族を含む）のみを被保険者としている場合には，その保険料の額は，その役員又は使用人に対する給与とする。 |

の課税実務上の取扱いを定める旧通達9－3－5を基準とする限り，通達適用の効果ないし定期保険に係る保険料支払の効果という面において取扱いに変更はない。

　要件に係る部分はどうか。要件の①において，通達の対象となる保険に第三分野保険が新たに加えられていること及び要件の③として，通達9－3－5の2《定期保険等の保険料に相当多額の前払部分の保険料が含まれる場合の取扱い》の適用を受けるものではないことという要件が加えられたことが分かる。後者は，法人税法上，前払部分の保険料は資産計上するのが原則となるという考え方に基づいて，通達9－3－5の2を新設することと関係している。旧通達9－3－5に優先して上記の各個別通達が適用されていたことを考慮すると，旧通達9－3－5と上記の各個別通達のどちらが原則的取扱いでどちらが例外的取扱いかとい

## ●図表−3　原案の要件と効果

（要件）

| ① | 法人が次に掲げる保険に加入したこと | |
|---|---|---|
| | 保険の種類 | 定期保険（一定期間内における被保険者の死亡を保険事故とする生命保険をいい，傷害特約等の特約が付されているものを含む） |
| | | 第三分野保険（保険業法第3条第4項第2号《免許》に掲げる保険（これに類するものを含む）をいい，特約が付されているものを含む） |
| | 契約者 | 法人（自社） |
| | 被保険者 | 役員又は使用人（これらの者の親族を含む） |
| ② | 法人が①の保険に係る保険料を支払った（支払う）こと | |
| ③ | 9−3−5の2《定期保険等の保険料に相当多額の前払部分の保険料が含まれる場合の取扱い》の適用を受けるものではないこと | |

（効果）

支払った保険料の額（傷害特約等の特約に係る保険料の額を除く），次のように取り扱う。

| 保険金又は給付金の受取人 | 支払った保険料の額の取扱い |
|---|---|
| その法人 | 期間の経過に応じて損金の額に算入する。 |
| 被保険者又はその遺族 | 期間の経過に応じて損金の額に算入する。<br>ただし，役員又は部課長その他特定の使用人（これらの者の親族を含む。）のみを被保険者としている場合には，その保険料の額は，その役員又は使用人に対する給与とする。 |

う議論はできるものの，結局，通達の適用関係に係る基本的な取扱いに変更はないといってよさそうである。もっとも，通達の建付け上，原案は定期保険及び第三分野保険の保険料の原則的取扱いとして位置付けることもできよう。例外的な場合，すなわち定期保険等の保険料に相当多額の前払部分の保険料が含まれる場合は，通達9−3−5の2の所掌となる。

## 2 新通達の検討

### 1 検 討

　国税庁は，平成31年４月11日から令和元年５月10日の間に意見公募を行った後，同年６月28日付けで，「法人税基本通達等の一部改正について（法令解釈通達）」を発遣している。また，国税庁は，同日付けで「『法人税基本通達の制定について』（法令解釈通達）ほか１件の一部改正（案）（定期保険及び第三分野保険に係る保険料の取扱い）等に対する意見公募の結果について」を公示している。これによれば，原案に対する意見募集に対しては，127通の意見が寄せられ，国税庁は，寄せられた意見を踏まえた上で，原案の一部を修正している。

　本件パブリックコメントを経て修正し，改正された新通達（修正案）９－３－５と原案の新旧対照表は次のとおりである。下線部分が原案からの修正箇所である。

　新通達では，新たに（注）１及び（注）２が付加され，これに併せて，効果の部分である⑴と⑵に，「原則として，」という文言が加えられた。（注）１及び（注）２は，本件パブリックコメントで提出された意見を踏まえて挿入されたものである。

| 新通達 | 原　案 |
| --- | --- |
| （定期保険及び第三分野保険に係る保険料）<br>９－３－５　法人が，自己を契約者とし，役員又は使用人（これらの者の親族を含む。）を被保険者とする定期保険（一定期間内における被保険者の死亡を保険事故とする生命保険をいい，特約が付されているものを含む。以下９－３－７の２までにおいて同じ。）又は第三分野保険（保険業法第３条第４項第２号《免許》に掲げる保険（これに類するものを含む。）をいい，特約が付されているものを含む。以下９－３－７の２までにおいて同じ。）に加入してその保険料を支払った場合には，その支払った保険料の額（特約に係る保険料の額を除 | （定期保険及び第三分野保険に係る保険料）<br>９－３－５　法人が，自己を契約者とし，役員又は使用人（これらの者の親族を含む。）を被保険者とする定期保険（一定期間内における被保険者の死亡を保険事故とする生命保険をいい，特約が付されているものを含む。以下９－３－７の２までにおいて同じ。）又は第三分野保険（保険業法第３条第４項第２号《免許》に掲げる保険（これに類するものを含む。）をいい，特約が付されているものを含む。以下９－３－７の２までにおいて同じ。）に加入してその保険料を支払った場合には，その支払った保険料の額（特約に係る保険料の額を除 |

く。以下9－3－5の2までにおいて同じ。）については，9－3－5の2《定期保険等の保険料に相当多額の前払部分の保険料が含まれる場合の取扱い》の適用を受けるものを除き，次に掲げる場合の区分に応じ，それぞれ次により取り扱うものとする。

(1) 保険金又は給付金の受取人が当該法人である場合その支払った保険料の額は，原則として，期間の経過に応じて損金の額に算入する。

(2) 保険金又は給付金の受取人が被保険者又はその遺族である場合その支払った保険料の額は，原則として，期間の経過に応じて損金の額に算入する。ただし，役員又は部課長その他特定の使用人（これらの者の親族を含む。）のみを被保険者としている場合には，当該保険料の額は，当該役員又は使用人に対する給与とする。

(注)1 保険期間が終身である第三分野保険については，保険期間の開始の日から被保険者の年齢が116歳に達する日までを計算上の保険期間とする。

2 (1)及び(2)前段の取扱いについては，法人が，保険期間を通じて解約返戻金相当額のない定期保険又は第三分野保険（ごく少額の払戻金のある契約を含み，保険料の払込期間が保険期間より短いものに限る。以下9－3－5において「解約返戻金相当額のない短期払の定期保険又は第三分野保険」という。）に加入した場合において，当該事業年度に支払った保険料の額（一の被保険者につき2以上の解約返戻金相当額のない短期払の定期保険又は第三分野保険に加入している場合にはそれぞれについて支払った保険料の額の合計額）が30万円以下であるものについて，その支払った日の属する事業年度の損金の額に算入しているときには，これを認める。

く。以下9－3－5の2までにおいて同じ。）については，9－3－5の2《定期保険等の保険料に相当多額の前払部分の保険料が含まれる場合の取扱い》の適用を受けるものを除き，次に掲げる場合の区分に応じ，それぞれ次により取り扱うものとする。

(1) 保険金又は給付金の受取人が当該法人である場合その支払った保険料の額は，期間の経過に応じて損金の額に算入する。

(2) 保険金又は給付金の受取人が被保険者又はその遺族である場合その支払った保険料の額は，期間の経過に応じて損金の額に算入する。ただし，役員又は部課長その他特定の使用人（これらの者の親族を含む。）のみを被保険者としている場合には，当該保険料の額は，当該役員又は使用人に対する給与とする。

　行政機関は，意見公募手続を実施して命令等を定めた場合には，命令等の公布と同時期に，原則として，命令等の題名，命令等の案の公示の

日，提出意見（提出意見がなかった場合にあっては，その旨）又は提出意見を整理・要約したもの，提出意見を考慮した結果（意見公募手続を実施した命令等の案と定めた命令等との差異を含む）及びその理由を，インターネット等を利用して公示等しなければならない（行手43①②，45）。(注) 1 に係る修正について，本件パブリックコメントの結果公示時に国税庁が示した提出意見を考慮した結果及びその理由に関する資料では次のように説明されている。

| 意見の概要 | 意見に対する国税庁の考え方 |
|---|---|
| 　最高解約返戻率が50%以下の第三分野保険の保険料は，法人税基本通達9－3－5の適用により，期間の経過に応じて損金算入することとなるが，保険期間が終身で保険料の払込期間が有期の場合には，どのように損金算入すればよいのか。 | 　今般の改正により，改正通達9－3－5の2の適用がない第三分野保険については，同9－3－5が適用されることとなりますので，その支払保険料の額については，原則として，期間の経過に応じて損金の額に算入することとなります。<br>　しかしながら，御意見のとおり，改正通達案9－3－5において，保険期間が終身で保険料の払込期間が有期である保険の取扱いが明らかではありませんでした。<br>　そこで，このような保険については，改正通達9－3－5の2の(注) 2 と同様に，保険会社が責任準備金の積立方式及び予定死亡率その他の責任準備金の計算の基礎となるべき係数とする公益社団法人日本アクチュアリー会が作成した第三分野標準生命表2018（男）における最終年齢に基づき，保険期間の開始の日から被保険者の年齢が116歳に達する日までを計算上の保険期間とすることを，同9－3－5の(注) 1 に明記することとしました。 |

　また，(注) 2 に係る修正について，上記資料では次のように説明されている。

| 意見の概要 | 意見に対する国税庁の考え方 |
|---|---|
| 　平成24年 4 月27日付課法 2 － 5 ，課審 5 － 6 「法人が支払う『がん保険』（終身保障タイプ）の保険料の取扱いについて（法令解釈通達）」（以下「がん保険通達」といいます。）では「2(3)例外的取扱い」において，保険期間が終身で保険 | 　御意見にある，今般，廃止するがん保険通達において定めている「例外的取扱い」は，その取扱いを定めた当時に発売されていたがん保険が，払込期間と保険期間（終身）に著しい差異がないという実態であったことを前提に，給与課税の対象とならない保険期間が |

料の払込期間が有期の保険のうち，保険契約の解約等において払戻金のないものは，保険料の払込の都度損金算入が認められていたが，今回の改正案では，支払の都度，損金算入とすることは認められないのか。

従業員の福利厚生を目的として従業員全員を対象とする保険期間が終身のがん保険等に加入している場合，同一の保険契約にも拘わらず，加入年齢によって保険料の経理処理が異なり複雑となるため，がん保険通達で認められていた例外的取扱いを認めるべきではないか。

第三分野保険は，がん患者の就労サポートや健康増進など，様々な側面での活用が考えられることから，既に定着している現行の経理処理方法が望ましい。

終身，かつ，保険契約の解約等において払戻金のないがん保険については，保険契約者である納税者の事務負担に配慮し，その支払った保険料の額について，厳格に期間の経過に応じて損金算入を求めなくても，課税所得の適正な期間計算を著しく損なうことがないとの考え方の下，その保険料の支払の都度，損金算入することを認めるというものでした。

一方で，近年，保険期間が終身で保険料の払込期間が有期のがん保険であっても，法人経営者向けに，保険料の払込期間を著しく短期間に設定し，かつ，その支払保険料の額が高額なものが販売されている実態があり，そのような「例外的取扱い」の前提としていなかった保険料の払込期間と保険期間（終身）に著しい差異がある保険に係る支払保険料の額についてまで，「例外的取扱い」の対象となり，課税所得の適正な期間計算を著しく損なう結果が生じていました。

加えて，同様の保険契約の解約等において払戻金のない有期払込の保険であっても，定期保険やがん保険以外の第三分野保険においては，「例外的取扱い」に類する取扱いを定めていないことから，保険商品間の取扱いに差異が生じていました。

このような考えの下，改正案においては，定期保険及び第三分野保険に該当する保険商品間の取扱いの統一化を図る観点から，この「例外的取扱い」を存置せずに，廃止することとしていました。

しかしながら，今般の改正により，経理処理として定着している「例外的取扱い」が一切認められないこととなれば，保険契約者である納税者の事務負担が過重となるのではないか等の御意見があったことを踏まえ，新たに，法人が，払戻金（解約返戻金相当額）のない短期払の定期保険又は第三分野保険（ごく少額の払戻金のある契約を含みます。）のうち，給与課税の対象とはならないものに加入した場合において，その事業年度に支払った保険料の額（一の被保険者につき 2 以上のこれらの保険に加入している場合にはそれぞれについて支払った保険料の額の合計額となります。）が30万円以下のものについては，厳格に期間の経過に応じて損金算入を求めなくても課税所得の適正な期間計算を著しく損

| | なうことがないと考えられますので、その支払った日の属する事業年度において損金算入することを認めることとし、その旨を改正通達9－3－5の(注)2に定めました。<br><br>　なお、払戻金（解約返戻金相当額）のある定期保険又は第三分野保険については、課税所得の適正な期間計算を確保する観点から、従前の取扱いと同様に、上記の取扱いは適用しません。 |
| --- | --- |

　意見に対する国税庁の考え方を読むと明らかなとおり、国税庁は、自らのさじ加減1つで保険料の損金算入ルールを決めることができると考えているようである。「30万円以下のものについては、厳格に期間の経過に応じて損金算入を求めなくても課税所得の適正な期間計算を著しく損なうことがない」としているが、そのような取扱いが認められる法人税法上の根拠も、統計上ないし経験則上の根拠も明らかでない。国税庁におけるかような国会軽視の態度や、命令等は根拠法令の趣旨に適合するものでなければならないこと及び必要に応じ、命令等の内容について検討を加え、その適正を確保するよう努めなければならないことを定める行政手続法38条の遵守意識の低さは非難に値する。また、根拠の開示をしないという意味でパブリックコメント制度に対する国民の信頼を失わせるものであり、暗澹の念を抱かずにはいられない。

## 2　FAQ の公表

　国税庁は、改正後の通達に関して寄せられた主な質問に対する回答を取りまとめたものとして、令和元年7月8日に「定期保険及び第三分野保険に係る保険料の取扱いに関する FAQ」も公表している。国税庁が公表した意見公募の結果に係る資料と併せて、実務上、国税庁における定期保険及び第三分野保険に係る保険料の取扱いを理解する上で、重要な資料であるといえよう。以下、新通達9－3－5に関する FAQ の回答内容を要約して紹介する。

## 《給与となるものの取扱い（FAQ の Q15）》

役員又は部課長その他特定の使用人（これらの者の親族を含む。）のみを被保険者としている場合で，その保険料の額が当該役員又は使用人に対する給与となるものについては，新通達 9－3－5 の(注) 2 の取扱いは適用されない。

## 《通達適用の有無を判定する際に用いる保険料の額（FAQ の Q15）》

新通達 9－3－5 の 2 では，年換算保険料相当額（保険料総額を保険期間の年数で除した金額）により，同通達の適用対象となるかを判定するが，新通達 9－3－5 の(注) 2 では，年換算保険料相当額とは異なり当該事業年度中に支払った保険料の額で適用関係を判定する。

## 《保険期間のうち一定期間のみ解約返戻金のない商品は新通達 9－3－5 の 2 の(注) 2 の適用対象となるか，「ごく少額の払戻金」の範囲（FAQ の Q16, Q 7）》

新通達 9－3－5 の(注) 2 は，「保険期間を通じて」解約返戻金相当額のない定期保険又は第三分野保険と定めているので，例えば，保険料払込期間中は解約返戻金相当額がないものの，払込期間終了以後は解約返戻金相当額があるような商品は，同通達の対象とならない。

解約返戻金相当額とは，新通達 9－3－5 の 2 の解約返戻金相当額と同じ意味である。すなわち，契約者配当の額は，一般に，利差益，死差益及び費差益から成り，将来の払戻しを約束しているものではないため，解約返戻金相当額には含まれない。したがって，契約時の参考指標として，過去の契約者配当の実績を踏まえた予想配当額が示されている場合でも，解約返戻金相当額に含める必要はないが，契約時に，契約者配当が確実に見込まれているような場合は，この限りではない。いわゆる「生存給付金」や「無事故給付金」は，契約者に将来の払戻しを約束しているものであるため，解約返戻金相当額に含まれる。したがって，契

約時に，保険会社が各期間の「解約返戻金」として示す金額と「生存給付金」や「無事故給付金」とを区分して表示している場合には，これらの金額を合計した金額が解約返戻金相当額となる。

　現行の終身保障の第三分野保険の中には，払込期間終了以後，ごく少額の解約返戻金や死亡保険金が支払われる商品や，保険期間中にごく少額の健康祝金や出産祝金などが支払われる商品が多くあるが，このように，ごく少額の払戻金しかない商品については，解約返戻金相当額のない保険に含まれる。

　「ごく少額の払戻金」の範囲について，現行の商品では，入院給付金日額などの基本給付金額（5,000円〜1万円程度）の10倍としている商品が多いようであり，このような払戻金は，一般的にはごく少額のものと考えられるが，ごく少額か否かは，支払保険料の額や保障に係る給付金の額に対する割合などを勘案して個別に判断する（廃止された上記がん保険に係る個別通達と考え方が変わるものではない。）。

## 《新通達9－3－5の(注)2の当該事業年度に支払った保険料の額が30万円以下であるか否かの判定（FAQのQ17）》

　当該事業年度に支払った保険料の額が30万円以下か否かについては，特に次の点に留意する。

① 　一の被保険者（例えば，代表取締役：甲）につき，法人税基本通達9－3－5の(注)2に定める「解約返戻金相当額のない短期払の定期保険又は第三分野保険」に複数加入している場合は，保険会社やそれぞれの保険契約への加入時期の違いにかかわらず，その全ての保険について当該事業年度に支払った保険料の額を合計して判定する。したがって，例えば，年払保険料20万円の無解約返戻金型終身医療保険（払込期間30年）と年払保険料100万円の無解約返戻金型終身がん保険（払込期間5年）に加入して当該事業年度に保険料を支払った場合，いずれの保険料についても，同通達の(注)2の取扱いは認められず，

それぞれの保険期間（保険期間の開始から116歳までの期間）の経過に応じて損金算入する。

　なお，役員又は部課長その他特定の使用人（これらの者の親族を含む）のみを被保険者としている場合で，その保険料の額が当該役員又は使用人に対する給与となるものは，判定に含める必要はない。

② 事業年度の途中で「解約返戻金相当額のない短期払の定期保険又は第三分野保険」の追加加入又は解約等をした場合の取扱いは次のとおりである。

　最初に加入した定期保険又は第三分野保険の年払保険料の額が30万円以下で，事業年度の途中で追加加入した定期保険又は第三分野保険について当該事業年度に支払った保険料の額との合計額が30万円超となる場合には，当該事業年度に支払ったいずれの保険料についても，同通達の(注) 2 の取級いは認められず，それぞれの保険期間の経過に応じて損金の額に算入する。

　反対に， 2 つの定期保険又は第三分野保険に加入している場合で，事業年度の途中に一方の保険を解約等したことにより，当該事業年度に支払った保険料の合計額が30万円以下となるときには，当該事業年度に支払った保険料の額を当期の損金の額に算入することができる。

③ 改正通達の適用日前に契約した「解約返戻金相当額のない短期払の定期保険又は第三分野保険」に係る支払保険料の額は判定に含める必要はない。

《新通達の適用時期（FAQ の Q 1 ）》

　新通達の取扱い（解約返戻金相当額のない短期払の定期保険又は第三分野保険を除く）は，令和元年 7 月 8 日以後の契約に係る定期保険又は第三分野保険の保険料について適用されるので，同日前の契約に遡って改正後の取扱いが適用されることはない。

　また，新通達 9 － 3 － 5 の(注) 2 に定める解約返戻全相当額のない短

期払の定期保険又は第三分野保険の保険料については，令和元年10月8日以後の契約に係るものについて，改正後の取扱いが適用されるので，同日前の契約に遡って改正後の取扱いが適用されることはない。

　なお，上記のそれぞれの日前の契約に係る定期保険又は第三分野保険の保険料については，引き続き，旧通達又は廃止前の各個別通達の取扱いの例によることとなる。

●図表－4　通達の適用関係

| 保険の種類 | | 適用関係 | | | |
|---|---|---|---|---|---|
| | | 7／8前契約 | 7／8以後契約 | 10／8前契約 | 10／8以後契約 |
| 定期保険 | | 旧9-3-5他<br>廃止前個別通達 | 新9-3-5、9-3-5の2他 | | |
| | 無解約返戻金・短期払 | 旧9-3-5他 | | | 新9-3-5他 |
| | 30万以下 | | | | 新9-3-5の(注)2 |
| 第三分野保険 | | 廃止前個別通達 | 新9-3-5、9-3-5の2他 | | |
| | 無解約返戻金・短期払 | 廃止前個別通達<br>（廃止前のがん保険通達の(3)例外的取扱い） | | | 新9-3-5他 |
| | 30万以下 | | | | 新9-3-5の(注)2 |

（出所）　国税庁「定期保険及び第三分野保険に係る保険料の取扱いに関する FAQ」3頁

## ■ 結びに代えて

　定期保険及び第三分野保険に係る各保険料の税務上の取扱いについて，今回の通達改正は，①各保険商品の実態を確認して，その実態に応じた取扱いとなるよう資産計上ルールの見直しをすることと，②類似する商品や第三分野保険の取扱いに差異が生じることのないよう定期保険及び第三分野保険の保険料に関する取扱いを統一することを主眼とするものであった。新通達9－3－5が定める定期保険及び第三分野保険の保険料の原則的取扱いに限定して述べるとすると，基本的には，従前の取扱いと大きく異なることはなく，改正が実務に与える影響は少ないと考え

る（ただし，新通達9－3－5の(注)1及び(注)2の取扱いには注意）。もちろん，定期保険及び第三分野保険の保険料の課税実務上の取扱いは，例外的場合について定める新通達9－3－5の2とセットで押さえておかねばならない。今回の通達改正が実務に与える影響については，同通達の内容を踏まえて評価する必要があろう。なお，今回の通達改正により，定期保険及び第三分野保険の保険料に関する取扱いを統一し，上記各個別通達を廃止し，基本通達に収れんさせたこと自体は，納税者や課税庁職員等の便宜に資するものといえよう。

〔泉　　絢 也〕

# Ⅱ　相当多額の「前払保険料」が含まれているケース

## ■　はじめに

　生命保険料の取扱いに関する法人税基本通達の改正として，今回新たに法人税基本通達９－３－５の２《定期保険等の保険料に相当多額の前払部分の保険料が含まれる場合の取扱い》が設けられた。

　改正の背景として，保険会社各社の商品設計の多様化や長寿命化等により，保険料に含まれる前払部分の保険料の割合に変化がみられることや前払部分の保険料の割合が高い同一の商品であっても加入年齢や保険期間の長短により取扱いが異なるといったこと等があるため，各保険商品の実態を確認して，その実態に応じた取扱いとなるよう資産計上ルールの見直しを行う必要があったとの説明がなされている[*1]。これまでも個別通達において特定の定期保険等の保険料には相当の前払部分が含まれているため，その前払部分に相当する金額を一定の基準により資産に計上するといった取扱いが示されていたが，今回の改正は，これまで個別通達で示されていた考え方を基礎として，法人税基本通達において統一的な取扱いを示すというものである。

　そこで本節では，まず保険料の前払部分とはどのようなものをいうのか，そして，今回の通達改正の対象となった相当多額の前払いが含まれているケースとしてどのような保険があるのかといった点を明らかにした上で，新たに設けられた法人税基本通達９－３－５の２の内容について検討する。

---

＊１　平成31年４月11日付け国税庁パブリックコメント公募別添資料「『法人税基本通達の制定について』（法令解釈通達）ほか１件の一部改正等（案）の概要」。

# 1 法人税法上問題となる保険料の「前払い」

保険期間が複数年となる定期保険の支払保険料は，加齢に伴う支払保険料の上昇を抑える観点から平準化されているため，保険期間前半における支払保険料の中には，保険期間後半における保険料に充当される部分，すなわち前払部分の保険料が含まれている[2]というのが今回の通達改正を理解する上での大前提となる。

例えば，30歳の人が100人いて，翌年にその内の1％が死亡するとした場合，死亡した人の遺族に100万円を支払うという保険に必要な1人当たりの保険料は，次のとおり1万円であることがわかる。

（保険料）1万円 × 100人 ＝ 100万円（＝保険金）

ここでのポイントは，保険料の合計と保険金が釣り合っているということである。この死亡率（ここでは1％）に対応する保険料を一般に自然保険料という。

それでは，80歳の人が100人いる場合はどうであろうか。仮に翌年の死亡率が100％なら保険金100万円を支払うのに必要な1人当たりの自然保険料は次のとおり100万円となる。

（保険料）100万円 × 100人 ＝ 1億円（＝保険金の合計）

しかし，こんな高い保険料を支払う保険には誰も加入しないし，保険に入る意味もない。つまり，年齢が上がるにつれ，保険料が高くなり加入しにくくなるというのが生命保険の根源的な問題なのである[3]。

この問題を解決するのが保険料の平準化である。上の例でいうなら，30歳の時の保険料1万円と80歳の時の保険料100万円を平準化して一律3万円と決めるわけである。この場合，30歳で加入した人は，保険料3万円を支払うが，加入時点では1万円が死亡率に対応した保険料（自然

---

*2　国税庁・前掲＊1。
*3　出口治明『生命保険入門〔新版〕』23〜24頁（岩波書店2017）の記載例及びその解説を参考にした。

## ●図表－1　自然保険料と平準保険料との関係（イメージ）

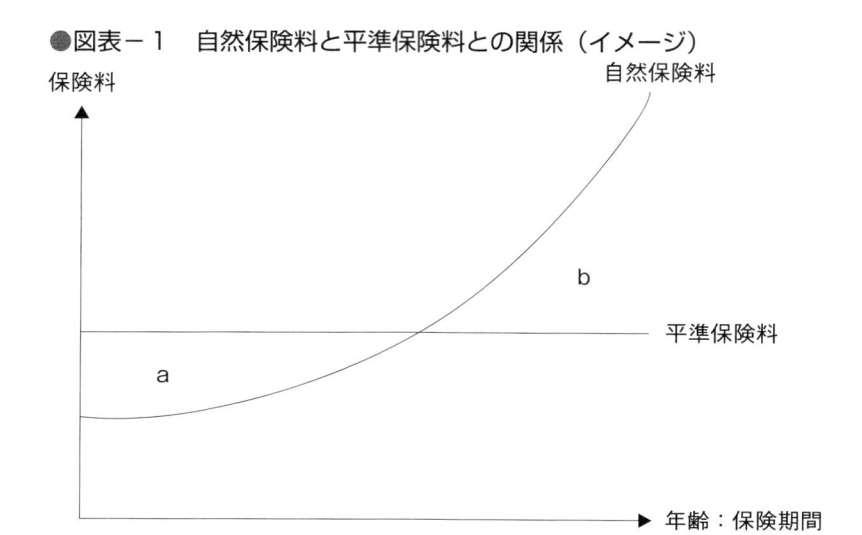

保険料）なので，2万円は将来の保険金の支払のために積み立てておくことになる。この積み立てられた保険料を一般に保険料積立金といい，保険契約を解約した場合に支払われる解約返戻金の原資となる。

　繰り返しになるが，保険料の前払部分とは国税庁によれば保険期間後半における保険料に充当される部分であるとしている。ここでいう保険期間後半における保険料とは上記の例を念頭に置くと，死亡率に対応した自然保険料を前提にしていることが分かる。図表－1に示すとおり，保険料を平準化することにより，保険期間の前半は自然保険料よりも平準保険料の方が高くなる（図表－1のaの部分）が，保険期間の後半では自然保険料が平準保険料よりも高くなる（図表－1のbの部分）。国税庁が説明する「前払い」部分とはこのaの部分，つまり，保険期間後半で自然保険料に比べて不足している部分を補うために保険期間の前半で自然保険料よりも余計に支払う部分を意味している。

　以上のことからすると，法人税法上問題となる保険料の「前払い」部分とは，リスクの保障をまだ受けていない将来の期間に係る保険料（未経過の保険料）のことではなく，保険期間の前半において，約定におい

ては当然に払込みが必要とされる保険料ではあるものの，事実上将来支払われる保険金のために積み立てられる部分（保険料積立金）として理解する必要がある。

保険料積立金は毎年積み立てられ運用されることから，支払うべき保険料は死亡率（予定死亡率）と利率（予定利率）を基に計算される。このようにして計算される保険料を純保険料といい，定期保険におけるいわゆる危険保険料となる。このほか，定期保険には保険会社の事業費を賄うための付加保険料がある。

## 2 保険期間と保険料積立金との関係

1 で検討したように，生命保険の保険料は保険会社が保険期間にわたって保障するリスク（保険金）に必要とされる保険料を期間経過に応じて支払うものであり，平準化によってもともと保険料積立金を生じさせる構造となっている。

通常の定期保険は，保険期間の当初は保険料収入が潤沢ではないため，保険料積立金は少ないが，期間経過につれて上昇する死亡率に備え保険料積立金が増加し，保険期間の後半は支払保険金が増加することから，保険料積立金は逆に減少するといった構造がイメージされる（図表－2参照）。

●図表－2　保険期間と保険料積立金との関係（イメージ）

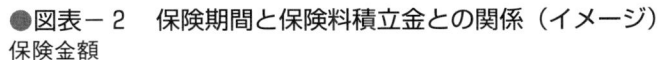
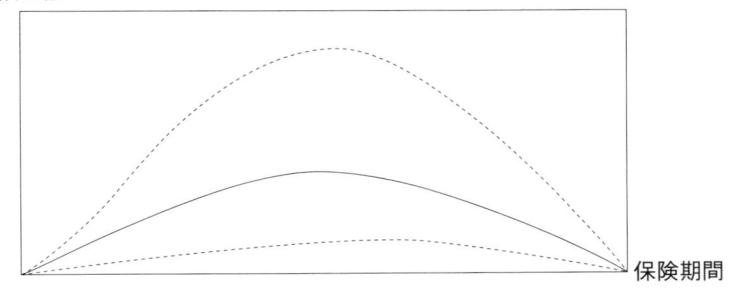

保険金額

保険期間

この図表からすると，保険金額を一定にして死亡率と運用利率（予定利率）を所与とすれば，払込保険料を増減させることで解約返戻金の原資となる保険料積立金を自由に増減させることができそうだが（図表－2点線部分）そういうわけにはいかない。生命保険会社は，免許申請手続の一環として，「保険料及び責任準備金の算出方法書」を内閣総理大臣に提出しなければならないとされており（保険業4②四），そこには，保険料の計算の方法に関する事項及び返戻金の額その他の被保険者のために積み立てるべき額を基礎として計算した金額の計算方法及びその基礎に関する事項等を記載することとされている（保険業規10）。一方その内容を審査する金融庁では，「保険料の算出方法については，十分性や公平性等を考慮して，合理的かつ妥当なものとなっているか。[4]」「解約返戻金については，支出した事業費及び投資上の損失，保険設計上の仕組み等に照らし，合理的かつ妥当に設定し，保険契約者にとって不当に不利益なものとなっていないか。[5]」といった点等に留意して審査することとされている。したがって，現存する保険商品は保険料や解約返戻金に異常性があるものは1つもなく全て保険法及び保険業法上は適正なものである。

## 3　「前払い」を意識させる定期保険の例

では，保険法及び保険業法上は適正と認められている保険商品の保険料を法人税法上はなぜ全て単純損金として認めないのであろうか。

手元に一枚のパンフレットがある。近年積極的に売り出されていた介護保障定期保険[6]の一例であるが，パンフレットには「資産形成の機能を兼ねた大型保障プラン」「退職慰労金の原資として活用」などと記載され，以下の条件において契約した保険の解約返戻金の推移として次の

---

[4]　金融庁「保険会社向けの総合的な監督指針」Ⅳ－5－1　（保険料）(1)。
[5]　金融庁・前掲＊4，Ⅳ－5－3　（契約者価額）。
[6]　管見するところ，執筆日現在においては，このような介護保障定期保険について，保険会社は新規募集を見合わせているようである。

ような表が掲載されている（一部省略）。

契約者・保険金受取人　　　法人

被保険者　　　　　　　　　役員

契約年齢　　　　　　　　　50歳・女性

保険期間・払込期間　　　　77歳

介護一時金額　　　　　　　　５億円（死亡の場合には責任準備金相当額を給付）

払込保険料（年払い）　　2,940,500円

## ●図表－3　解約返戻金の推移

| 経過年数 | A<br>年間保険料<br>（円） | B<br>保険料累計<br>（円） | C<br>解約返戻金<br>（円） | D<br>返戻率 | E<br>税効果<br>負担額（円） | F<br>税効果後負<br>担累計（円） | G<br>税効果後<br>返戻率 |
|---|---|---|---|---|---|---|---|
| 1 年 | 2,940,500 | 2,940,500 | 1,450,000 | 49.3% | 1,953,081 | 1,953,081 | 74.2% |
| 2 年 | 2,940,500 | 5,881,000 | 4,100,000 | 69.7% | 1,953,081 | 3,906,162 | 104.9% |
| 3 年 | 2,940,500 | 8,821,500 | 6,750,000 | 76.5% | 1,953,081 | 5,859,243 | 115.2% |
| 5 年 | 2,940,500 | 14,702,500 | 12,000,000 | 81.6% | 1,953,081 | 9,765,405 | 122.8% |
| 7 年 | 2,940,500 | 20,583,500 | 17,200,000 | 83.5% | 1,953,081 | 13,671,567 | 125.8% |
| 10年 | 2,940,500 | 29,405,000 | 24,950,000 | 84.8% | 1,953,081 | 19,530,810 | 127.7% |
| 11年 | 2,940,500 | 32,345,500 | 27,400,000 | 84.7% | 1,953,081 | 21,483,891 | 127.5% |
| 15年 | 2,940,500 | 44,107,500 | 36,950,000 | 83.7% | 1,953,081 | 29,296,215 | 126.1% |
| 16年 | 2,940,500 | 47,048,000 | 35,300,000 | 75.0% | 1,953,081 | 31,249,296 | 112.9% |
| 17年 | 2,940,500 | 49,988,500 | 33,200,000 | 66.4% | 1,953,081 | 33,202,377 | 99.9% |
| 20年 | 2,940,500 | 58,810,000 | 28,200,000 | 47.9% | 1,953,081 | 39,061,620 | 72.1% |
| 27年 | 2,940,500 | 79,393,500 | 0 | 0.0% | 1,953,081 | 52,733,187 | 0.0% |

　図表－3の「税効果後負担累計」（F欄）とは，法人税の実効税率を33.58％として毎年の支払保険料2,940,500円（A欄）にこの実効税率を乗じた金額である987,419円を年間の支払保険料（A欄）から差し引いた金額（E欄）の累計額を示している。つまり，この保険商品の保険料は，旧法人税基本通達９－３－５《定期保険に係る保険料》(1)の取扱いによりその全額が損金として認められており，仮にこの保険に入らずに保険料を支出しなかった場合と比べて保険料に係る税金分だけ節税となる（その分だけ税金を払わなくて済む。）ことから，F欄はその効果（税効果）を加味して保険料の負担額累計を示しているわけである。こ

●図表－4　中年以降の者に焦点を当てた定期保険の保険料積立金
（イメージ）

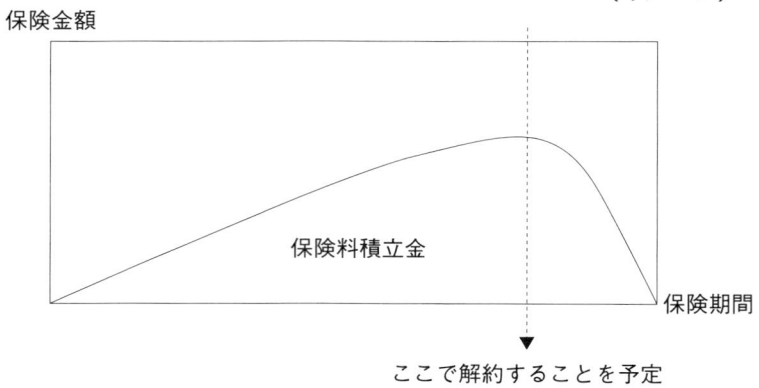

れを基に解約返戻率を算定したのが「税効果後返戻率」（G欄）であり，この欄が示すように，保険契約後2年以上16年までというかなり長期の期間において，この期間中に保険を解約することで，税効果を加味した実質的な保険料負担以上の返戻金が手に入ることになる[7]。

　図表－3によれば，契約後15年で解約返戻金（C欄）のピークを迎えることになる。すなわち，50歳で契約すれば65歳という引退年齢で解約返戻金のピークをもってくることで，退職金の原資として解約返戻金を活かすことができる。このパンフレットはこのような解約返戻金の活用例を示すことで資金需要に備える保険商品としてアピールしているわけである。

　一般に定期保険を中年以降の者に販売すると，死亡率がその分高くなることから，保険積立金の推移は一般の定期保険とは違った形になる。このような保険は，保険積立金のカーブがピークに達した段階で解約することを前提に販売されている（図表－4参照）。このことは，このよ

---

＊7　ただし，実際に解約した場合の解約返戻金は全額益金の額に算入され課税対象となるが，この税負担の増加については表記されていない。したがって，このような税効果返戻率の表示が，必ずしも表示分だけ得をすることを示しているわけではないことは認識すべきと思われる。

うな定期保険は，生命保険契約の利点（保険料が（一部）損金として処理されるという利点）を活かしながら，一定の時期の到来によりこれまで積み立てた資金を利用するという一種の貯蓄機能を担っているといえるのである*8。

　このように，法人を対象とした生命保険にあっては，リスク保障という本来の保険機能よりも，節税効果を活かしながら解約返戻金を有効に活用するという一種の貯蓄機能を重視した生命保険が法人のニーズに合致した保険商品であり，生命保険会社もそのニーズに合わせた商品をこれまで提供してきたのが実態ではないかと思われる。筆者の経験からすれば，生命保険会社の営業担当者は，法人に対し，上記に示した表などに基づいて保険料の損金算入による法人税負担の減少額などを示しながら，いわゆる節税商品として販売する傾向が極めて強かったように記憶している。

　生命保険を貯蓄機能が備わった節税商品として捉えると，法人にとっては，保険料の支払はなるべく全額損金計上により支払い，解約返戻金をなるべく多く得ることができるのが「良い商品」ということになる。つまり，所得計算上は損金としながらも保険料の「前払い」効果を十分に享受できることが法人向けの保険商品の重要な要素となっていたのである。

　これを国税当局の立場からみると，少なくとも保険期間の前半において支払う保険料には法人が将来取得する解約返戻金の原資となる保険積立金に相当する部分が相当額含まれているのであるから，保険期間の前半において支払保険料の全額を損金算入させると課税上の弊害があるということになる。そこで，保険期間の後半において保険金の支払のために生じる保険料の不足分を補充するために保険期間の前半であらかじめ支払っておく部分の保険料は前払保険料ともいえることから，相当多額

---

＊8　出口・前掲＊3，49頁。

Ⅱ　相当多額の「前払保険料」が含まれているケース　**49**

な前払保険料が認められる保険商品については，これまで個別通達により個々の保険商品毎に当該前払部分の資産計上に係る取扱いを示してきたわけである。

## 4 相当多額の前払いがあるケース

以上検討のとおり，「相当多額の前払い」を意識させる保険商品とは，保険料が（一部）損金となる上で，かつ，貯蓄機能が高い保険，すなわち，解約返戻金率が高い保険商品であるということができる。そこで，このような保険商品にはどのようなものがあるのか（あったのか），その代表的な保険商品を見ていきたい。

また，これらの保険商品は生命保険会社によっては扱われていないものもあるので留意されたい。

### 1 逓増定期保険・長期平準定期保険

逓増定期保険とは，保険料を一定額とし，保険金を次第に増額させていく定期保険をいう。また，長期平準定期保険とは，定期保険の保険期間が数十年以上の長期間であるような定期保険をいう。ともにこれまでは国税庁の個別通達[9]で一定割合の保険料を資産計上することとされていた。すなわち，保険期間等の区分に応じ，保険期間の開始から6割に相当する期間において支払保険料の2分の1から4分の3を資産計上することとされていた。

定期保険の保険期間の前半で平準保険料が自然保険料を超えるために保険料の中に保険料積立金が相当額含まれることは繰り返し述べたところであるが，この解約返戻金を大きくするためには2つの方法がある。1つは，前半部分の保険金を下げる（又は後半部分の保険金を上げる）方法と，もう1つは，保険期間を長くする方法である。前者が逓増定期

---

*9　昭和62年6月16日付け直法2－2ほか（最終改正：平成20年2月28日）「法人が支払う長期平準定期保険等の保険料の取扱いについて」。

保険であり後者が長期平準定期保険である。

　逓増定期保険も長期平準定期保険も前半部分の前払いが大きくなることはこれまでの説明を踏まえれば容易に理解できると思う。そして，これらの定期保険の特徴は解約返戻金のピークが比較的早く到来するというものである（図表－5参照）。したがって，経営者の退職金など，将来の資金需要がある程度明確になっている場合に活用されている例が見受けられたところである。解約返戻金のピークにうまく資金需要の時期が合わせられない場合には，一時的に契約を失効させて解約返戻金を凍結するといった例や保険金の減額変更を行い，取得した解約返戻金を新たな定期保険の保険料に充当するといった例が散見されている。

　また，近年，低解約返戻金型逓増定期保険という商品が散見されるようになった。この保険商品は，解約返戻金を契約当初からある一定の期

●図表－5　逓増的保険及び長期平準保険の解約返戻金の推移（イメージ）

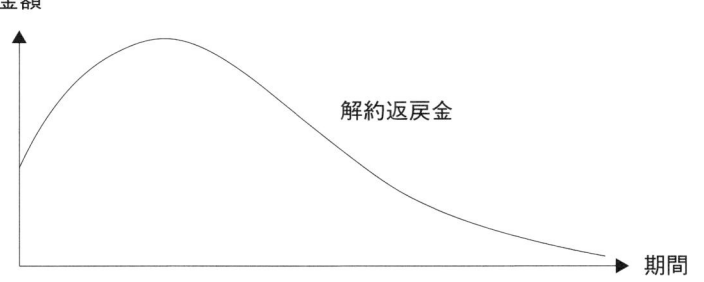

●図表－6　低解約返戻金型逓増定期保険の解約返戻金の推移（イメージ）

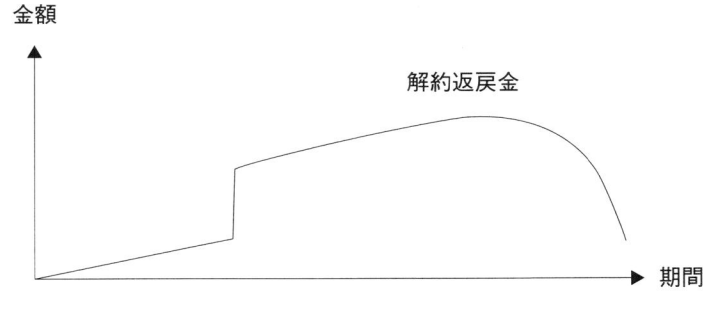

間（通常は 3 年から 5 年程度のものが多いとされている。）まで低く抑えることにより保険料を割安にするというものである（図表－ 6 参照）。この保険商品は，上記と同様の活用例が考えられるほか，当初は法人契約とし，解約返戻金が高くなる前に個人等に契約者を変更して当該個人が解約返戻金を収受するという活用が考えられる。もっとも，このような活用の仕方は，個人が低解約返戻金の期間中における低い時価評価で買取りをする一方，高い解約返戻金を得ることで，結果として経済的利益が個人に生じることに対する課税リスクに留意する必要がある[10]。

## 2　第三分野の保険

　生命保険は，人の生死に関して保険金が支払われるものだけではない。「人の生死」に関して保険金が支払われる保険が「第一分野」の保険と呼ばれるのに対し，介護費用保険やがん保険のように，人の生死以外の事象に関し支払われる保険は「第三分野」の保険と呼ばれている。ちなみに，「第二分野」の保険とは，偶然の事故や実損をてん補するために支払われる保険，すなわち損害保険をいう。

　第三分野の保険は，もともと外資系や中小の生命保険会社で扱われていたが，いわゆる規制緩和により平成13年から大手の生命保険会社や損害保険会社の生保子会社の参入が認められることとなった。現在，各生命保険会社は，死亡保障よりもこうした第三分野の保険に力を入れつつある。なぜなら，少子高齢化が進んで共働き世帯が増えたことで，多額の死亡保障の必要性が薄れてきた一方，医療や介護といった長生きリスクに対応する保険が求められるようになってきたからである[11]。

　ここでは介護費用保険，がん保険及び長期障害保険について概説する。

### ■　介護費用保険

---

＊10　酒井・保険税務91頁〔松岡章夫執筆〕。
＊11　令和元年 5 月30日付け日本経済新聞「生保決算を読む（下），死亡保障から『予防』へ」。

介護費用保険とは被保険者が要介護状態又は痴呆状態であることが認定された場合に保険金が支払われる保険である。この保険は人の生死に関して支払われる保険ではなく，その意味では，死亡した場合にも保険金が給付される介護保障定期保険（ 3 参照）とは区別される。

　この保険は，保険期間が終身であり，保険事故の多くが被保険者が高齢になってから発生するにもかかわらず，各年の支払保険料が毎年平準化されているため，60歳頃までに中途解約又は失効した場合には，相当多額の解約返戻金が生じることとなる。

　そこで，これまでは国税庁の個別通達*12で，保険料払込期間のうち被保険者が60歳に達するまでの支払分については，支払保険料の2分の1を資産計上する等といった取扱いが示されていた。

## 2　がん保険

　医療保険の一種であるがん保険は，がんと診断，がんによる入院，手術及び死亡の場合に保険金が支払われる保険商品である。特に終身保険の場合には保険期間が長期にわたるものの，高齢化するにつれ高まる発生率等に対し，平準化した保険料を算出していることから，保険期間の前半において中途解約又は失効した場合には，相当多額の解約返戻金が生じることとなる。そこで，これまでは国税庁の個別通達*13で保険期間が終身であるがん保険については加入時から105歳までの期間の5割に相当する期間について支払保険料の2分の1を資産に計上する等の取扱いが示されていた。

　がん保険の解約返戻金は一般的には逓増定期保険等に比し低いといわれており，法人の資金需要のためにがん保険を利用するメリットはやや乏しいと思われるが，がんに罹患するリスクを重視しつつ，経営者の退職金等の資金需要に答えるために活用される事例はあるようである。

---

*12　平成元年12月16日付け直審4 ─25ほか「法人又は個人事業者が支払う介護費用保険の保険料の取扱いについて」。
*13　平成24年4月27日付け課法2 ─5 ほか「法人が支払う『がん保険』（終身保障タイプ）の保険料の取扱いについて」。

## ❸ 長期傷害保険

　長期傷害保険とは，災害による死亡及び障害を保険事故として保険金が支払われる保険商品である。この保険はいわゆる満期保険金はないが，病気による死亡，保険契約の失効，告知義務違反による解除及び解約の場合には，保険料の払込期間に応じた所定の払戻金が保険契約者に払い戻される。特に保険期間が終身のものは，保険期間が長期にわたるため，高齢化するにつれ高まる災害死亡率等に対して平準化した保険料を算出しているため，相当多額の解約返戻金が生じることとなる。そこで，これまでは保険期間が終身である長期障害保険契約については，加入時から105歳までの期間の7割に相当する期間について支払保険料の4分の3を資産に計上する等の取扱いが国税庁から示されていた[*14]。

## 5 新設された法人税基本通達9－3－5の2の内容

　4 で掲げた「相当多額の前払い」がある各保険商品については，これまでは各々個別通達等で税務上の取扱いが律せられてきたところ，今回の通達改正により，これらの保険商品に係る税務上の取扱いは新設された法人税基本通達9－3－5の2（以下「新通達」という。）で対応することとなった。また，それだけではなく， 3 で掲げた例のように従来の個別通達の射程から漏れていた一定の定期保険及び第三分野保険についても節税効果及び貯蓄機能が高いもの（解約返戻金率が高いもの）については，全て新通達の射程に含まれることとなった。

　新通達のポイントは次の2点である。

> 1　定期保険及び第三分野保険について保険料の損金算入が制限されるのは最高解約返戻率が50％を超える契約が対象となること
>
> 2　保険料の資産計上期間，資産計上額及び取崩期間等といった具

---

[*14]　平成18年4月28日付け「長期障害保険（終身保障タイプ）に関する税務上の取扱いについて（照会）」に対する国税庁回答。

体的な項目については最高解約返戻率の水準によって取扱いが3つに分かれていること

上記のポイントについて以下検討する。

## 1 新通達の対象となる定期保険及び第三分野保険

上記ポイント1のとおり新通達の取扱いの対象となる「保険料に相当多額の前払部分」がある保険とは，保険期間が3年以上の定期保険及び第三分野保険（以下「定期保険等」という。）で最高解約返戻率が50％を超えるものをいう（新通達柱書き）。最高解約返戻率とは，保険期間を通じて解約返戻率（保険契約時において契約者に示された解約返戻金相当額について，それを受けることとなるまでの間に支払うこととなる保険料の額の合計額で除した割合）が最も高い割合となる期間におけるその割合をいう（新通達（注）1イ）。 3 で掲げた例でいうなら，経過年数が10年目の84.8％がこれに該当する。

つまり，国税当局にとって相当多額の前払いがあるために支払保険料の全額を損金算入することが課税上の弊害をもたらすと考えているのは，解約することで支払保険料の半分超が契約者に返ってくるような定期保険等である。50％という数字は「決め」にすぎないと思われるが，支払った金額の過半が手元に戻ってくる可能性があるものに対して支払時の損金算入を制限するということに対しては大方の理解は得られやすいといえるだろう。

なお，最高解約返戻率が70％以下で，かつ，年換算保険料相当額（その保険の保険料の総額を保険期間の年数で除した金額）が30万円以下の保険に係る保険料については新通達の射程からは外されている。このように規模の小さい契約については最高解約返戻率が7割を超えなければ法人税基本通達9－3－5で明らかにされている原則的な取扱いが適用されることになる。ただし，一の被保険者が複数の定期保険等に加入し

ている場合には，それぞれの年換算保険料相当額を合計した金額が30万円以下かどうか判定しなければならないので留意する必要がある（新通達柱書き）。この場合，合計額に含めるのは，保険期間が３年以上の定期保険等で最高解約返戻率が50％超70％以下のものに係る年換算保険料相当額となる（FAQのＱ９）。なお，役員又は部課長その他特定の使用人（これらの者の親族を含む。）のみを被保険者としている場合でその保険料の額がこれらの者に対する給与となるものは判定に含める必要はない（同FAQ）。

　本来，支払保険料の前払部分を資産計上するというのであれば，解約返戻金を基準にするのではなく，支払保険料のうち前払いと認められる積立部分（図表－１のａの部分）を損金不算入とするのが理に適っている。しかし，支払保険料の中に含まれる前払部分の保険料の額は保険契約者には通知されず法人がこれを把握することは事実上できない。また，生命保険会社に被保険者別の積立部分を集計させ開示させるのは現実的ではないだろう。そこで，今回の改正では，保険契約者が把握可能な指標で，前払部分の保険料の累積額に近似する解約返戻金に着目し，解約返戻率に基づいて資産計上すべき金額を算定することとしているわけである[15]

　また，新通達の取扱いは，保険金又は給付金（以下「保険金等」という。）の受取人が保険契約者たる法人か被保険者又はその遺族かどうかは問わない。なぜなら，新通達の取扱いは，ここまで検討してきたとおり，あらかじめ支出した保険料を後で解約返戻金という形で引き出すという保険商品の貯蓄機能に対する課税上の弊害を是正することに焦点を当てているので，保険金の受取人が誰かといった点は一義的には関係ないからである。ただし，保険金等の受取人が被保険者又は遺族である場

---

[15]　令和元年６月28日付け国税庁「『法人税基本通達の制定について』（法令解釈通達）ほか１件の一部改正（案）（定期保険及び第三分野保険に係る保険料の取扱い）等に対する意見公募の結果について」別紙１。

合であって，役員又は部課長その他特定の使用人（これらの者の親族を含む。）のみを対象としているときには，その支払った保険料の額は，当該役員又は使用人に対する給与となるので注意する必要がある（新通達（注）6）。

## ② 保険料の資産計上期間，資産計上額及び取崩期間等

新通達では，資産計上期間，資産計上額及び取崩期間といった具体的な取扱いについては最高解約返戻率に応じて段階的に規定している。概要を示すと以下のとおりである（新通達(3)の表（一部省略））。

| | 最高解約返戻率 | 資産計上期間 | 資産計上額 | 取崩期間 |
|---|---|---|---|---|
| ① | 50％超70％以下 | 保険期間の開始の日から当該保険期間の100分の40相当期間を経過する日まで | 当期分支払保険料の額に100分の40を乗じて計算した金額 | 保険期間の100分の75相当期間経過後から保険期間の終了の日まで |
| ② | 70％超85％以下 | 同上 | 当期分支払保険料の額に100分の60を乗じて計算した金額 | 同上 |
| ③ | 85％超 | 保険期間の開始の日から最高解約返戻率となる期間の終了の日まで | ○保険期間の開始の日から10年を経過する日までは当期分支払保険料に最高解約返戻率の100分の90を乗じて計算した金額<br>○保険期間の開始の日から11年目以降は当期分支払保険料に最高解約返戻率の100分の70を乗じて計算した金額 | 解約返戻金相当額が最も高い金額となる期間経過後から保険期間の終了の日まで |

以下，最高解約返戻率のそれぞれの段階に係る取扱いについて説明する。

### ■1 最高解約返戻率が50％超70％以下の場合

この水準にある定期保険等については，保険期間の前半4割期間について当期分支払保険料の40％が資産計上され残りは損金の額に算入される。また，保険金期間の前半4分の3の期間経過後（後半の4分の1の期間）において資産計上されていた金額が均等に取り崩されることになる。

ここでの問題として，例えば保険料の支払が年1回で，資産計上期間

●図表−7　最高解約返戻率が50％超70％以下の場合

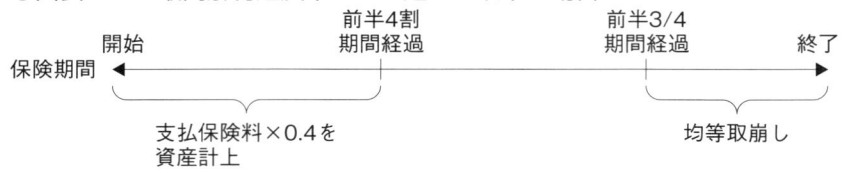

の前半４割期間の経過日が期中の場合に資産計上額をどのように計算するのかという点がある。この場合には，当期分支払保険料を当事業年度の月数（通常であれば12）で除し，期首から経過日までの月数（１月未満の端数がある場合には切捨て）を乗じて当期分支払保険料を計算し，これに100分の40を乗じることとなる（新通達(1)（注））。資産計上期間の末日が期中である場合の当期分支払保険料の計算方法は②及び③とも同様である。

　なお，ここでいう当期分支払保険料とは，その支払った保険料の額のうち当該事業年度に対応する部分の金額いう（新通達（注）１ロ，短期前払費用の取扱いを適用した場合の当期分支払保険料の考え方については 3 2 参照）。

　また，当期に取崩期間がある場合には，当期分支払保険料の額を損金の額に算入するとともに資産計上した金額の累積額を取崩期間の経過に応じて均等に取り崩した金額のうち，当期に対応する金額を損金の額に算入することとなる（新通達(3)）。例えば，保険期間の前半４分の３期間が経過し，残りの保険期間が10年間あるとすると資産計上した累積額を120か月で除し，当期の月数に対応する金額を損金の額に算入する。この場合，当該取崩期間に１月未満の端数がある場合にはその端数は切り上げることとされている（同通達）。この取崩期間及び取崩額の取扱いは②及び③も同様である。

### 2　最高解約返戻率が70％超85％以下の場合

　この水準にある定期保険等については，保険期間の前半４割期間につ

いて当期分支払保険料の60％が資産計上され残りは損金の額に算入される。また，保険金期間の前半4分の3の期間経過後（後半の4分の1の期間）において資産計上されていた金額が均等に取り崩されることになる。

　なお，取扱いの詳細は①に記載のとおりであり，ここでの記載は省略する。

●図表－8　最高解約返戻率が70％超85％以下の場合

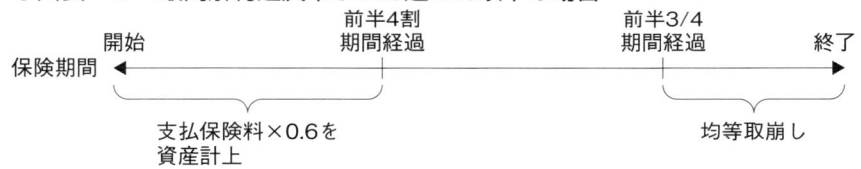

### ③　最高解約返戻率が85％超の場合

　この水準にある契約については，保険期間の開始日から最高解約返戻率となる期間の終了の日（最高解約返戻率となる保険年度の終了日）までの期間のうち，前半10年間（10年経過日まで）については，当期分支払保険料に最高解約返戻率の90％の割合を乗じた金額が資産計上され，残りの期間は最高解約返戻率の70％の割合を乗じた金額が資産計上される。そして，解約返戻金相当額が最も高い期間（保険年度）の経過後から資産計上されていた金額が均等に取り崩されることになる。均等額取崩しの開始時点が解約返戻率のピーク時ではなく，解約返戻金相当額の

●図表－9　最高解約返戻率が85％超の場合

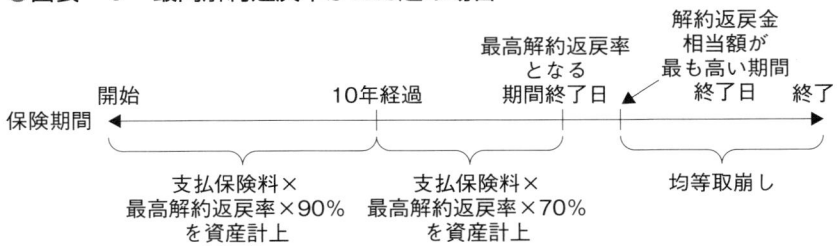

ピーク時である点に注意を要する（なお，ここでは保険期間の開始日以後1年ごとに区分した期間を「保険年度」という言葉で表現している。）。

　この「保険期間の開始日から最高解約返戻率となる期間の終了の日までの期間」については注意する点がある。

　まず，1点目は，保険期間の開始日から最高解約返戻率となる期間の終了の日後の各期間（保険年度）において次の分数により計算した割合が0.7を超える期間がある場合には保険期間の開始からその期間の終了の日までが資産計上期間となるという点である。

$$\frac{\text{当年度の解約返戻金相当額 － 前年度の解約返戻金相当額}}{\text{年換算保険料相当額}}$$

　これは，最高解約返戻率となった期間後に解約返戻金相当額のピークを向かえるのが一般的であり（「図表－3　解約返戻金の推移」参照），解約返戻率のピークを迎えてもなお，解約返戻金の増加率が7割を超える場合には，少なくとも当期分支払保険料のうち最高解約返戻率の7割（10年経過日後の場合）相当額は資産計上すべきではないかとの考え方によるものと思われる。

　2点目は，最高解約返戻率となる期間が5年未満となる場合には，保険期間の開始の日から5年を経過する日までが資産計上期間となることである。保険期間開始から早い時期に解約返戻金のピークを迎える契約についてはこの点を留意する必要がある。また，保険期間が10年未満という短期の契約の場合には，保険期間の開始の日から当該保険期間の半分（100分の50）を経過する日までが資産計上期間となる。いずれにしてもこれらの契約については資産計上期間中は当期分支払保険料のうち最高解約返戻率の90％相当額が資産計上され，資産計上期間経過後は資産計上された累積額が均等に取り崩されることになる。

　なお，「最高解約返戻率となる期間」や上述の「解約返戻金の増加割合が0.7を超える期間」，さらには均等取崩しの開始の判断基準なる「解

約返戻金相当額が最も高い金額となる期間」が複数ある場合には，いずれもその最も遅い期間がそれぞれの期間となる（新通達（注）3）。

## 3 その他の留意事項

**1** 及び **2** に記載のほか新通達の適用に当たり留意すべき事項は次のとおりである。

### **1** 年換算保険料相当額が30万円以下の判定（FAQ の Q 9 ）

既述のとおり，新通達の取扱いについては，最高解約返戻率が70％以下で，かつ，年換算保険料相当額が30万円以下の保険に係る保険料については適用しない（ **1** 参照）。

この年換算保険料相当額が30万円以下か否かは，保険会社やそれぞれの保険契約への加入時期の違いにかかわらず，一の者（例えば，代表取締役：甲）を被保険者として，その法人が加入している全ての定期保険等に係る年換算保険料相当額の合計額で判定することとなるが，最初は年換算保険料相当額が30万円以下であっても，期中で追加加入したために年換算保険料相当額が30万円を超える場合にはどのように取り扱うのかが問題となる。

これについては，原則的には最初に加入した定期保険等に係る当期分支払保険料の額のうちその追加加入以後の期間に対応する部分の金額について，新通達の取扱いが適用されることになるが，追加加入した日を含む事業年度に係る当期分支払保険料の額の全額について新通達の取扱いによることとしている場合には差し支えないこととされている。

反対に，最初は2つの定期保険等に加入し年換算保険料相当額が30万円を超えている場合において，期中に一方の定期保険を解約したために，年換算保険料相当額の合計額が30万円以下となるときは，原則的には当期分支払保険料のうち当該解約後の期間に対応する部分の金額について新通達の適用はないことになるが，解約等をした日を含む事業年度に係る当期分支払保険料の額の全額について新通達を適用しないこととして

いる場合にはそれでも差し支えないこととされている。

なお，改正通達適用日前に契約した定期保険等に係る年換算保険料相当額は判定に含める必要がないことはいうまでもないことである。

●図表－10　途中加入した場合の30万円以下の判定

## 2　支払保険料について短期前払費用の取扱いを適用している場合（FAQ の Q 2 ）

支払保険料の額を期間の経過に応じて損金の額に算入している場合には，当期分支払保険料と損金の額に算入した保険料とは一致する。ところが支払保険料の額の損金算入について法人税基本通達 2 － 2 －14《短期の前払費用》を適用する場合には，当期分支払保険料と損金の額に算入した保険料とにズレが生じるといった問題がある。

この点については，FAQ では次のような図を示しつつ，法人が短期

●図表－11　保険期間・当期分保険料・事業年度のそれぞれの関係

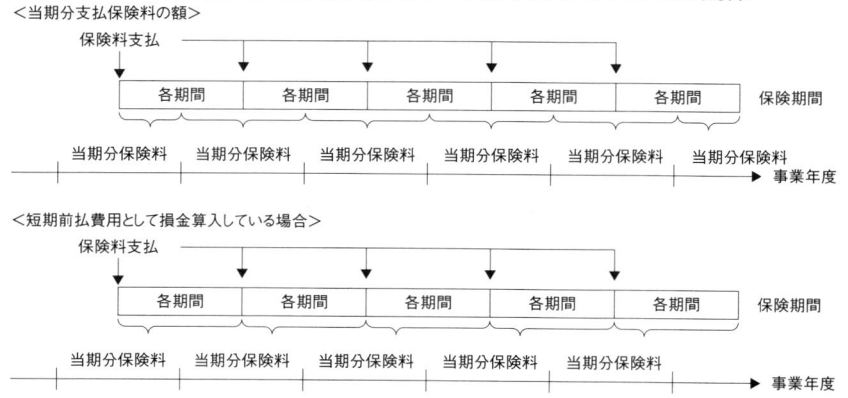

前払費用の取扱いを適用して，保険料の支払額に相当する金額を継続して支払日の属する事業年度の損金の額に算入しているときは，その金額を当期分支払保険料の額とすることを認めている。したがって，例えば，期中において契約した定期保険等に係る保険料を年払いとしている場合において短期前払費用の取扱いを適用しているときには，保険契約初年度に属する事業年度においては，翌期にまたがる部分を含めた向こう１年分の保険料について，最高解約返戻率に対応した所定の割合に応じた金額が資産計上され，資産計上期間の経過日（終了日）の属する事業年度においては逆に資産計上するものがないことになる。年払契約の場合には特にこの点について留意する必要がある。

### ③ 保険期間が終身の場合の取扱い

これまで終身のがん保険や長期傷害保険については，個別通達により保険期間満了時の年齢を105歳として保険期間を計算することとされていたが，新通達では，保険期間が終身である第三分野保険については，保険期間の開始の日から被保険者の年齢が116歳に達するまでを計算上の保険期間とされている（新通達（注）２）。

### ④ 解約返戻金相当額の情報開示

既述のとおり，新通達の適用に当たっては，定期保険等の契約時において当該保険契約に係る最高解約返戻率が明らかになっていなければならない。つまり，生命保険会社が解約返戻率を示していない場合には，法人自らが，各期間の解約返戻金相当額をそれまでの年数に応じた支払保険料の額の合計額で除して計算し，最高解約返戻率を判定しなければならないわけである。そのためには，少なくとも毎年の解約返戻金相当額が保険会社から確実に開示されていなければならない。

この点について，国税庁では，「従前から保険会社は保険商品の販売に際し，『解約返戻金については，例えば，金額を保険証券等に表示する，計算方法等を約款等に掲載するなど，保険契約者等に明瞭に開示するための措置を講じ』る必要があるとされています（金融庁『保険会社

向けの総合的な監督指針』Ⅳ－1－10解約返戻金の開示方法）。」と説明しており\*16，解約返戻金については，これまでも法人に対して明瞭に開示されているとのスタンスに立っている。

しかしながら，現状では保険証券には解約返戻金を1年ごとには記載せずに要約して表示している場合が多く，最高解約返戻率の判定には不十分であるように思われる。

今後は，生命保険会社が定期保険等に関して法人と契約する場合には，保険期間に対応した1年ごとの解約返戻金相当額に関する情報開示を徹底する必要がある。なお，納税者の便宜という観点から解約返戻率も併せて開示することが望まれる\*17。

特に，営業段階で入手するパンフレットに標準例として記載されている解約返戻率及び解約返戻金の表は使用できないので留意する必要がある（FAQのQ4）。

**５　保険料の前払いと新通達の適用関係**

一時払いの保険料のように，一定期間分の保険料の額を「前払い」した場合には，その全額を資産に計上する必要がある（これは，本節で述べてきた保険料の前払部分とは意味が異なるので注意されたい。）

資産に計上された金額のうち当該事業年度に対応する部分の金額が損金の額に算入されることとなるが，この損金の額に算入された保険料相当額を「当期分支払保険料」として新通達を適用することとなる（新通達（注4））。

**６　前納金，短期払込及び特約に係る保険料等がある場合の解約返戻率の計算**

いわゆる前納制度を利用して前納金を支払った場合における解約返戻

---

\*16　前掲\*15。
\*17　解約返戻率は，原則として端数を切り捨てないで計算することとなるが，生命保険会社が小数点2位以下の端数を切り捨てて計算した解約返戻率が保険設計書等に記載されている場合には，その解約返戻率を用いて最高解約返戻率の区分を判定して差し支えないこととされている（FAQのQ4）。

率の計算は，各期間の保険料として充当されることとなる部分の額の合計額を分母とし，その合計額に係る解約返戻金相当額を分子として計算する（FAQ の Q 5）。

一方，終身保険等において，保険料を短期払込みとした場合には，各期間までに実際に支払うこととなる短期払込みの保険料の合計額を分母とし，その合計額に係る解約返戻金相当額を分子として解約返戻率を計算することとなる（同 FAQ）。

また，保険給付のない特約に係る保険料（例えば，保険料払込免除特約等）や特別保険料は，主契約に係る保険料に含め，また，当該特約保険料や特別保険料を含めたところで計算される解約返戻金相当額により最高解約返戻率を計算することとなる（FAQ の Q 6）[18]。

なお，契約者配当の額は将来の払戻しを約束しているものではないため，解約返戻金相当額には含まれないが，契約者配当が確実に見込まれているような場合はこの限りではないとされている（FAQ の Q 7）。この「契約者配当が確実に見込まれている場合」とは具体的にどのような場合をいうのかについては今後明らかにされるべき問題の１つであろう。

**7　解約返戻金相当額が確定していない場合における解約返戻率の計算（FAQ の Q 8）**

いわゆる「変額保険」や「積立利率変動型保険」については，契約時に示されている予定利率を用いて計算した解約返戻金相当額を用いて差し支えないこととされている。

また，いわゆる「健康増進型保険」などのように，将来の達成が不確実な事由（例えば，毎日１万歩歩くなど）によって，キャッシュバックが生じたり支払保険料が変動するような商品については，そのキャッシュバックが生じないあるいは支払保険料等の変動がないものとして，契約時に示される解約返戻金相当額とこれに係る保険料によって（最高）

---

[18]　保険給付のある特約に係る保険料は，主契約に係る保険料とは区別して取り扱われることになることに留意する必要がある（法基通９－３－６の２）。

解約返戻率を計算して差し支えないこととされている。

**8　解約返戻率が変動する「契約内容の変更」（FAQ の Q11）**

　法人税基本通達９－３－５の２の(1)から(3)までの取扱いは，保険契約時の契約内容に基づいて適用するのであるが，その契約内容に変更があった場合には，契約当初に遡ることはせず，保険期間のうち当該変更以後の期間において，契約後の諸条件に照らして，新通達をはじめとする生命保険の取扱いに関する法人税基本通達を適用することになる（新通達（注）５）。この場合の「契約内容の変更」とは例えば次に掲げるような変更が該当する。

i　払込期間の変更（全期払い（年払い・月払い）を短期払いに変更する場合等）

ii　特別保険料の変更

iii　保険料払込免除特約の付加・解約

iv　保険金額の増額，減額又は契約の一部解除に伴う高額割引率の変更により解約返戻率が変動する場合

v　保険期間の延長・短縮

vi　契約書に記載した年齢の誤りの訂正等により保険料が変動する場合

　また，解約返戻率に影響しない次のような変更は，原則として「契約内容の変更」には該当しない。

i　払込方法の変更（月払いを年払いに変更する場合等）

ii　払込経路の変更（口座振替扱いを団体扱いに変更する場合等）

iii　前納金の追加納付

iv　契約者貸付け

v　保険金額の減額（部分解約）

　なお，保険給付のある特約に追加加入した場合，その特約に係る保険料は，主契約に係る保険料とは区分して取り扱われることとなるので，特約の付加に伴う高額割引率の変更により主契約の保険料が変動するようなことがない限り，主契約の「契約内容の変更」としては取り扱われ

ない。また，契約の転換，払済保険への変更，契約の更新もここでいう
「契約内容の変更」としては取り扱われない。

### 9　契約の変更があった場合の取扱い（FAQ の Q12）

　保険料や保険金額の異動（これに伴い解約返戻率も変動）を伴う契約
内容の変更がある場合には，変更前の責任準備金相当額と変更後の契約
内容に応じて必要となる責任準備金相当額との過不足の精算を行うのが
一般的であり，これにより，責任準備金相当額は契約当初から変更後の
契約内容であったのと同じ額となることから，税務上の資産計上累積額
もこれに合わせた調整を行う必要がある。

　具体的には，変更時に精算（追加払い又は払戻し）される責任準備金
相当額を損金の額又は益金の額に算入するとともに，契約当初から変更
後の契約内容であったとした場合の各期間の解約返戻率を基にその保険
期間に係る最高解約返戻率の区分を再判定して契約当初から変更時まで
の資産計上累積額を計算し，これと既往の資産計上累積額との差額につ
いて，変更時の益金の額又は損金の額に算入することとなる。この調整
により，税務上の資産計上累積額は契約当初から変更後の契約内容であ
ったのと同じ額となる。この処理は契約変更時に行うものなので，過去
の事業年度に遡って修正申告等をする必要はない。

　変更後の各事業年度における当期分支払保険料の額については，上記
の新たな最高解約返戻率の区分に応じて取扱い，上記の調整後の資産計
上累積額についても，この新たな区分に応じた取崩し期間に従って取り
崩すこととなる。

　また，最高解約返戻率が85％以下の場合で，最高解約返戻率の区分に
変更がないときには，資産計上期間や資産計上割合は変わらないことか
ら，必ずしも上記の処理によることなく，責任準備金相当額の精算のみ
を行う処理も認められる。例えば，ⅰ責任準備金相当額の追加払いがあ
った場合に，変更後の保険料に含めて処理することや，ⅱ責任準備金相
当額の払戻しがあった場合に，既往の資産計上累積額のうち払い戻され

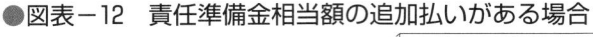

●図表－12　責任準備金相当額の追加払いがある場合

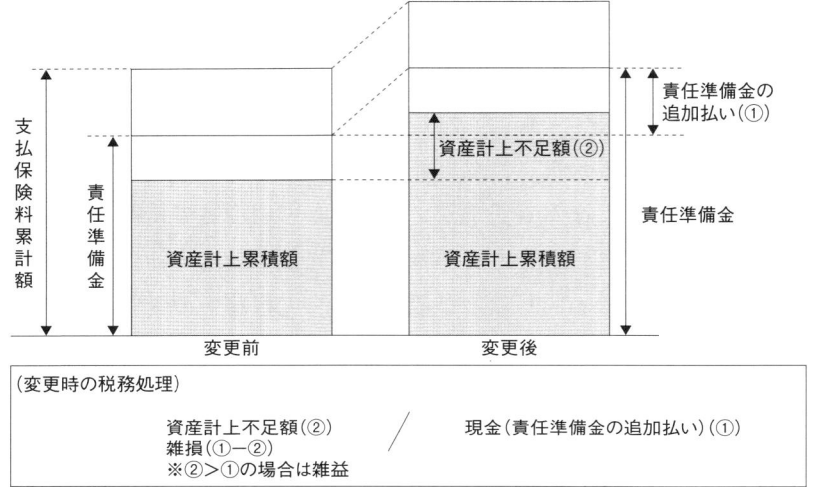

た責任準備金相当額に応じた金額を取り崩すといった処理も認められる。

　なお，契約内容の変更により最高解約返戻率が低くなることが見込まれる場合にはあえて，上記の調整を行わないこととしているときにはそれでも差し支えないこととされている（FAQのQ11）。

### 10　新通達の適用時期

　新通達の取扱いは，令和元年7月8日以後の契約に係る定期保険等の保険料について適用し，同日前の契約に係る定期保険等の保険料については，改正前の法人税基本通達及び廃止前の各国税庁個別通達の取扱いの例によることとなる（令和元年6月28日付け「法人税基本通達等の一部改正について（法令解釈通達）（定期保険及び第三分野保険に係る保険料の取扱い）」経過的取扱い……改正通達の適用時期，FAQのQ1）。

　ちなみに法人税基本通達9－3－5の（注）2に定める解約返戻金相当額のない短期払いの定期保険又は第三分野保険の保険料については令和元年10月8日以後の契約に係るものについて改正後の法人税基本通達が適用されるので併せて留意されたい。

また，令和元年7月8日前の契約に係る定期保険等について，同日以後に契約内容の変更があった場合であっても，改正前の取扱い又は廃止前の個別通達の取扱いの例によるので改正後の取扱いは適用されない（FAQのQ13）。ただし，同日以後に，保険給付のある特約を付加した場合には，その特約に係る保険料については，改正後の取扱いによることとなるのでこの点にも留意しておく必要がある（FAQのQ14）。

　一方，令和元年7月8日前の契約に係る定期保険等について，同日以後に転換があった場合，契約の転換は，既契約の保険契約を新たな契約に切り替えるものなので，転換後の契約については改正後の取扱いによることとなる。このことは，同日以後に払済保険に変更した場合も同様である（同FAQ）。

　なお，契約の更新も既契約の保険契約を新たな契約に切り替えるものなので，令和元年7月8日前の契約に係る定期保険等を同日以後に更新した場合には，更新後の契約については，改正後の取扱いによるのが相当と考えられるところ，実務的には自動更新される場合が多く，契約者にとっては新たな保険に加入したとの認識もないため，自動更新を前提に保険に加入した契約者の予測可能性の確保等の観点から，保障内容に変更のない自動更新については新たな契約とは取り扱わずに，改正前の取扱いによって差し支えないこととされている（同FAQ）。

## ■ 結びに代えて

　以上，相当多額の前払いが含まれているケースと題して，定期保険の基本的な構造を通して「前払い」の意味を明らかにし，新通達の射程と思われる保険商品に関する事例を紹介した上で，新通達の内容を検討した。

　新通達は，貯蓄機能を有する定期保険等に対して，「最高解約返戻率」に焦点を当てて統一的な取扱いを示した点では評価できるものと思われる。ただし，最高解約返戻率が85％を超える契約に関してはやや取

扱いが複雑すぎるきらいがあり，また，期間の計算に関して厳格に月数計算を要請している点について，もう少し簡便な取扱いでもよかったのではないかといった印象も受ける。

　今回の通達改正の動きにより法人向けの生命保険商品のいくつかは取り扱われなくなったと聞いている。やや表現は悪いかもしれないが，生命保険商品を巡る法人課税は，これまで，国税庁の通達発遣とその網を潜り抜ける保険商品とのいたちごっこが繰り返されてきた感がある。今回の通達改正後においても，新通達の射程範囲を超える保険商品が出てくることであろう。実務家としては生命保険商品を巡る今後の動きに引き続き注視する必要があるものと考える。

〔菅原　英雄〕

# Ⅲ　資産計上の論拠についての一考察

## はじめに

　保険法上，生命保険契約とは，保険会社が保険契約者又は被保険者の生死に関し保険金額を支払うことを約し，保険契約者がこれに対して保険料を支払うことを約する契約をいう（保険2一・八）。他方，これを経済的視点で見ると，同質の危険（例えば，死亡というリスク）の下にある多数人が保険料を拠出し共同のファンド（保険基金）を形成し，特定人にその危険が現実化した場合，これに対応するために必要な金額をそのファンドから受け取る（保険金の支払）のが生命保険制度であり，これによって特定人の経済生活の不安定を除去・軽減しようとするものといえよう[1]。さらに，危険に対する備蓄の制度という点で貯蓄とも類似している[2]。

　こうした制度を享受するための対価として，保険契約者は保険会社に対して保険料を支払う義務を負っているが（保険2三），保険期間が長期にわたる定期保険や傷害保険に係る保険料の金額は，加齢に伴う支払保険料の上昇を抑えるため，保険期間にわたって平準化されている。そのため，従前より課税実務では，その保険期間の前半に支払う保険料には多額の前払部分の保険料が含まれているものと考え，所定の生命保険料の支払があった場合において，これを単なる費用として損金算入せずに，支払保険料の額に一定割合を乗じた金額を一定の期間にわたって資

----

＊1　金澤理『保険法』2頁，188頁（成文堂2018）。
＊2　山下友信他『保険法』19頁（有斐閣アルマ1999）。また，生命保険の貯蓄・金融的機能について，水野忠恒「生命保険税制の理論的問題（上）」ジュリ753号111頁（1981）参照。

産計上するという取扱いがなされてきた。

　しかしながら，保険商品の多様化により前払部分の保険料の割合にも変化が見られたり，同一の保険商品であっても加入年齢や保険期間の長短によって取扱いが異なったりする等の問題があり，今般，法人税基本通達の改正により資産計上の取扱いが見直されることとなった。

　そこで，本節では，改正内容のうち法人が生命保険料を支払った場合における資産計上の取扱いについて概観し，定期保険や傷害保険に係る保険料について行う資産計上の論拠を「保険料の前払い」に求める点について若干の考察をしたい。

## 1　支払保険料に係る資産計上の取扱い－改正内容を中心として

### 1　二分される資産計上の趣旨

　保険の分類基準は様々であるが，保険法及び保険業法に依拠すると，損害保険（保険２六，保険業３⑤一），生命保険（保険２八，保険業３④一），これらのいずれにも分類されないいわゆる「第三分野」の保険ともいわれる傷害疾病保険*3（保険２七・九，保険業３④二・⑤二）に大別できるであろう。

　さらに，生命保険について細分類すると，保険事故を基準として死亡保険，生存保険，生死混合保険（養老保険）の三種に分類でき，保険期間を基準とすると定期保険と終身保険に細分化できる。また，第三分野の保険である傷害疾病保険にも，定期型と終身型の保険がある。

　ここで，生命保険及び傷害疾病保険について，法人税基本通達及び個別通達において資産計上が要求されている取扱いを概観すると，その趣

---

＊3　保険業法上は生命保険会社・損害保険会社のいずれも傷害保険を取り扱うことができるが，その契約の概念は必ずしも明確に整理されていないように思われる（金澤・前掲＊1，259頁参照）。

旨の違いにより2つに大別される。すなわち，①生存保険金があるものについて，その貯蓄性に着目して資産計上することとされているものと，②生存保険金はないが保険期間が長期にわたるため，保険期間の前半において前払保険料が存在し，これを資産計上するとされているものである。

今般の通達改正では，①については基本的な改正は行われず，②について，従前は特定の保険商品について個別に通達されていたものが廃止され，「定期保険及び第三分野保険に係る保険料」として取扱いが統一化されるとともに（新法基通9－3－5），「定期保険等の保険料に相当多額の前払部分の保険料が含まれる場合の取扱い」（新法基通9－3－5の2）が新設された。

そこで，①②のそれぞれについて，資産計上の趣旨を確認していきたい。

## 2　生存保険金がある生命保険に係る保険料──養老保険又は個人年金保険に係る保険料

### 1　概　　要

一定時期における被保険者の生存とその時期までの被保険者の死亡をともに保険事故とする保険を生死混合保険といい，その中でも死亡保険金の額と生存保険金（一定の時期に生存していることを事由として保険金が支払われるもの）の額とが同額である保険を養老保険という[4]。個人年金保険も同様に生死混合保険であるが，生存保険金が一時に支払われるのではなく，年金支払期間開始日以後の一定期間にわたって年金形式で支払われる点で養老保険とは異なる。

これらの保険は，保険事故が生じた場合の保障という性格と，保険事故が生じなくても生存保険金を受け取ることのできる貯蓄性を併せ持つ

---

＊4　金澤・前掲＊1，190頁。

●図表－１　養老保険又は個人年金保険の主契約保険料の取扱い

| 保険金受取人 | | 養老保険 | 個人年金保険 |
|---|---|---|---|
| 死亡保険金 | 生存保険金 | | |
| 法　　　人 | | 資　産　計　上 | |
| 役員・使用人の遺族 | 役員・使用人 | 給　　　　与 | |
| 役員・使用人の遺族 | 法　　　人 | $\frac{1}{2}$…資産計上 $\frac{1}{2}$…損金算入 | 90％相当額…資産計上 残　　額…損金算入 |

ている。そのため，法人が，自己を契約者とし，役員又は使用人を被保
険者とする養老保険又は個人年金保険に加入してその保険料を支払った
場合には，保険金受取人が誰であるかによって，図表－１のとおり異な
る取扱いがなされている（法基通９－３－４，平成２年５月30日付け個
別通達「法人が契約する個人年金保険に係る法人税の取扱いについて」）。

　なお，今般の通達改正では，これらの資産計上の取扱いに係る点は，
何ら改正が行われていない。

### ２　資産計上の趣旨

　まず，死亡保険金及び生存保険金の受取人がいずれも法人である場合
には，保険期間中に死亡又は生存のいずれかの保険事故が必ず発生する
ため，当該法人が保険給付を受けることが確実であるという点に貯蓄性
があるとして[5],[6]，その支払った保険料について，当該保険契約が終
了する時までは資産に計上することとされている。なお，課税実務では，
法人が自己を死亡保険金の受取人とする終身保険についても，同様の趣
旨から，通達に特段の定めはないものの支払保険料の全額を資産計上す
ることとされている[7]。

---

＊5　坂元左＝渡辺淑夫編『逐条詳解法人税関係通達総覧〔第２巻〕』2495の２頁（第一法
　　規加除式）参照。
＊6　低金利環境が継続している中で，平成29年４月から標準利率が引き下げられたこと
　　により，貯蓄性商品等の保険料が引き上げられたこと，及び国内金利の低下に伴い，一
　　部商品の販売抑制が行われたこと等の影響により，養老保険の新契約件数は減少傾向に
　　ある（『2018年版生命保険の動向』３頁（一般社団法人生命保険協会2018））。

次に，死亡保険金の受取人が役員・使用人の遺族，生存保険金の受取人が法人である場合には，生存保険金の財源となる積立保険料部分について，やはりこれも貯蓄性があるとして，その支払った保険料の2分の1を資産計上することとされている。養老保険に係る保険料は，生存保険金の支払財源に充てるための積立保険料と，被保険者が死亡した場合の死亡保険金の支払財源に充てるための危険保険料及び新規募集費その他の経費に充てるための付加保険料とから成っているとされており，支払った保険料の2分の1を資産計上とするのは，一種の簡便法とされている*8。

　個人年金保険も生死混合保険であることから保障と貯蓄という2つの性格を併せ持っているため，基本的には養老保険に準じた取扱いとされているが，死亡保険金の受取人が役員・使用人の遺族，年金の受取人が法人である場合には，支払保険料の90％を資産計上する点が異なる。この理由について，「通常の場合，定年（55歳〜60歳）から公的年金受給（60歳〜65歳）までの繋ぎ，あるいは公的年金受給額の補塡を目的としてこの保険に加入するものが多いと考えられますので，55歳〜65歳を年金支払開始年齢とする本件保険契約の場合の保険料をみれば，積立保険料の部分の割合は，平均的にほぼ90％となっている」からであるとされている*9。

---

*7　榊原正則『平成30年度版保険税務のすべて』287頁（新日本保険新聞社2018）。
*8　坂元＝渡辺・前掲＊5，2495の2頁。なお，同書は，「法人がこの種の養老保険に加入する場合には，一般におおむね45歳以上の中高年層の役員又は使用人を対象にする例が多いとみられるところ，このような年齢層を被保険者とする典型的な養老保険においては，平均的にみて積立保険料と危険保険料とがほぼ同額になるとみられることによる。」と説明している。この点について，矢田公一氏の試算によれば，「中高年層の者を被保険者とする養老保険では，支払保険料中，満期保険金に充てられる部分は，70％から80％程度であり，保険数理の観点からは必ずしも合理的なものではない。」と指摘される（矢田「保険商品をめぐる課税上の諸問題―支払保険料の損金性の問題を中心に―」税大論叢66号132頁（2010））。
*9　有賀文宣「法人が契約する個人年金保険に係る法人税の取扱い」税理33巻9号112頁（1990）。

## 3　生存保険金がない生命保険に係る保険料──定期保険・第三分野の保険

### ■ 旧通達の取扱い

(1)　概　　　要

　定期保険及び傷害特約に係る保険料は，基本的に，その保険料の中身がいわゆる掛捨ての危険保険料と付加保険料のみであることから貯蓄性はなく，保険期間中に保険事故が生じなければ，返戻金が支払われることなく保険期間が終了するため，その支払った保険料については資産計上されず全額損金算入されていた（旧法基通9－3－5，9－3－6の2）。

　ところが，定期保険のうち長期平準定期保険及び逓増定期保険（以下，これらを「長期平準定期保険等」という。）については，前払期間（保険期間の開始の時から60％に相当する期間）にわたって，支払保険料の2分の1ないし4分の3相当額を資産計上することとされていた（昭和62年6月16日付け個別通達「法人が支払う長期平準定期保険等の保険料の取扱いについて」）。

　また，次に掲げる個別通達で取り上げられている傷害疾病保険料についても，それぞれ資産計上する期間や資産計上額などに若干の違いは見られるものの，いずれも保険期間が長期にわたるにもかかわらず，高齢化するにつれて高まる保険事故の発生率等に対し保険料が平準化されていることから，その保険期間の前半において支払う保険料の中に相当多額の前払保険料が含まれているとして，支払保険料を単に支払の対象となる期間の経過により損金算入するのは適当でないとされていた。

①　昭和54年6月8日付け個別通達「法人契約の新成人病保険の保険料の取扱いについて」

②　平成元年12月16日付け個別通達「法人又は個人事業者が支払う

介護費用保険の保険料の取扱いについて」

③　平成13年8月10日付け個別通達「法人契約の『がん保険（終身保障タイプ）・医療保険（終身保障タイプ）』の保険料の取扱いについて（法令解釈通達）」

④　平成24年4月27日付け個別通達「法人が支払う『がん保険』（終身保障タイプ）の保険料の取扱いについて（法令解釈通達）」

## (2)　資産計上の趣旨

　一般的に加齢とともに保険事故の発生確率が上昇していくことから，本来はその上昇とともに保険料も増額されるべきところ（自然保険料），定期保険に係る保険料は平準化されている（平準保険料）。そのため保険期間の前半では，実際の死亡率に対応した保険料に比べて高い保険料を支払っていることとなり，その超過した保険料は，死亡率が高くなる保険期間の後半における実際の死亡率に対応した保険料に充当されていると考えられている。すなわち，保険期間の前半において支払う保険料の中の前払保険料が含まれているので，当該部分を資産計上するというのである。

　また，保険期間の中途で解約した場合には解約返戻金が生じる保険商品もある。こうした保険の特性を利用した節税商品が多く販売されてきたことから，課税庁は，①保険料の全額が損金算入される一方で解約時まで益金算入されないとすると，損金が先行して算入されるため適正な期間損益計算が歪められるおそれがあること，②保険契約者には解除権があることから，いつでも換金可能な簿外資産を有していることとなる，などの課税上の弊害が生じるとして一定の資産計上を要求してきた側面もある[10]。

---

*10　矢田・前掲*8，127頁。

## 2 新通達の取扱い

### (1) 概 要

改正前は特定の保険商品について個別通達により取扱いが定められていたが，改正により「第三分野保険」*11という概念が用いられ，傷害疾病保険は包括的に適用対象とされ，定期保険には保険期間の縛りが設けられた。すなわち，対象となる保険は，法人契約で，役員又は使用人（これらの者の親族を含む。）を被保険者とする保険期間が3年以上の定期保険又は第三分野保険で，最高解約返戻率（保険契約時において契約者に示された解約返戻金相当額について，それを受けることとなるまでの間に支払うこととなる保険料の額の合計額で除した割合が最も高い割合となる期間におけるその割合をいう。）*12が50％を超えるものとされ

●図表－2　定期保険及び第三分野保険の保険料に係る資産計上額の概要

| 最高解約返戻率の区分 | 資産計上期間 | 資産計上額 | | 取崩期間 |
|---|---|---|---|---|
| 50％超70％以下 | 保険期間開始の日から当該保険期間の40％相当期間を経過する日まで | 当期分支払保険料×40％ | | 保険期間の75％相当期間経過後から，保険期間終了の日まで |
| 70％超85％以下 | | 当期分支払保険料×60％ | | |
| 85％超 | 保険期間開始の日から最高解約返戻率となる期間の終了の日まで | 保険期間開始の日から，10年を経過する日まで | 当期分支払保険料×（最高解約返戻率×90％） | 解約返戻金相当額が最も高い金額となる期間経過後から，保険期間終了の日まで |
| | | 上記期間の経過後 | 当期分支払保険料×（最高解約返戻率×70％） | |

---

*11　第三分野保険とは，保険業法3条4項2号に掲げる保険及びこれに類するものとされている（新法基通9－3－5）。すなわち，保険会社が，次に掲げる事由に関し，一定額の保険金を支払うこと又はこれらによって生ずることのある当該人の損害をてん補することを約し，保険料を収受する保険をいう。

イ　人が疾病にかかったこと

ロ　傷害を受けたこと又は疾病にかかったことを原因とする人の状態

ハ　傷害を受けたことを直接の原因とする人の死亡

ニ　イ又はロに掲げるものに類するものとして内閣府令で定めるもの（人の死亡を除く。）

ホ　イ，ロ又はニに掲げるものに関し，治療（治療に類する行為として内閣府令で定めるものを含む。）を受けたこと

た。

　そして，図表－２のとおり，最高解約返戻率を３段階に区分し，最高解約返戻率が高くなるにつれて，資産計上額が増加し，また資産計上期間も長くなるよう設計された。

## ⑵　改正の趣旨

　平成31年４月11日，国税庁は，定期保険及び第三分野保険に係る保険料の取扱いに対する意見公募手続の実施に際して，改正の趣旨を「課税所得の期間計算を適正なものとするため」と説明している[13]。すなわち，「保険期間が複数年となる定期保険の支払保険料は，加齢に伴う支払保険料の上昇を抑える観点から平準化されているため，保険期間前半における支払保険料の中には，保険期間後半における保険料に充当される部分，すなわち前払部分の保険料が含まれて」いるという理解に立った上で，その前払部分の保険料を資産計上し，「一定期間経過後に均等に取り崩して損金の額に算入することで，保険期間の後半に充当される前払部分の保険料と資産計上額のうち損金の額に算入される金額とが対応するような取扱い」とするというのである。

　さらに保険実務上は，その前払部分の保険料の額は保険契約者には通知されず，その把握が困難であることから，「保険契約者が把握可能な指標で，前払部分の保険料の累積額に近似する解約返戻金に着目し」，最高解約返戻率に基づいて資産計上すべき金額を算定することとした。

## ４　小　　　括

　養老保険又は個人年金保険は，保険事故が発生しなかった場合には生

---

*12　解約返戻金相当額をいかに把握するかという実務上の問題がある。この点については，保険会社は保険契約の締結等に際して保険契約者に重要事項を告げなければならないとされており（保険業300①），契約時に保険会社から各期間の解約返戻金相当額として保険契約者に示された金額によることとされている（FAQのＱ４）。

*13　「『法人税基本通達の制定について』（法令解釈通達）ほか１件の一部改正（案）（定期保険及び第三分野保険に係る保険料の取扱い）等に対する意見公募手続の実施について」参照。

存保険金が支払われるが，その原資とされているのがいわゆる積立保険料である。この積立保険料は支払保険料の中に明示的に区別されているわけではないが，保険会社は，生存保険金の支払に備えて一定の積立金を積むこととされている（保険63，92）。さすれば，支払保険料のうち積立保険料に相当する額は，危険負担を引き受けてもらうという保険本来の役務の提供を受けていないことから，経済的価値の費消がない支出といえ，会計上の費用にも損失にも該当せず，資産として捉えることとなる[14]。

これに対し，生存保険金のない定期保険及び第三分野保険（以下「定期保険等」という。）については，養老保険のように積立保険料に相当する部分はなく，貯蓄性はないとされている。ところが，長期にわたる定期保険等で解約返戻金があるものについて，課税庁は，平準化された支払保険料の中に前払部分があると考えて，課税所得の適正な期間計算の観点から各事業年度に適切に損金を帰属させようとしている。果たして，この前払部分を資産計上するという論拠は，いかに導出され得るのだろうか。

## ② 定期保険等に係る保険料の資産計上についての考察

### ① 支払保険料の損金性の判断

定期保険等に係る支払保険料は，差し当たり「費用」といえ，これについて別段の定めもないことから，まずは法人税法22条3項2号に照らして(1)債務確定しているか否か，(2)当該事業年度の費用か否かという2点から，その損金性を検討する。

債務確定しているか否かについて，裁判例の多くが，法人税基本通達2-2-12の三基準，すなわち，①債務の成立，②債務に基づき具体的

---

*14　酒井・通達の読み方234頁。

給付をすべき原因となる事実の発生，③金額の合理的算定に依拠している*15。まず，①については，保険会社が保険契約者の申込みについて必要な審査を行い，これに承諾を与えることによって生命保険契約は成立し*16，保険料の支払義務が生じることから，債務が成立する。②については，保険契約の射倖契約性*17から実際に保険事故が発生しない限り保険金が支払われないとはいえ，保険事故が発生した場合には，保険期間内であればいつでも保険金を支払う準備ができているため，保障という役務提供を受けているといえよう。したがって，具体的給付をすべき原因となる事実は発生していると考えてよいであろう。保険料の金額は契約締結時に算定されていることから，③を充足していることに異論はなかろう。さらにいえば，養老保険のように積立保険料に相当する金額もない。以上より，定期保険等に係る支払保険料は，通常債務確定基準を満たすものといえよう*18。

　次に，当該事業年度の費用か否かについて検討する。この点については，一般に公正妥当と認められる会計処理の基準に従って計算されることから（法法22④），一時払保険料である場合には，保険契約に係る役務提供は，「時の経過に対して平均的に割り当てられていると考えることができる」（高松地裁平成7年4月25日判決・訟月42巻2号370頁）ので*19，支払った保険料のうち翌事業年度以後に対応する部分の金額は，前払費用に計上し（企業会計原則第二　損益計算書原則一A），時の経過とともに損金算入していくこととなる。もちろん，月払いや年払いも同様に当該事業年度に帰属する部分は損金算入される。

---

*15　一高龍司「損金の算入時期に関する基本的考察ー費用を中心に」金子宏監修『現代租税法講座第3巻』149頁（日本評論社2017）。
*16　金澤・前掲*1，194頁。
*17　保険金支払義務の発生が，保険事故の発生時期の偶然性に左右されるという性質をいう。
*18　酒井・保険税務108頁〔菅原英雄執筆〕も参照。
*19　判例評釈として，酒井克彦・会社法務A2Z93号58頁（2015），武田昌輔・税弘44巻10号83頁（1996），村山晃・税理40巻2号278頁（1997）を参照。

保険契約は，保険事故が保険期間のいずれの時点で発生しても，その射倖契約性のため契約で定められた保険金額が支払われることに変わりはなく，常に等質等量の役務の提供を受けているといえる。だからこそ，支払保険料は「時の経過に対して平均的に割り当てられていると考えることができる」のであって，その対価が平準保険料なのである。すなわち，その保険料は，その割り当てられた各時点における等質等量の保障という役務提供の対価であり，当該各時点において役務提供は完了していくのである。企業会計において前払費用とは，一定の契約に従い，継続して役務の提供を受ける場合，いまだ提供されていない役務に対し支払われた対価をいうとされている（企業会計原則注解・注５）。この定義に従えば，翌事業年度以後の期間に係る部分の平準保険料は，前払費用として資産計上することになるが，いわば平準保険料を分解して「保険期間後半における保険料に充当される部分，すなわち前払部分の保険料」を資産計上するということまでは，導出できないのではなかろうか。

### ② 前払部分の有無

#### ■ 問 題 提 起

　もっとも，先の高松地裁判決は，一時払保険料のうち翌事業年度以降に損金算入される部分，すなわち経過勘定である前払費用の計上を争点とした事件であって，課税庁が資産計上の根拠としているのは，これとは異なると思われる。すなわち，当該事業年度に帰属する支払保険料のうちに保険会社の計算において将来の保険料に充当される部分が存在し，その部分が前払いであると看取できるのである（以下「前払説」という。）。

　確かに，平準保険料を採用している場合には，実質的に将来の保険金の支払に充てる保険料をあらかじめ支払っていることになるので，一定の事由により保険契約が保険期間の中途で終了した場合には，その将来の保険料に相当する金額を保険契約者に払い戻す必要があるとする見解

はある*20。課税庁の前払説も，かような見解に沿ったものといえよう。

しかし，そうであるとするならば，保険会社においても，保険料収入のうち将来の保険料収入に充当される前受部分が存在していると考えるのが整合的であるが，存在しているだろうか*21。

## ❷ 保険料積立金の性格

保険契約者が支払う保険料の金額は，原理的には，受け取る保険金の期待値（危険度と保険金額の積）と一致するという給付反対給付均等の原則によって設定されており，平準保険料の場合には，通常死亡保険金の支払は被保険者が高齢になる保険期間の後半に多くなるため，前半では保険料収入が保険金支払を上回ることになる。そこで，将来の保険金支払に備えるため保険料積立金*22という負債を積み立てることが義務付けられている。しかしながら，これは保険会社全体について算出されるもので，かつ，保険会社内部における計算上の見積である*23。個々の保険契約に紐づいて算出されるわけではないので*24，決して将来の保険料を前受けで収受したものではないといえよう。

一方の保険契約者にとっても，生命保険契約は保険期間を通じて一の契約として締結しており，保険契約者は約定した保険料を所定の期日に支払う義務を負っているだけで，決して前払いしているわけではないで

---

*20　萩本修編著『一問一答保険法』209頁（商事法務2009）。

*21　保険会社における責任準備金の損金算入限度に関する議論において，収入する平準保険料のうち「蓄積保険料はそのまま負債として，預り金として会社が計上するのが健全な方法であり，それを認めるべきだ」とする見解が見られた（山内義弘「生命保険税制改正をめぐる諸問題―とくに生命保険の基本原理とのかかわりにおいて―」生命保険経営54巻60頁（1986）。

*22　保険契約に基づき将来生じる義務を履行するため，保険会社が確保しておくべき負債を責任準備金といい（保険業116，保険業規69），保険料積立金は責任準備金の内訳の一項目である（保険業規69①一）。

*23　責任準備金の性格について，山下友信＝米山高生『保険法解説―生命保険・傷害疾病定額保険』743頁（有斐閣2010）は，評価額だと論じ，原美香「生命保険会社の負債の構造」広島大学マネジメント研究5号24頁（2005）は，引当金の性質を有すると論じる。いずれにせよ，前受金という性格とは異なるといえよう。

*24　我妻佳祐「解約給付金に関する一考察」生命保険論集184号127頁（2013）は，「〔保険料積立金は，〕数理的な意味においては保険契約者の持分であるとは言いがたい。」と論じられる。

あろう*25。

　したがって，保険料のうちに前払・前受部分があるというのは，法的な債権債務の関係にはなく，保険契約で平準保険料を支払っているところ，本来は自然保険料を支払うべきと捉えて自然保険料の支払を擬制しようしている観念的なものにすぎないといえるのではなかろうか。さらに付言すると，養老保険や個人年金保険のうち危険保険料等とされる損金算入部分についても同様に前払部分が存在しているであろうはずなのに，その部分は資産計上するとはされておらず，平仄を欠くといえるのではなかろうか。

### 3　解約返戻金の資産性

　生命保険契約は保険期間が長期にわたることが多いが，これによって保険契約者を拘束することが妥当でない事情が生じることも少なくないことから，保険契約者はいつでも生命保険契約を解除*26することができる（保険54，83）*27。保険契約者がこれにより解除したときは，保険会社は保険契約者に対して保険料積立金から一定の費用を控除した解約返戻金を支払うものとされている*28。すなわち解除権は，保険契約者がいつでも解約返戻金を取得し得る権利ともいえよう。

　定期保険では，図表－3のとおり，保険期間終了時には責任準備金はゼロになるものの，保険期間の中途では責任準備金が積み上がり，解約返戻金の原資となる。解約返戻金は，当該生命保険契約のその時の経済的価値を示しているとする見解がある*29。さすれば，その点に資産計

---

*25　大澤康孝「積立金に対する保険契約者の権利」ジュリ753号100頁（1981）。
*26　この「解除」とは将来に向かって契約を解除することであり，契約締結時に遡及して契約を消滅させる「契約の解除」（民540）とは異なるとされている。
*27　ただし，約款上，解約権の行使の時期に制限が設けられることがある。例えば，個人年金保険契約においては，年金支払開始後には保険契約を解除することができない旨が定められているのが通例とされている（山下ほか・前掲*23，525頁）。
*28　金澤・前掲*1，235頁。なお，保険法は解約返戻金に係る規定を設けておらず，保険会社が約款で定めている。
*29　山下孝之「解約返戻金請求権」入江正信ほか『〔三宅一夫先生追悼論文集〕保険法の現代的課題』372頁（法律文化社1993）。

## ●図表－3　定期保険における保険料のイメージ

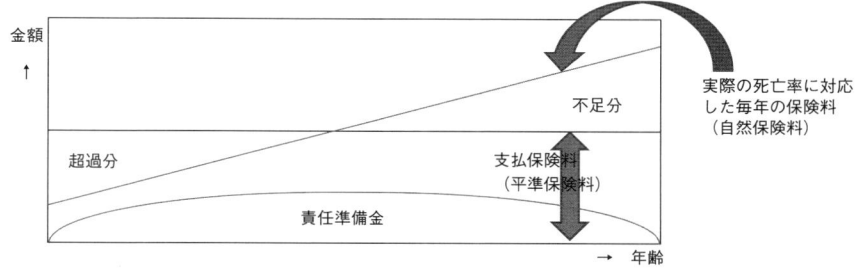

（出所）　小山浩一『中小企業と生命保険法人契約』11頁（法令出版2019）を参照。
　　　　一部筆者修正。

上の論拠を見出すことはできるであろうか。

　既述のとおり，定期保険等に係る支払保険料については，当該事業年度に帰属する部分については損金の額に算入されるものと措定できる。さすれば，生命保険契約のその時の経済的価値を示す解約返戻金相当額を資産計上するということは，当該金額を益金の額に算入することを意味する。しかしながら，解除権が未行使の状況では，当然に解約返戻金請求権を取得していないわけで，収益として権利確定（最高裁平成5年11月25日第一小法廷判決・民集47巻9号5278頁）していない。したがって，解除権が未行使の状況で，支払保険料のうち解約返戻金相当額を益金算入するというのは，その根拠を欠くといえよう[30]。

　もう1つには，保険期間中はいつでも解約返戻金を請求できる権利を有しているという経済性に着目して，その部分について貯蓄性を見出し，養老保険のように経済的価値の費消がない支出と考えて，資産として捉えるという考え方もできよう。既述のとおり，旧通達が解約返戻金を換金可能な簿外資産を有していると捉えていたこと，新通達が解約返戻率に注目して資産計上の金額を定めるとしたことからも，解約返戻金（厳

---

[30]　この点は，課税庁も同じ見解を示している（「法人税基本通達の制定について」（法令解釈通達）ほか1件の一部改正（案）（定期保険及び第三分野保険に係る保険料の取扱い）等に対する意見公募の結果について（別紙1）御意見の概要及び国税庁の考え方）3頁）。

密には，いつでも行使し得る解約返戻金請求権）に金融資産に類似した資産性を認めて，資産計上が求められていると解することも可能ではなかろうか。

### 3　逆基準性──法人税法22条4項に基づく判断

　国税庁は，定期保険及び第三分野保険に係る保険料の取扱いに対する意見公募手続の実施に際して，法人税法22条4項のいわゆる公正処理基準を根拠として企業会計原則に依拠し，前払部分の保険料は資産計上するのが原則である旨を述べている[31]。

　既述のとおり，「保険期間前半における支払保険料の中には，保険期間後半における保険料に充当される部分，すなわち前払部分の保険料」を資産計上するということまでは，企業会計原則からは導出できないと考えるが，しかし，実際には通達に基づいた資産計上処理が連綿と行われてきたことから，そうした「慣行」（会社431）ができているという事実も看過できない。すなわち，通達に基づいた税務会計の処理が，本来法人税法が準拠する商法・会社法会計，ひいては企業会計に影響を与えてしまっているという逆基準性が働いているのではないだろうか。もっとも，企業会計の基準が明確でない問題については，税務において形成された基準が企業会計に影響することもある[32]。しかし，問題は通達が会計慣行を形成しているのではなく，通達が費用の損金算入を制限し

---

[31]　国税庁・前掲*13，2頁。
[32]　もっとも，逆基準性を容認しているとみられる裁判例や学説もある。例えば，いわゆる興銀事件控訴審東京高裁平成14年3月14日判決（民集58巻9号2768頁）は，「企業会計の中心をなす企業会計原則や確立した会計慣行は，網羅的とはいえないため，国税庁は，適正な企業会計慣行を尊重しつつ個別的事情に即した弾力的な課税処分を行うための基準として，基本通達（…）を定めており，企業会計上も同通達の内容を念頭に置きつつ会計処理がされていることも否定できないところであるから，同通達の内容も，その意味で法人税法22条4項にいう会計処理の基準を補完し，その内容の一部を構成するものと解することができる。」と判示している。また，金子宏教授も「何が公正妥当な会計処理の基準であるかを判定するのは，国税庁や国税不服審判所の任務であり，最終的には裁判所の任務である。したがって，この点に関する通達・裁決例・裁判例等は，企業会計の内容を補充する機能を果たしており，租税会計が逆に企業会計に影響を与えているのである。」と論じておられる（金子・租税法351頁）。

ていないだろうかということである。そうであるとするならば，租税法律主義の観点からは，疑問を抱かざるを得ない。

## 結びに代えて

　かように定期保険等に係る保険料の一部を資産計上することの論拠を，法人税法22条4項及び企業会計原則に依拠し「保険料の前払い」という点に見出すことには，疑問を差し挟む余地があろう。なぜならば，①そもそも企業会計原則において，経過勘定の前払費用の定義からは「保険料の前払い」を導出し難いから，②単なる前払いとして保険期間の後半の保険料に充当するとしても，それは平準保険料を自然保険料に擬制しているにすぎず，観念的なものであると思われるから，③仮にこの考え方を採用するのであれば，例えば養老保険に係る保険料のうち損金算入される部分の金額についても同様に前払部分が存在しているであろうはずなのに，その部分については資産計上するとはされておらず平仄を欠くといえるからである。

　さすれば，いつでも解約返戻金を取得し得る権利に着目して，その経済的実質に貯蓄機能を認め，その部分に係る保険料は経済的価値の費消がない支出であるとして資産と捉え，解約返戻金が減少していく保険期間の後半においては，当該資産が目減りしていく事実を損失（法法22③三）と捉えて損金算入するという考え方の方が，それらの疑問を払拭し得るのではなかろうか。

〔多賀谷　博康〕

# Ⅳ　企業会計における会計処理と法人税法上の損金算入

## ■　はじめに

　令和元年 6 月28日付けで国税庁より，法人が支払う定期保険及び第三分野保険（以下「定期保険等」という。）の保険料について通達等の一部改正（課法 2 −13，課審 6 −10，査調 5 − 3 ）がされた。本節では，かかる改正をきっかけとして，保険料の法人税法における取扱いと企業会計における会計処理の基準との関係について考察を行う。

　通達とは，あくまでも行政庁内部の上意下達の命令手段であって行政庁内部においてのみ拘束力があるので，納税者や税理士あるいは裁判所に対して拘束力は持たない[*1]。通達が納税者等を拘束しないなら，一見，今回の改正は，納税者等にとって無関心でもよいことになりそうである。しかし，実際は納税者等の多くが今回の改正に関心を寄せている。その理由は，おそらく次の諸点に基因すると思われる。

　すなわち，①法人税法上，損金の額に算入される費用の額は法人税法22条《各事業年度の所得の金額の計算の通則》 3 項及び 4 項を根拠とすること，②保険料の会計処理につき直接的な会計処理の基準が存在しないこと，③通達が租税法規に照らして合理的であると解される場合にはその通達に従った取扱いを適法と裁判所が判断していることである。

　そこで，法人が支払う定期保険等の保険料について，まず，$\boxed{1}$簡単に法人税法上の取扱いを確認し，次に，$\boxed{2}$企業会計上の取扱いを検討し，その上で，$\boxed{3}$裁判例と学説の検討を通して法人税法上の公正処理

---

＊1　酒井・通達の読み方 6 頁。

基準との関係における通達の位置付けを示したい。

## 1 法人税法における費用の額の取扱いの概要

　法人が支払う定期保険等の保険料の損金算入については，まず，法人税法22条3項2号により，その事業年度の損金の額に算入すべき金額は，別段の定めがあるものを除き，その事業年度の債務の確定した費用の額とされる。同条4項が，費用等の額は，別段の定めがあるものを除いて「一般に公正妥当と認められる会計処理の基準」（以下「公正処理基準」という。）に従って計算されるべきとする。

　同条4項につき，金子宏教授は「法人の各事業年度の所得の計算が原則として企業利益の算定の技術である企業会計に準拠して行われるべきこと（『企業会計準拠主義』）を定めた基本規定」と述べられる[2]。すなわち，企業会計上，複数の会計処理が認められている場合に企業は自ら適切と判断するものを継続適用を条件に選択するが，企業が公正処理基準に従った会計処理を選択したとき，その会計処理を尊重する姿勢を企業会計準拠主義と呼ぶ[3]。この企業会計準拠主義は，その基底に①企業会計，真ん中に②会社法の会計規定，そして最上部に③租税会計があるという意味での「会計の三重構造」として捉えられている[4]。

　また，公正処理基準とは，「一般社会通念に照らして公正で妥当であると評価されうる会計処理の基準」を意味し，「客観的な規範性をもつ公正妥当な会計処理の基準」ともいわれ，その中心をなすのは，企業会計原則・同注解，企業会計基準委員会の会計基準・適用基準等，中小企業の会計に関する指針，中小企業の会計に関する基本要領，会社法，金融商品取引法，これらの法律の特別法等の計算規定・会計処理基準等であり，それに止まらずに，確立した会計慣行を広く含むと解されている[5]。

---

＊2　金子・租税法348頁。
＊3　酒井・通達の読み方28頁。
＊4　金子・租税法349頁参照。
＊5　金子・租税法350頁。

そこで，次に法人が支払う定期保険等の保険料の会計処理についての企業会計上の取扱いをみてみよう。

## 2 企業会計における定期保険等の保険料に係る会計処理

### 1 企業会計（企業会計原則）による保険料の会計処理

　現行企業会計において，収益は営業活動によって生み出された成果であり，その収益を生み出すための努力が費用である[6]。法人が支払う定期保険等の保険料も，その法人が成果たる収益を生み出すためのものであれば費用ということになる。1 で確認したとおり，法人税法22条4項の公正処理基準は，「会計の三重構造」を前提としその基底の中心が企業会計原則等とされる。そこで，まず差し当たり企業会計原則を確認しよう。

　「企業会計原則第二　損益計算書原則一，A」は，「すべての費用…は，その支出…に基づいて計上し，その発生した期間に正しく割り当てられるように処理しなければならない。…前払費用…は，これを当期の損益計算から除去し…なければならない。」とする。すなわち，①定期保険等に係る費用は保険料支出に基づき測定され，②その計上費用は，発生期間に割り当てられ，③前払費用は当期損益計算から除去される。

　ここにいう，前払費用は「企業会計原則注解5」で，「前払費用は，一定の契約に従い，継続して役務の提供を受ける場合，いまだ提供されていない役務に対し支払われた対価をいう。従って，このような役務に対する対価は，時間の経過とともに次期以降の費用となるものであるから，これを当期の損益計算から除去するとともに貸借対照表の資産の部に計上しなければならない。」とされる。

　定期保険等の契約は，契約に従った継続の役務提供を受けるものだか

---

＊6　広瀬義州『財務会計〔第13版〕』449頁（中央経済社2015），桜井久勝『財務会計講義〔第20版〕』23頁（中央経済社2019）。

ら，企業会計上，保険料のうち未提供役務の対応部分は，時の経過とともに費用化し，次期以降の費用化部分は当期損益計算から除去され資産計上すると解される。

## 2　企業会計原則は原理的・基本的な事項のみしか定めていない

このように，「企業会計原則」によって，保険料の会計処理の原理的・基本的な事項は明らかになった。しかし，かような原理的・基本的事項だけでは，保険期間が長期にわたる定期保険（以下「長期定期保険」という。），保険期間中に保険金額が逓増する逓増保険（以下「逓増定期保険」という。），あるいは，成人病保険・介護保険・終身保障のがん保険・医療保険などの第三分野の保険（以下「第三分野の保険」という。）についての具体的な会計処理の方法は明らかにはならない。

## 3　保険料の費用の期間配分計算

通常，保険期間が複数年となる定期保険料は加齢に伴う支払保険料の上昇を抑える観点から平準化され，保険会社側の計算上では保険期間前半における支払保険料の中に保険期間後半における保険料に充当される部分である前払部分の保険料が含まれている。そして，特に長期定期保険，逓増定期保険，第三分野の保険[7]の中には，保険会社側の計算上，保険期間の前半において支払う保険料の中に相当多額の保険料が含まれている場合があり，このような保険を中途解約すると解約返戻金として前払部分の保険料の多くが返戻されるものがある。

そこで，法人側からの企業会計上の計算においても，保険料が費用として期間配分あるいは期間帰属される基準が具体的にどのようになるかが問題となる。これは，一方で①時の経過に従って役務提供がされる態様，他方で②時の経過に従って支払がされる保険料の態様という，2つ

---

*7　これらの保険の概要については，酒井・保険税務39頁以下を参照。

の要素の関係で決まってくると思われる。そこで，企業会計における定期保険等の役務とは何かを検討する。

## 4　定期保険等の役務とその提供の態様

　定期保険は，保険期間が一定で被保険者が保険期間中に死亡した場合に死亡保険金が支払われるものであり，医療保険は，被保険者が病気やケガで入院したり所定の手術を受けたりする場合に給付金が支払われる。がん保険は，被保険者ががんに罹患したり，そのため入院したり手術を受けることにより給付金が支払われるもの*8である。また，一定の定期保険等は，契約者が解約すれば所定の解約返戻金を受けることができる*9。

　よって，定期保険等の役務は，支払事由が生じた場合に保険金を，又は解約により解約返戻金を受けることによって，支払事由というリスクを金員の受取りで担保するという便益と，資金需要の発生時に中途解約して解約返戻金という金員でその資金需要を満たすという便益とが相まって，保険期間中に提供されるものと捉えることができる*10。

　一般に，保険会社は，定期保険等の役務がその保険料との関係でどのように提供されるかを契約者に明らかにしない。契約者に明らかにされるのは，保険期間，支払保険料の額及び支払時期，保険金の額，一定期間ごとの解約返戻金の額等である。

　したがって，例えば保険料が平準化された定期保険等の保険において，契約者である法人の側にとっての便益は，保険金の額と解約返戻金の額

---

＊8　生命保険の分類については，酒井・保険税務8頁〔村井志郎執筆〕を参照。

＊9　保険契約の予定率に差異が生じて剰余金が生じる場合に，この剰余金が保険契約者に分配される有配当の保険契約もある。ここでは，配当はない保険契約を前提としている。

＊10　解約返戻金の受取りは保険の本来の目的ではなく副次的な効果であるともいえるが，企業活動における役務という観点から考えると，解約返戻金により資金需要を満たす便益も定期保険等の役務として捉えることができよう。むしろ，このような解約返戻金の受取りを主たる目的として定期保険等の契約がされることも否定できないと思われる。

とこれらの受取時期によってのみしか求めることができない。

## 5 支払保険料の発生費用の算定は困難

保険金の額がどの時点でいくら受け取れるかは将来の不確実な事象に基因するから，契約者である法人にとってその算定は困難であろう。

例えば，保険事故の発生確率と保険金の額及び利率を基に保険期間中の各年における受取保険金の期待値を求めてその将来キャッシュ・フローを割引現在価値として算定するという方法が理論的には考え得るが，実務的にはその計算には非常に困難が伴うであろう。他方，解約返戻金の額については，保険会社から年ごとのその返戻予想額が提示されるのでその額を基準にして便益を考えることはできよう。ただし，法人自身の意思決定であるとはいえ，保険契約をいつの時点で解約するかは明らかではないのでこれを基に便益を算定するのもやはり困難を伴う。

すると，保険契約者である法人の側にとって，定期保険等の役務の提供の態様が保険料との関係で明らかではなく，保険金の額や解約返戻金の額からその役務の算定をすることも困難である。よって，支払保険料がどのように費用として発生するのかを厳密に算定することは極めて困難ということになる。

## 6 企業会計上は定期保険等に係る会計処理の基準は企業会計原則しかない

ただ，公正処理基準があれば，このような不確実性を伴う複雑な計算が必要とされる費用の期間配分の問題についても，企業会計上は，その基準に従って計算することができよう。

しかしながら，管見するところ，法人が支払う定期保険等の保険料の取扱いについての公正処理基準としては，「企業会計原則」以外には存在しない[*11]。つまり，企業会計上の厳密な意味での基準は存在していないのである。

このように，保険料については，原理的・基本的な事項のみで定める「企業会計原則」しかないので，企業会計上，法人が支払う定期保険等の保険料を具体的にどのような会計処理方法によって行うのかが問題となる。

## 7　企業会計における法人独自の方法による会計処理

　そこで，例えば，法人は，簡便な方法として支払保険料の合計額を契約期間の月数で按分して各会計年度の帰属費用を算定したり，保守主義の原則を根拠に保険料を支払った会計年度の帰属費用としたり，年ごとの解約返戻金の額を根拠に支払保険料のうち一定額を資産計上してそれ以外を費用としたり，あるいは，その他の合理的な会計処理方法を編み出して各会計年度の帰属費用の算定を行うことなどが考えられる。これら法人が独自に行った会計処理方法が「企業会計原則」に照らして合理的であれば，企業会計上，その法人が選択した会計処理方法を認める余地があると思われる。

　法人独自の方法による保険料の会計処理が行われた場合，例えば上場企業のような公開企業は，その採用した会計処理が会計監査人の会計監査において適正であることが要求されようが，私見としては，保険料を直接的に規定する公正処理基準が存在しないので，その会計監査において考慮される事項としては，その保険料についての会計処理が「企業会計原則」のうち，「第二　損益計算書原則一，A」，あるいは，「一般原則」である「正規の簿記の原則」（重要性の原則を含む。），「継続性の原則」及び「保守主義の原則」などに照らして適正であるかどうかという観点で行われると思われる。

　そうであれば，「企業会計原則」は原理的・基本的なことしか規定していないから，その適正性の可否判断の基準は具体的で厳密なものとは

*11　前払費用については，財務諸表等規則16条，31条の2があるが，これは前払費用を「流動資産」と「投資その他の資産」の区分に表示することを規定するものにすぎない。

なり得ない。あえていえば，保険料の費用計上金額の多寡についての「重要性の原則」の観点，一度採用した会計処理方法が継続的に行われているかという「継続性の原則」の観点，又は，保険契約に係る将来資金回収予想は不確実なので企業の財務安全性と健全な維持発展を重視する「保守主義の原則」の観点からの判断が想定される。しかし，これら一般原則では，保険料の計上額を具体的に指示するものではないから，その法人の行う保険料の金額の多寡を厳密な意味で制限するものとはならないであろう。

## 8　会計処理方法に選択の余地が認められる

つまり，法人が独自に行った会計処理方法が「企業会計原則」に照らして合理的であれば，企業会計上，その法人が選択した会計処理方法を認める余地があるということになる。

それゆえ，企業会計上は，法人がその保険料について独自に行った会計処理方法が毎期継続的に行われており，「重要性の原則」及び「保守主義の原則」の観点から不適正であると判断されない限り，その方法が是認されるということととなる。また，会計監査人の会計監査を受けない閉鎖会社や中小法人などにおいては，さらに会計監査のチェックを受けない分，その会計処理方法には裁量の幅が生じよう。

よって，いずれにしても，企業会計上，法人が支払う定期保険等の保険料の費用処理については，それが原理的・基本的な事項のみしか定めていない「企業会計原則」に照らして合理的であれば，一定の幅をもってその会計処理方法に選択の余地が認められるということがいえよう。

## 3　裁判例と学説の検討による法人税法上の会計処理の再論

## 1　法人税法上の会計処理の検討

企業会計が会計処理方法の選択につき法人に一定の選択の余地を与え

ているということを法人税法との関係で考えると，法人税は基本的に均一の税率で課される（法法66①，措法42の3の2）ため，同額であれば損金算入時期が早いほど課税の繰延べによる便益が大きくなる。また，欠損金の繰越控除（法法57①⑪，58①⑥）や繰戻還付（法法80①，措法66の13）には制限があるので，法人は直ちに所得を減少させる損金の利用を好む傾向がある。よって，法人にとっては，早期に損金算入する誘因があるといえよう*12。

　法人が支払う定期保険等の保険料につき，企業会計上の要請の範囲内であれば，早期損金算入という誘因に従って，無制限に費用計上することができるのであろうか。

　ここでは，法人税法上も　2　で検討したように，保険料の費用処理につきその処理方法が「企業会計原則」に照らして合理的であれば一定の幅をもってその会計処理方法に選択の余地が認められるのか，及び，法人税法上の公正処理基準との関係における通達の位置付けを検討したい。

## 2　一時払い介護費用保険の事例

　まず，一時払い介護費用保険の保険料の取扱いに係る通達処理が公正処理基準として妥当とされた高松地裁平成7年4月25日判決（訟月42巻2号370頁）*13を検討しよう。原告は，新種の一時払いの介護費用保険料を全額損金に算入したが，これに対し被告税務署長は，損金算入額の大部分を否認し，平成元年12月16日付け国税庁長官通達「法人又は個人事業者が支払う介護費用保険料の取扱いについて」（以下「本件通達」という。）に従うべきであるとの更正処分等を行ったので原告が処分を不服として提訴した事案である。高松地裁は次のように判示した。

---

＊12　一高龍司「損金算入の時期に関する基本的考察―費用を中心に」金子宏監修『現代租税法講座　第3巻』135頁（日本評論社2017）。
＊13　判例評釈として，武田昌輔・税弘44巻10号86頁（1996）。酒井・保険税務158，204頁を参照。

「保険契約から生ずる役務提供とその対価のずれを調整し，期間損益計算の適正を図るためには支払保険料のうち次期以降の期間の役務提供と対応すべき金額を前払費用に計上する必要がある。…役務提供の程度が時の経過に対して均等ではない…他方，保険料の支払額が…一定になるよう設計されている（平準化）…本件支払保険料を収益に対応する費用として適正に期間配分するのが相当である。そこで，どのように期間配分すべきかについては，介護費用保険においては，期間終身とされていることから，期間をどのように考えるべきかが問題となる。…<u>いくつかの解釈の可能性があるが</u>，…被告の主張が妥当であり，これを採用すべきである…。」

　高松地裁が，介護保険料をどのように期間配分すべきかにつき，「いくつかの解釈の可能性がある」と判断したことは注目に値する。なぜなら，$\boxed{2}$で検討したとおり，企業会計上は定期保険等に係る保険料の会計処理としては，その法人に一定の選択の余地が認められるとの考え方と軌を一にすると解されるからである。本件通達が法人税法22条4項にいう公正処理基準そのものであると判断されたわけではなく，本件通達に従った処理方法が法人税法上の公正処理基準（本件の場合には「企業会計原則」ということになろう。）に照らして合理的であるか否かの観点で判断を下したものであり，本件通達が法人税法上の公正処理基準の内容を構成するとの判断をしていないことが指摘できる。

## 3　興銀事件

　次に，通達を公正処理基準と捉えたいわゆる興銀事件東京高裁平成14年3月14日判決（民集58巻9号2768頁）*14を検討する。本判決は，設立母体行である銀行（被控訴人）がその子会社（以下「A」という。）に対して有する貸付債権を放棄した場合に，当該貸倒損失を損金の額に算

入できるか否かが争われた。

　本件は，国税庁の発遣した通達の内容と異なる会計処理をしたことに基づき貸倒損失を損金の額に算入したところ，税務署長（控訴人）が通達の内容と異なる会計処理を行ったことを根拠に課税処分を行ったことを不服として被控訴人が訴訟に及んだものである。東京高裁は，次のように説示した。

---

　「企業会計の中心をなす企業会計原則…や確立した会計慣行は，網羅的とはいえないため，国税庁は，適正な企業会計慣行を尊重しつつ個別的事情に即した弾力的な課税処分を行うための基準として，基本通達…を定めており，企業会計上も同通達の内容を念頭に置きつつ会計処理がされていることも否定できないところであるから，同通達の内容も，その意味で法人税法22条4項にいう会計処理の基準を補完し，その内容の一部を構成するものと解することができる。」

---

　東京高裁は，①通達の内容も公正処理基準を補完し，②公正処理基準の内容の一部を構成すると判断したことが注目される。

### ■1　通達は公正処理基準を補完するか

　上記東京高裁判決の①の部分は，金子宏教授の「企業会計原則の内容や確立した会計慣行が決して網羅的であるとはいえない」との指摘[15]に符合する。すなわち，金子教授は，まず，「企業会計原則」は，多くの重要な事項について定めているもののその内容は原理的・基本的な事項に限られており，法人税法の解釈適用上の費用等の意義と範囲や年度

---

*14　判例評釈として，品川芳宣・TKC 税研情報11巻5号27頁（2002），同・TKC 税研情報14巻3号58頁（2005），大淵博義・税務事例34巻9号1頁（2002），同10号9頁（2002），森冨義明・平成14年度主要民事判例解説〔判タ臨増〕242頁（2003）など参照。
*15　金子・租税法350頁。

帰属の問題については定めがなく，その意味で「企業会計の網の目はきわめて粗い」と指摘される[16]。その上で，同教授は，その中で企業経営における重要性の増大と租税訴訟の増加が伴い，新しい問題が次々と生じているとされ，この点に関して「通達・裁決例，裁判例等は，企業会計の内容を補充する機能を果たしており，租税会計が逆に企業会計に影響を与えているのである。」と述べられる[17]。

**2　通達は公正処理基準を構成するか**

　しかし，ここで注意が必要なのは，上記東京高裁判決がさらに「通達の内容も，…会計処理の基準…その内容の一部を構成する」と判断していることである。中里実教授は，この判断に対して，「これは，法人税法22条4項を一種の否認規定として用いる考え方であり，到底賛成しがたい。」とされ[18]，さらに，同判決の考え方につき「別段の定めのない場合であっても，企業会計と異なる処理を22条4項により強制することを正面から認めるもの」として，それは，「法人税法の基本構造を無視するものであるのみならず，租税法律主義に反する可能性さえある…通達課税の考え方そのものであり，憲法に反する可能性のあるものといえよう。」と痛烈に批判されている[19]。

　なお，上記東京高裁判決は，上告審最高裁平成16年12月24日第二小法廷判決（民集58巻9号2637頁）において覆されている。しかし，上告審においてはこの説示部分について直接否定されているわけではないので，通達の内容も公正処理基準の内容の一部を構成するとの考え方についての同最高裁の立場は必ずしも明らかではない[20]。

---

＊16　金子・租税法350頁。
＊17　金子・租税法351頁。
＊18　中里実「貸倒処理－時価主義の下の資産評価」税研104号42頁（2002）。
＊19　中里・前掲＊18，42頁。
＊20　酒井克彦『プログレッシブ税務会計論Ⅲ―公正処理基準―』51頁（中央経済社2019）を参照。

## 4 逆基準性と相互作用

### ■1 法人税法の逆基準性

先述のとおり，金子宏教授は，「通達・裁決例，裁判例等は，<u>企業会計の内容を補充する機能を果たしており</u>，<u>租税会計が逆に企業会計に影響を与えている</u>のである。」としたが，ここで逆基準性について考えてみたい。

例えば，法人が選択した会計処理方法が法人税法と異なるとして課税庁から課税処分を受けると，法人側では課税庁側からの課税処分リスクを避けようという誘因が生じよう。このような誘因によって課税処分を回避するため法人税法上適切とされる会計処理方法を選択することは，租税法の観点から会計処理が取捨選択されることを意味し，このように「法人税法がリードする形で会計慣行が形成すること」があるといわれることがある[21]。

これは，企業会計準拠主義とは逆に租税法が企業会計に影響を与えることであり，法人が租税法に従った会計処理を採用することによって，租税法によって企業会計が実質的な支配を受け，企業会計が税務会計に準拠するという意味で「逆基準性」と呼ばれる[22]。「逆基準性」という用語は多義的で色々な意味[23]で使われるが，ここでは，「租税法によって企業会計が実質的な支配を受け，企業会計が税務会計に準拠するという意味」で捉えておく。

法人税法74条《確定申告》１項が「内国法人は…確定した決算に基づき…申告書を提出しなければならない。」と規定するいわゆる「確定決算基準」は，企業会計への租税法の介入という否定的な意味での「逆基準性」を誘発する制度であるとして，「逆基準性」と結び付けられてしばしば批判され廃止論も提唱された[24]。もっとも，これら批判の論拠

---

*21　酒井・通達の読み方28頁。
*22　酒井・通達の読み方28頁。

の分析と対応等*25によって「逆基準性」を論拠とする「確定決算基準」の見直し論は下火になっている。

## 2 逆基準性と相互作用

　金子宏教授は，「逆基準性」につき，「税務会計が逆に影響を与えている」と述べられた後に，「これらの場合に，何が公正妥当な会計処理の基準であるかを学問的，理論的に究明するのは，会計学の任務であると同時に租税法学の任務でもあるから，租税法学は会計学に影響を与えうる立場にある。」とされ，「その意味で，租税法学と会計学とは，相互に密接な関係をもっている。」と述べられている*26。

　私見としては，通達の補充機能は，決して通達が公正処理基準の一部を構成する機能ではなく，「何が公正妥当な会計処理の基準であるかを学問的，理論的に究明する」という観点で，租税法学と会計学が相互に密接な関係をもって合理的な会計処理基準の形成を担っているという文脈で理解されるべきものであると考える。

　この点，醍醐聡教授が「確定決算基準の意義は，…企業会計と税務計算の互助の関係を媒介する機能に照らして理解されなくてはならないのである。」と述べられている*27ことと軌を一にするものとして注目され

---

*23　醍醐聡教授は，「これまで確定決算基準の弊害と指摘されてきた逆基準性は，次のような事象を指して多義的に論じられてきた。」とされて，逆基準性を①法人税法が償却費や引当金が繰入限度額を設けているため，企業会計上，企業ごとの実態に見合った費用の計上がされにくくなる点を指すもの，②会計基準を新設したり変更したりするときに企業が税務上の不利益を理由に反対するため作業が難航することを指すもの，③措置法上の準備金や圧縮記帳など，法人税法が損金算入の前提条件として，費用性を認め難い項目についてまで企業会計上で損金経理を要求することを指すもの（狭義の逆基準性）に分類する。同教授は，このような逆基準性が企業会計への不当な介入といえるものなのかを検討して，逆基準性は企業会計の不当な介入ではないと論じられている（醍醐聡「確定決算基準と逆基準性」JICPA ジャーナル466号41頁以下（1994））。
　　また，井上隆教授は，「税務基準に基づく会計処理が，企業にとって課税所得の計算上有利（あるいは不利）に働く場合には，税務基準が企業会計の指針になるという，いわゆる決算基準の逆転現象を意味する。」と述べられている（井上「制度会計における逆基準性の機能に関する一考察」税務会計研究20号283頁（2009））。
*24　醍醐・前掲*23，41頁。
*25　醍醐・前掲*23，41頁，坂本雅士「確定決算主義と逆基準性―確定決算主義批判の再検討―」産業経理55巻３号104頁（1995），井上・前掲*23，277頁。
*26　金子・租税法351頁。

る。

　したがって，私見としては，興銀事件東京高裁判決がいう「通達の内容も，…会計処理の基準…の内容の一部を構成する」との判断には疑問なしとしない。すなわち，通達の内容が公正処理基準である企業会計原則等に影響を与え，その影響から形成される会計処理方法が法人税法に照らして合理的である場合に，通達が会計処理基準を補完すると捉えるのである。あくまで通達は公正処理基準ではなく，通達の影響を受けた会計処理方法が公正処理基準や法人税法に照らして合理的であるか否かで判断されるべきである。

### ❸　課税実務上への示唆としての通達の逆基準性

　最後に，ここまでの議論として課税実務における示唆として通達の逆基準性から生じる通達の「セーフハーバー機能」について述べておきたい。

　先述したとおり，納税者には課税庁との摩擦を避けるため企業会計においても通達のような租税法の会計処理や解釈基準をそのまま取り入れる誘因があり[28]，法人は通達に従った会計処理を行う傾向があるといえよう[29]。この場合の通達が法人にとってのセーフハーバー（安全港）と捉えられているという意味において，通達の「セーフハーバー機能」と呼ばれる[30]。

　しかし，ここまで検討したとおり，通達は公正処理基準の一部を構成するものではなく，通達が租税法や公正処理基準に照らして合理的であると解される場合に限り，その通達に従った処理が適法であると解されるにすぎないのである。

　したがって，通達にさえ従っていればその処理は適法であると考える

---

[27]　醍醐・前掲[23]，44頁。
[28]　酒井・通達の読み方28頁。
[29]　酒井・通達の読み方28頁。
[30]　酒井・通達の読み方34頁。なお，同「保険税務と通達―通達はセーフハーバーか―」同・保険税務138頁は通達がセーフハーバーたり得るかという点について理論的に検討を加えている。

ことは避けるべきである。通達はあくまでも行政庁内部の上意下達の命令手段としての法令の解釈基準又は処理基準にすぎない。その意味で通達が法令に照らして合理的な解釈基準であるかという視点を常に持つことが必要であろう。

## ■ 結びに代えて

本節では，法人が支払う定期保険等の保険料につき，1 法人税法上の取扱いを確認して，2 企業会計上の取扱いを検討した上で，3 裁判例と学説の分析を通して公正処理基準との関係における通達の位置付けの検討を行った。

企業会計上，保険料の取扱いに係る公正処理基準は，「企業会計原則」以外には存在せず，法人が独自の処理を選択することが考えられるが，「企業会計原則」は原理的・基本的なことのみを規定するからその選択の可否判断基準は具体的なものとはなり得ない。よって，企業会計上は，保険料の費用処理につき一定の幅をもってその会計処理方法に選択の余地が認められるという考えを導いた。

その上で，その考えを基礎として通達の法人税法上の位置付けにつき裁判例を題材に検討した。1つ目の事例では，会計処理方法に選択の余地があることが裏付けられ，2つ目の事例では，判決が通達の位置付けとして①通達の内容も公正処理基準を補完し，②公正処理基準の内容の一部を構成すると判断したことを確認した。①の判断は是認されるが②の判断に対しては行政庁による立法につながりかねないとの立場を主張した。

最後に，逆基準性の議論を紹介した上で，公正処理基準との関係における通達の位置付けを示した。すなわち，通達は公正処理基準の補完機能を持つが，通達は公正処理基準の一部を構成するものでない。通達による取扱いが適法であるのは，通達の解釈基準やそれに基づく取扱いが租税法規に照らして合理的と判断される場合であって，公正処理基準と

の関係においても通達の取扱いが公正処理基準に照らして合理的と判断される場合に限り，その通達による取扱いが適法であると解すべきである。

　また，通達の公正処理基準の補完機能は，租税法学が確定決算主義を媒介として会計学に影響を与えるという「逆基準」だけではなく，租税法学と会計学が相互に影響を与えるという観点で理解されるべきである。

〔高木　英樹〕

# V　保険料における短期前払費用の取扱い

## はじめに

　定期保険に係る保険料の税務上の取扱いについて，国税庁は「法人税法上，当該事業年度の損金の額に算入される費用の額は，別段の定めがあるものを除き，一般に公正妥当と認められる会計処理の基準に従って計算されるものとされています（法法22③，④）。企業会計原則では，前払費用については，当期の損益計算から除去し，資産の部に計上しなければならないとされており（企業会計原則第二損益計算書原則一〔筆者注：重要性の原則〕，原則第三貸借対照表原則四〔筆者注：明瞭性の原則〕，財務諸表等規則16〔筆者注：流動性資産・未収収益〕，31の2〔筆者注：前払費用〕），このような会計処理は一般に公正妥当と認められる会計処理の基準に適合するものと認められますので，法人税法上，前払部分の保険料は資産計上するのが原則となります。」と説明するが（平成31年4月11日付け国税庁「『法人税基本通達の制定について』（法令解釈通達）ほか1件の一部改正（案）（定期保険及び第三分野保険に係る保険料の取扱い）等に対する意見公募手続の実施について」（以下「改正案概要」という。）2頁），必ずしもかかる取扱いの法的根拠が明らかでないため，学説から疑問を呈されることがある。そこで，ここでは，法的根拠とそこに包含される問題点の分析を契機として，法人税法22条4項における「一般に公正妥当と認められる会計処理の基準」と短期前払費用のあり方について理解を深めることとしたい。

# 1 短期前払費用に係る法的根拠

## 1 通達の法源性

　我が国は，明治憲法の制定以来，憲法典の中に租税法律主義を明文化しており，法律による行政の原理一般と比べて極めて厳格な内容を持つとされてきた。租税のこの厳格性は，法律による行政の原理の考え方に，刑法学における罪刑法定主義の考え方が加わったものとされている。租税法律主義には課税要件法定主義と課税要件明確主義の２つが大きな柱として存在する。このうち，課税要件法定主義とは，課税要件は必ず法律で定めなければならないという原則であり，この考えの下では，政・省令へのいわゆる白紙委任は排除される。これと混同されやすいものとして，租税行政において大きな役割を果たしている通達がある。

　一般に通達には法源性が認められず，上級行政庁から下級行政庁への上意下達の命令を伝えるときに使われる行政内部の通知であると解されている[1]。通達の性格については，いわゆるパチンコ球遊器事件最高裁昭和33年３月28日第二小法廷判決（民集12巻４号624頁）において確認されており，通達によって課税対象を変更しても，通達は法ではないので，変更により正しい扱いになる場合は憲法に違反しないとの考えが示されている。もっとも，法源性がないとはいっても，ある程度続いた事実状態を通達によって変更することによって，納税者の信頼を裏切り，信義誠実の原則に反する場合には違法となるのではないかという考え方（失効の法理）もあり，通達が現実の租税行政に過重なウェイトを占めることを問題視する見解もある[2]。

## 2 短期前払費用の法的根拠

---

[1]　酒井・通達の読み方６頁。
[2]　水野・大系11頁。

ところで，ここで検討を行う短期前払費用はどのような規定が根拠とされているのであろうか。既に述べたとおり，前払費用は企業会計原則において規定されているものの，法人税法には，短期前払費用についての規定がなく，法人税基本通達2－2－14（以下「本件通達」という。）にその取扱いが示されているのみである。なお，この通達は今回の改正の対象とはされていない。

---

**法人税基本通達2－2－14《短期の前払費用》**

　前払費用（一定の契約に基づき継続的に役務の提供を受けるために支出した費用のうち当該事業年度終了の時においてまだ提供を受けていない役務に対応するものをいう。以下2－2－14において同じ。）の額は，当該事業年度の損金の額に算入されないのであるが，法人が，前払費用の額でその支払った日から1年以内に提供を受ける役務に係るものを支払った場合において，その支払った額に相当する金額を継続してその支払った日の属する事業年度の損金の額に算入しているときは，これを認める。

---

　法人税法において「短期前払費用」そのものの規定は存在しないが，前払費用については同法施行令において以下のとおり規定されている。

---

**法人税法施行令14条《繰延資産の範囲》**

　法第2条第24号（繰延資産の意義）に規定する政令で定める費用は，法人が支出する費用（資産の取得に要した金額とされるべき費用及び前払費用を除く。）のうち次に掲げるものとする。……（中略）……

2　前項に規定する前払費用とは，法人が一定の契約に基づき継続的に役務の提供を受けるために支出する費用のうち，その支出する日の属する事業年度終了の日においてまだ提供を受けていない

---

役務に対応するものをいう。

　さて，本件通達を眺めると，まず，原則的な処理として，前払費用につき，法人税法施行令14条の定義を踏襲した上で，その前払費用の額は損金の額に算入されないと明記されている。つまり，法人税法22条３項２号にいう別段の定めには該当せず，所得金額の計算上損金の額として原則的取扱いに基づいて解釈されるといえよう。

---

**法人税法22条３項**

　内国法人の各事業年度の所得の金額の計算上当該事業年度の損金の額に算入すべき金額は，別段の定めがあるものを除き，次に掲げる額とする。

一　当該事業年度の収益に係る売上原価，完成工事原価その他これらに準ずる原価の額

二　前号に掲げるもののほか，当該事業年度の販売費，一般管理費その他の費用（償却費以外の費用で当該事業年度終了の日までに債務の確定しないものを除く。）の額

---

　しかしながら，本件通達は続けて，「支払った日から１年以内に提供を受ける役務に係るものを支払った場合において，その支払った額に相当する金額を継続してその支払った日の属する事業年度の損金の額に算入しているときは，これを認める。」とし，その例外を認めている。すなわち，これが短期前払費用に当たるわけであるが，本件通達は何を根拠としてかかる例外的取扱いを認めているのであろうか[3]。同通達に係る逐条解説によると，「本通達においては，１年以内の短期前払費用について，いわゆる期間対応による繰延経理をせずに，その支払時点で損

---

＊３　酒井克彦「法人税法における重要性の原則の適用を巡る法的問題—短期前払費用についての若干の検討—」中央ロー・ジャーナル12巻４号41頁（2016）。

金算入することを認めることが明らかにされている。このような短期の前払費用の処理は，企業会計上は重要性の原則に基づく経理処理ということであるが，税務上の考え方も同様の立場に立っていると理解してよいであろう」[4, 5]と述べ，短期前払費用は重要性の原則に基づいて租税法及び企業会計原則に認められるとしている。

## 3 企業会計原則における前払費用

当期中に支払った金額であっても，それが一定の契約に従い翌期以降に提供を受けるサービスの対価である場合には，時の経過に応じて翌期以降の費用となるものであるから，これを当期の損益計算から除外し，経過的に貸借対照表の資産の部に計上しなければならないとされる。これが，企業会計原則における，前払費用（prepaid　expenses）であり，前払地代家賃，前払利息などがその例である[6]。

---

企業会計原則　注解5　経過勘定項目について
（損益計算書原則一のAの二項）
(1)　前払費用

　前払費用は，一定の契約に従い，継続して役務の提供を受ける場合，いまだ提供されていない役務に対し支払われた対価をいう。従って，このような役務に対する対価は，時間の経過とともに次期以降の費用となるものであるから，これを当期の損益計算から除去するとともに貸借対照表の資産の部に計上しなければならない。また，前払費用は，かかる役務提供契約以外の契約等による前払金とは区別しなければならない。

---

＊4　大澤幸宏編『法人税基本通達逐条解説〔7訂版〕』219頁（税務研究会出版局2014）。
＊5　なお，1年ルールについては後述する。
＊6　渡辺淑夫「税法における短期の前払費用の取扱いをめぐる一考察」経理知識68巻55-56頁（1989）。

我が国の法人税法は，いわゆる三層構造を採っている。租税法会計，会社法会計，企業会計の３つの会計は，それぞれ計算の目的とするところが異なるため，相互に齟齬ないし衝突が出てくる場合があり得る。投資家に正しい情報を提供するために適正な期間損益計算を目指している企業会計，株主と債権者の利害を調整しながら，株主への分配可能限度額の計算を行う会社法会計と，適正な課税のための租税法会計とでは，その目的とするところが異なるため，法人税法が完全に企業会計や会社法会計に依拠できないのは，むしろ当然のことであろう。そのような意味において，法人税法における別段の定めは，かかる齟齬や衝突を所得金額の計算において解消するために存在するともいえる。ただし，別段の定めが存しない場合，特に法人の所得金額の計算に関する実態的側面においては，法人税法22条４項にいう公正処理基準の解釈が重要になる[7],[8]。なお，我が国の公正処理基準は，アメリカの企業会計における「一般に承認された会計原則」（generally accepted accounting principles）に相当する観念であり，一般社会通念に照らして公正で妥当であると評価され得る，あるいは客観的な規範性を持つ基準であるといえる[9]。

　企業会計と租税法会計との間に存在する差異とは，具体的には①収益・費用の額が異なること，②資本取引の範囲，③年度帰属の相違などが挙げられる。水野忠恒教授は，「企業会計と租税会計（法人税法）との不一致は，それぞれの正当な目的のみから生じているものもあれば，そのような合理性のない是正されるべき不合理な不統一もある。そこで，法人所得の計算においては，企業会計における期間損益を前提としつつ，税法の目的に応じてこれを修正するという仕組みをとっている。」と述べられる[10]。

---

＊７　渡辺徹也『スタンダード法人税法』38頁（弘文堂2018）。
＊８　租税法会計が企業会計や会社法会計に影響を与える逆基準性がしばしば認められる（渡辺・前掲＊７，38頁）。
＊９　金子・租税法349頁。
＊10　水野・大系436-437頁。

法人税法では，当該事業年度の収益の額及び損金の額は，一般に公正妥当と認められる会計処理の基準に従って計算されるものとするとされている（法法22④）。そこで，一般には，益金・損金の額に算入される収益及び費用・損失は，「一般に公正妥当と認められる会計処理の基準」に従って計算される[*11]。ここにいう「一般に公正妥当と認められる会計処理の基準」とは何を意味するのであろうか。昭和44年12月16日付け経済安定本部企業会計制度対策調査会中間報告によれば，「企業会計原則は『企業会計の実務の中に慣習として発達したものの中から，一般に公正妥当と認められるところを要約したもの』である」という。したがって，企業会計原則は「一般に公正妥当と認められる会計処理の基準」として重要なものと考えられる。しかしながら，企業会計原則は，政府である金融庁（旧大蔵省）企業会計審議会の定めであり，公正妥当な企業の会計慣行はほかにも存在することを否定するものではない。例えば，国際会計基準審議会（International Accounting Standards：IAS）の策定する最近の国際財務報告基準（International Financial Reporting Standards：IFRS）や，アメリカの財務会計基準審議会（Financial Accounting Standards Board：FASB）が策定する会計基準などが，我が国の法人税法において考慮される余地は，同法22条4項によって十分にあり得ると考えられる[*12]。

## ☐2 短期前払費用に関係する会計原則

### ① 費用収益対応の原則

　法人税法においては，内国法人の各事業年度の所得の金額は，事業年

---

*11　水野・大系438頁。
*12　水野・大系439頁。このほかにも，企業会計原則・同注解，企業会計基準委員会の会計基準・適用基準等，中小企業の会計に関する指針，中小企業の会計に関する基本要領や，会社法，金融商品取引法，これらの法律の特別法等の計算規定・会計処理基準等，さらに，確立した会計慣行を広く含むと解すべきであると考えられている。金子・租税法350頁参照。

度をその計算期間とし，当該期間中に発生した収益とこれに対応する費用及び損失とを対比して，その差額として計算されることになっている（法法22①〜③）。このような期間計算思考の下では，収益はもとよりのこと，費用・損失についても，その期間的限定が極めて重要であり，企業会計だけでなく，法人税法上もいわゆる「費用収益対応の原則」（principle of matching revenues with costs）に基づき，売上原価その他の収益原価については収益との客体対応，また販売費・一般管理費その他の期間原価については期間対応により，それぞれ当期の損金の額に算入すべき金額を計算される（法法22③）[13]。費用収益対応の原則は発生主義に基づく原則であり，この適用される主要な科目として，前払費用，前受収益，未払費用，未払収益，減価償却引当金の設定，貸倒引当金の設定及び負債性引当金の計上等が挙げられる[14]。

この点につき，法人税基本通達２−２−14において「『いわゆる期間対応による繰延経理せずに』と説明されているとおり，原則は繰延経理，すなわち期間対応（費用収益対応の原則）に基づく費用計上が求められているのであるが，その例外が認められる根拠として，会計上の重要性の原則と同様の趣旨にある」とする見解がある[15]。

## 2  重要性の原則

では，費用収益対応の原則が認められる根拠とされる「重要性の原則」とはいかなるものであろうか。重要性の原則は，例えば正規の簿記の原則や継続性の原則のような企業会計原則の一般原則ではなく，あくまで注解原則にすぎないことに留意すべきである。

> 注１  重要性の原則の適用について（一般原則二，四及び貸借対照

---

[13]  渡辺・前掲＊７，55–56頁。
[14]  後藤吉正「税効果会計における発生主義」中京経営紀要１号123–141頁（2001）。
[15]  酒井・前掲＊３，41頁。

表原則一）

　企業会計は，定められた会計処理の方法に従って正確な計算を行うべきものであるが，企業会計が目的とするところは，企業の財務内容を明らかにし，企業の状況に関する利害関係者の判断を誤らせないようにすることにあるから，重要性の乏しいものについては，本来の厳密な会計処理によらないで他の簡便な方法によることも正規の簿記の原則に従った処理として認められる。

　重要性の原則は，財務諸表の表示に関しても適用される。

　重要性の原則について，廣瀬義州教授は，「厳密な会計処理の原則による処理等を適用するコストと，その結果から得られる情報のベネフィットを比較衡量したとき，ベネフィットよりもコストが上回る場合には，簡便な会計処理方法や手続等を採用してもよいという考え方により容認される」ものと説明とされる[16]。

　そこで，企業会計にいう重要性の原則が，法人税法22条4項にいう公正処理基準たり得るかという問題がある。なお，課税実務上は，企業会計における重要性の原則も公正処理基準の1つと考えられているようにも思われる[17]。この点につき，酒井克彦教授は，「企業会計原則にいう重要性の原則は，あくまでも会計上のルールであって，それ自体法律ではないので，短期前払費用の費用計上を認める法的根拠を挙げるとすれば法人税法22条4項，すなわち公正処理基準に基づくものとなるのであろうか。

　議論のあるところではあるが，法人税法上の費用収益対応の原則の論拠は同法22条3項1号ないし2号から導出できるものと考えるべきであるから，前払費用の損金不算入の処理は法人税法の要請に基づく処理と

---

＊16　廣瀬義州『財務会計〔第13版〕』144頁（中央経済社2015）。
＊17　酒井・前掲＊3，43頁。酒井克彦『プログレッシブ税務会計論Ⅰ〔第2版〕』118頁（中央経済社2018）も参照。

整理される。他方で，短期前払費用を認める例外処理の根拠を，企業会計上の重要性の原則に見出し，同原則を法人税法固有の原則（費用収益対応の原則）を，企業会計上の処理がオーバーライドすることになるのであろうか（1つ目の疑問）。法人税法22条4項の公正処理基準によって，同法22条3項2号の法人税法固有の原則を排除し得るのかという疑問である。

　加えて，仮にそれが許容されたとしても，そもそも重要性の原則は法人税法22条4項にいう公正処理基準といえるのかという既述の問題にぶつかることになる（2つ目の疑問）。」と論じられる[18]。

　また，同教授は，2つ目の疑問について，「法人税法をはじめとする所得課税法の場合，担税力のある所得に課税効果としての納税義務が発生することになるが，租税法律主義の要請である合法性の原則により，法に定められた課税要件を充足する以上，課税庁は法の根拠なくしてかかる納税義務を免除したり軽減したりすることは許されない。租税法は厳密な納税額の算定に重きを置くことで，課税の公平を実現しているのであって，たとえその金額が少額であれ，課税庁が自由な裁量でそれを変更することは到底許されるべきではないといえよう。」とされ，「確かに，かように租税法においても少額省略を採用する取扱いはあるが，これらはいずれも法定された取扱いであるということを看過してはならない。すなわち，課税の公平を害さないと解される範囲で法が特別に認めた少額省略であって，自由裁量による重要性判断の結果で課税標準や税額を変更できるということでは決してない。したがって，いかに少額のものであっても，原則として租税法律主義の下でその省略は許容されていないのである。」とし，「仮に，重要性の原則が商法・会社法上認められるものとした場合，同原則はやはり法人税法22条4項の公正処理基準として認められるべきであろうか。租税法の本来の趣旨に鑑みると，重

---

*18　酒井・前掲*17，123頁。

要性の原則が法人税法上の計算原理として働くことに強い不安を覚えるのである。すなわち，課税の公平性を脅かすことになりはしないかという懸念である。」と指摘される[19]。

## 3 正規の簿記の原則

**企業会計原則一般原則2 《正規の簿記の原則》**
　企業会計は，すべての取引につき，正規の簿記の原則に従って，正確な会計帳簿を作成しなければならない。

　これにより，企業会計原則の一般原則である正規の簿記の原則は，法人税法22条《各事業年度の所得の金額の計算》4項にいう『一般に公正妥当と認められる会計処理の基準』，すなわち公正処理基準として法人税法上においても承認され得る[20]。

　さて，正規の簿記の原則を介在させる方法はどうであろうか。そもそも，重要性の原則とは，企業会計原則一般原則2の正規の簿記の原則の注解に位置付けられるものであるから，重要性の原則が正規の簿記の原則に含まれるものとして捉え，その正規の簿記の原則の要請を法人税法が承認すると考え，重要性の原則排除という障壁を乗り越えることが場合によっては可能なのではなかろうか[21]。

　次に，企業会計上の重要性の原則がいかなる場合も法人税法上認められるわけではないことも改めて付言しておきたい（青色申告法人についてのみ許容される理論構成であったことを想起されたい。）。法人税法22条4項において公正処理基準として認められる正規の簿記の原則は，全ての重要性の原則を包摂するものではなく，法人税法の趣旨に反するよ

---

*19　酒井・前掲＊3，44-45頁。
*20　酒井・前掲＊17，116頁。
*21　酒井・前掲＊17，125頁。

うな重要性の原則に関する部分については除外された正規の簿記の原則であると解しておきたい。公正処理基準に正規の簿記の原則が含まれるとすることで，その注解である重要性の原則も法人税法において法的根拠を伴うものと説明し得るが，全ての処理が無条件に公正処理基準に該当するわけではなく，法人税法の趣旨というフィルターを通過したもののみが法人税法に影響を与えるものとの理解である[22]。

## 3　「重要性」に関する裁判例

### ① 高松地裁平成7年4月25日判決（訟月42巻2号370頁）

#### ■ 事案の概要

　損害保険，生命保険の保険代理業等を営む会社である原告Xは平成2年1月31日に昭和63年度の事業年度の法人税について，所得金額2,247万6,705円，納付すべき税額804万8,500円の確定申告を行った。これに対し，被告Yは，確定申告した福利厚生費のうち，損金に算入されない介護費用保険料を加算した所得金額2,787万1,933円，納付すべき税額1,030万6,400円とする更正（以下「本件更正」という。）及び過少申告加算税22万5,000円を賦課する旨の決定（以下「本件賦課決定」という。）をした。本件は，XがYに対し，本件更正のうち上記の限度を超える部分及び本件賦課決定の取消しを求めた事案である。

#### ■ 判決の要旨

　高松地裁平成7年4月25日判決は次のとおり判示した。

　「一般的な損害保険の場合は，保険契約期間は長短の別はあってもその周期は明確であり，その場合の役務の提供とは，リスクに対する準備と生じた事故に対する補填であり，一般的に事故が発生しなかった場合についていうと，時の経過とともに役務は提供され，終了とともに全ての役務は提供され

---

＊22　酒井・前掲＊17，130頁。

尽くすということになる。したがって，役務の提供と時の経過の関係は，役務の提供は時の経過に対して平均的に割り当てられていると考えることができる。

　ところが，介護費用保険の場合は，損害保険の一種ではあるが，(1)若年層においては事故発生率が低く，高年層において事故発生率が高くなることが想定されているので，リスクに対する準備効果は時の経過と関係があることになり，平均的ではありえない。(2)保険期間が終身とされており，これについては，平均余命期間とも考えられるが，必ずしも明らかとはいえない。(3)この保険では一定の年齢に達するまで，解約返戻金が予定されており，それは，(1)で示したことから若年層において年々増加し，高年層において年々減少していく，というものであり，本件介護費用保険についていうと，別表三のとおりである。

　ところで，介護費用保険の保険料が一時払の方法で支払われた場合，法人税法上，これを全額当該事業年度の福利厚生費として損金に算入することの可否については，別段の定めがないので，一般に公正妥当と認められる会計処理の基準に従って算定される（法人税法22条4項）。

　そして，そこにいう一般に公正妥当と認められる会計処理の基準の中心をなすのは，企業会計原則等の計算規定であり，これに確立した会計慣行も含まれるので，かかる見地から本件介護費用保険について以下検討する。」

　「すべての費用及び収益は，その支出及び収入に基づいて計上し，その発生した期間に正しく割り当てられるように処理しなければならず，前払費用及び前受収益は，これを当期の損益計算に計上しなければならない（企業会計原則第二　損益計算書原則一，**A**）〔編注：『計上しなければならない』は，『計上してはならない』の誤りか。〕。そして，前払費用は，一定の契約に従い，継続して役務の提供を受ける場合，いまだ提供されていない役務に対し支払われた対価をいい，こうした対価は，時間の経過とともに次期以降の費用となるものであるから，これを当期の損益計算書から除外するとともに貸借対照表の資産の部に計上しなければならない（企業会計原則注解5，経過

勘定項目について）。

　したがって，保険契約から生ずる役務提供とその対価のずれを調整し，期間損益計算の適正を図るためには支払保険料のうち次期以降の期間の役務提供と対応すべき金額を前払費用に計上する必要がある。

　なお，重要性の原則から，重要性の乏しいものは本来の厳密な会計処理によらないで他の簡便な方法によることも正規の原則〔編注：『正規の簿記の原則』か。〕に従った処理であり，その適用例として，前払費用，未収収益等のうち重要性の乏しいものについては経過勘定項目として処理しないことができる（企業会計原則注解1，重要性の原則の適用について）。しかし，これは，企業の財務内容を判断するに当たり，重要な影響がないことを前提として適用される。したがって，右原則を適用して，貸借対照表，損益計算書上省略できるか否かは，貸借対照表，損益計算書上の金額と前払費用に計上すべき金額を対比し，その重要性（利益の額，総資産額等への影響）を個別的に判断して決するべきものである。」

　「そして，解約返戻金の取扱いが…のようであるのは，前記認定のように役務提供の程度が時の経過に対して均等ではないこと，しかし他方，保険料の支払額が保険料支払期間を通じて年額又は月額で一定になるよう設計されている（平準化）からである。したがって，一時払の方法により支払われた本件保険料は，収益に対応する費用として適正に期間配分する必要がある。本件保険料のうち係争事業年度の発生費用に該当する部分が期間費用（福利厚生費）として損金に算入されることになり，この期間費用につき，前払費用についての前記…記載のとおり，当期の期間費用と次期以降の費用とを区別するべきであるから，係争事業年度の期間費用のほか，次期以降の事業年度の費用となる前払費用が含まれることになる（なお，重要性の原則については，前記…記載のとおりであり，本件保険料が重要性の乏しいものであれば，前払費用部分も含めて，係争事業年度の発生費用として全額損金算入も可能であるが，本件介護費用保険の保険料の前払費用部分の金額は，原告の企業形態からして極めて高額であり，重要性がないとは到底いえないという

べきである。)。

　また，一時払であっても，解約返戻金が存在する本件の場合，純粋に保険効果を期待して契約するだけではなく，投資的な効果も期待しているとみるのが相当である。そうすると，支払保険料は純粋に保険効果を期待した部分と投資的効果を期待した部分からなるといえるので，後者の部分について支払時に一括して損金処理することは考えられないというべきである。

　したがって，次期以降の事業年度の費用となる前払費用部分までも本件事業年度の発生費用としてその全額を損金算入することは妥当でなく，本件支払保険料を収益に対応する費用として適正に期間配分するのが相当である。」

### 3　コメント

　このように，法人税法が重要性の原則を直接採用しているとの構成ではなく，正規の簿記の原則に包含されたものとして法人税法の原理に取り入れるのであれば，乗り越えることのできなかった問題を解決できる可能性もなくはない。なお，正規の簿記の原則が，基本的に公正処理基準に該当する旨は 2 で述べたとおりであるから，このアプローチを前提とすれば，一応本件通達の解釈の妥当性を肯定することもできるように思われる[23]。

### 2　1年ルール

　会計上の重要性の原則には，金額の重要性と科目の重要性という2つの重要性が存在するが，科目の重要性は租税法においては問題とならないことから，金額の重要性が問題とされることになる。そこで，本件通達にいう「1年以内」という期間のルールの妥当性について考える必要があろう。

　東京地裁平成19年6月29日判決（税資257号順号10743）は，「(1)本件

---

[23]　酒井・前掲[17]，126頁。

通達〔筆者注：法人税基本通達2－2－14〕は，企業としては，前払費用（一定の契約に基づき継続的に役務の提供を受けるために支出した費用のうち当該事業年度終了の時においてまだ提供を受けていない役務に対応するもの）はその支出をするときの費用に計上する経理処理を行っていることが多く，これらについて厳密な期間計算を行って税務上別個の計算を行う実益を捨ててもさして弊害がないと思われることから，企業におけるこれら期間損益の処理を特例的に是認する取扱いであると解されるところ，その役務が等量等質のものではない場合には，時の経過に応じて収益と対応される必要があることから，本件通達による特例的取扱いは認められないものと解すべきである。」と説示する[24]。

　タイムベーシスのみで重要性を判断することは妥当ではない。ここでは，短期間であるからといって，取引金額が少額であることを決して担保し得ないことを考慮すべきである。このような懸念がある中にあって，それでも解釈論において，1年ルールを採用する積極的な理由はあるのであろうか。1年ルールの法的根拠を，法人税法22条4項を経由させて企業会計基準から導出することは果たして可能なのであろうか。企業会計にいう重要性の原則を法人税法22条4項が取り込んだという建前からすれば，前払費用の額が多額である場合には，1年ルールに沿っていたとしても重要性が低いとはいい得ず，短期前払費用の費用計上は否定されるといわざるを得ない（法法22③二）。通達はあくまで行政庁内部での処理の統一を図るためのものであって，何ら法源性を有するものではないから，本件通達を根拠として，極めて多額の短期前払費用の計上がなされたとしても，重要性の原則の考え方からそれが認められるべきではないのは当然であろう。そのような費用は，法人税法22条4項が公正処理基準として許容する正規の簿記の原則に内包された重要性の原則の見地から明確に否定されるであろう[25]。

---

[24]　等量等質の役務対応というメルクマールは，期間と取引額の確定と同義であろう（酒井・前掲＊3，52頁）。

## 4 保険料についての考察

　このうち，保険料についての取扱いは以下のとおり別建てで示達されている。定期保険及び第三分野保険に係る保険料の取扱いについては，令和元年6月28日付けで通達の改正が行われた。改正前法人税基本通達9－3－5は令和元年7月8日以前に契約した定期保険に係る取扱いとして適用される（**FAQ**3頁参照）。

> **旧法人税基本通達9－3－5《定期保険に係る保険料》**
>
> 　法人が，自己を契約者とし，役員又は使用人（これらの者の親族を含む。）を被保険者とする定期保険（一定期間内における被保険者の死亡を保険事故とする生命保険をいい，傷害特約等の特約が付されているものを含む。以下9－3－7までにおいて同じ。）に加入してその保険料を支払った場合には，その支払った保険料の額（傷害特約等の特約に係る保険料の額を除く。）については，次に掲げる場合の区分に応じ，それぞれ次により取り扱うものとする。
>
> (1) 死亡保険金の受取人が当該法人である場合　その支払った保険料の額は，期間の経過に応じて損金の額に算入する。
>
> (2) 死亡保険金の受取人が被保険者の遺族である場合　その支払った保険料の額は，期間の経過に応じて損金の額に算入する。ただし，役員又は部課長その他特定の使用人（これらの者の親族を含む。）のみを被保険者としている場合には，当該保険料の額は，当該役員又は使用人に対する給与とする。

　このような前払費用に対する思考は，支払保険料の取扱いについても

---

＊25　酒井・前掲＊3，53頁。

同様に考えられる。この点につき，国税庁は，「保険期間が複数年となる定期保険の支払保険料は，加齢に伴う支払保険料の上昇を抑える観点から平準化されているため，保険期間前半における支払保険料の中には，保険期間後半における保険料に充当される部分，すなわち前払部分の保険料が含まれています。しかし，その平準化された定期保険の保険料は，いわゆる掛捨ての危険保険料及び付加保険料のみで構成されており，これらを期間の経過に応じて損金の額に算入したとしても，一般に，課税所得の適正な期間計算を大きく損なうこともないと考えられることから，法人税基本通達9－3－5において，その保険料の額は期間の経過に応じて損金の額に算入することと取り扱っています。しかし，特に保険期間が長期にわたる定期保険や保険期間中に保険金額が逓増する定期保険は，その保険期間の前半において支払う保険料の中に相当多額の前払部分の保険料が含まれており，中途解約をした場合にはその前払部分の保険料の多くが返戻されるため，このような保険についても上記の法人税基本通達9－3－5の取扱いをそのまま適用すると課税所得の適正な期間計算を損なうこととなります。したがって，このような保険については，上記の原則的な考え方に則った取扱いとすることが適当であるため，平成20年2月28日付課法2－3『法人が支払う長期平準定期保険等の保険料の取扱いについて』（個別通達）により，その支払保険料の損金算入時期等に関する取扱いの適正化を図ってきました。」とした上で（改正案概要2頁），「しかしながら，これらの個別通達の発遣後相当年月を経過し，①保険会社各社の商品設計の多様化や長寿命化等により，それぞれの保険の保険料に含まれる前払部分の保険料の割合にも変化が見られること，②類似する商品であっても個別通達に該当するか否かで取扱いに差異が生じていること，③前払部分の保険料の割合が高い同一の商品であっても加入年齢や保険期間の長短により取扱いが異なること，④第三分野保険のうち個別通達に定めるもの以外はその取扱いが明らかではなかったことから，各保険商品の実態を確認して，その実態に応じた取

扱いとなるよう資産計上ルールの見直しを行うとともに，類似する商品や第三分野保険の取扱いに差異が生じることのないよう定期保険及び第三分野保険の保険料に関する取扱いを統一することとします。」と説明する（改正案概要3頁）。

　このように取扱いに変更を加えることとしたのは，保険期間が長期にわたる定期保険や保険金額が保険期間中に逓増する定期保険については，かかる保険期間の前半において支払う保険料の中に相当多額の前払部分の保険料が含まれており，中途解約をした場合にはその前払部分の保険料の多くが返戻されるという問題があり上記の個別通達では対応できない状況にあったからであると思われる。その理由は上記のとおりであるが，本節における関心事項との関わりで考えると，これらの保険契約に係る前払保険料を放置しておくことは，費用収益対応の原則に反するばかりか，重要性の原則からみても，看過し得ない問題であると捉えられるところである。

　そこで，上記法人税基本通達9－3－5に改正を加え，法人が定期保険及び第三分野保険に係る保険料を支払った場合に，その支払った保険料のうち特約に係る保険料の額以外のものに対して適用されることとし，新たに，同通達9－3－5の2《定期保険等の保険料に相当多額の前払部分の保険料が含まれる場合の取扱い》を示達したのである。

## ■　結びに代えて

　保険会社に対しては通常用いられる会計原則のほか，保険会社特有の基準も用いられており，本件と直接的関係は薄いものの，果たしてどのような会計原則が「一般に公正妥当と認められる企業会計の基準その他の企業会計の慣行」といえるのかについても検討が必要かもしれない。

　「わが国の保険会社に対する会計上の規則は，保険業法等に一部規定はあるものの包括的なものは存在しない。保険業法施行規則第24条に『一般に公正妥当と認められる企業会計の基準その他の企業会計の慣行

をしん酌しなければならない。』とあるように，保険業を営む企業も他の業種と同じく一般に公正妥当と認められた会計基準（Generally Accepted Accounting Principles：以下，GAAP という）に準拠する。ただし，保険会社の GAAP は，保守性，継続性を重視する観点から，一般の GAAP に準拠しつつも，独自の GAAP が適応される項目が存在する。各国で程度の差はあるものの，保険契約に関する負債の計上額に関しては保守的な見積りが行われている。」とされている[27]。

　また，「保険会社に対する会計は2種類存在する。1つは保険会社の業務監督を行う目的を持つ，監督会計基準（Statutory Accounting Principles：以下，SAP という）である。SAP は法律で定められている。そして，もう一つが GAAP である。（中略）規制・監督当局は，保険契約の支払に備えて保険会社が健全な財政状態を維持し，かつ適切な積立を行っているかをチェックし，必要に応じて税制措置をとる。このような規制・監督方針に基づき SAP は保険会社の支払能力を維持させることが目的である。一方で，GAAP に基づき作成される財務諸表は，監督上の目的とは異なり，適時に，適切かつ正確な情報を資金提供者（株主・債権者等）およびその他の利害関係者に提供するための財務報告の目的は SAP と GAAP で異なるものの，同じ保険会社の財務状況を明らかにするという共通性を持っている。そのため各国では SAP と GAAP の制度間の調整が行われ，国によっては共通した財務報告が用いられている場合が多い。」ともされているのである[28]。

〔酒井　春花〕

---

*27　上野雄史「保険契約の会計基準による経済的影響の予測」保険学雑誌604号166頁（2009）。
*28　上野・前掲*27，170頁。

# VI　意見公募手続・適用時期

## ■　はじめに

　国税庁は，「法人税基本通達の制定について」（法令解釈通達）及び「連結納税基本通達の制定について」（法令解釈通達）の一部改正並びに保険商品の類型ごとに保険料の損金算入の取扱いを定めている法令解釈通達（個別通達）の廃止について，平成31年4月11日から令和元年5月10日まで意見公募手続を実施した。そして，同年6月28日，意見公募手続の結果を受けて新たな通達が公表されたわけであるが，そこでは，適用時期について遡及はしないこととされている。

　なお，改正後保険通達では，最高解約返戻率を一律の判断基準として処理を定めることとしているが，最高解約返戻率85％超の保険商品に特に照準が当てられている。このように最高解約返戻率が85％以下の商品には簡便的な計算を今後も一定程度認める姿勢と対照的に，同返戻率の高い商品について資産計上額を高く設定する（損金算入の余地を狭める）取扱いには，国税庁が「過度な節税効果を有する保険」に厳しく対応するとした姿勢が表れているように思われ，今後の各保険会社の対応も注目されるところである。本節では，このような国税庁の姿勢も踏まえた上で論を進めることとしたい。

## 1　通達改正までの経緯とそこに浮上する疑問

　はじめに述べたとおり，このたびの改正に当たり，国税庁は，平成31年4月11日から令和元年5月10日まで意見公募手続を実施している。もっとも，それに先立ち，平成31年2月13日，国税庁は，生命保険各社に対して，いわゆる「節税保険」と呼ばれるような中小企業の経営者向け

保険の新しい課税実務上の取扱いを構築する旨を通知したが，巷で「バレンタイン・ショック」などと揶揄されるように，翌14日以降，生命保険各社は，対象となり得る保険商品の販売を一斉に自粛したと報道されている。保障という生命保険の本来的なあり方の観点からすれば，「節税保険」という呼称には問題があるのであろうが，保険料の支払方法や解約返戻時期，返戻率などの組合せによって大きな節税効果を有する保険商品を生命保険各社が競うように販売していた実態に鑑みれば，「節税保険」とは正鵠を射た呼称であるといわれてもやむを得ないものと思われる。もっとも，ここでは，そうした呼称の問題を超えて，通知によってそれらの販売が一斉に自粛されることとなったという事実に着目したいと考える。

　新たな通達によれば，一部の例外を除き，その適用時期が令和元年7月8日以後とされていることから，既に販売され契約済みの保険商品について，かかる取扱いが遡って適用されるような事態は想定し難いところではある（「経過的取扱い…改正通達の適用時期」参照）。もっとも，通達は国税庁内部の上意下達の命令手段にすぎず，支払保険料の損金算入の可否を強制力をもって画してきたものでは決してない。突き詰めていけば，支払保険料の損金算入は，費用の損金算入の通則規定である法人税法22条3項2号にその論拠を有するのであるから，新通達の適用時期如何にかかわらず，同条項の解釈の結果として，既に販売済みの保険商品に係る支払保険料の損金算入が否定される可能性は十分にあり得る。すなわち，このたび通達が再整理されることになったとしても，あくまでも，法令上の根拠は法人税法22条3項2号及び4項に求められるのであり，同条項に改正が加わったわけでないことを看過してはならない。

　さて，こうした中，いくつかの疑問が浮上する。

　まず，今後，新通達の「縛り」を受ける保険商品が，令和元年7月8日以後の契約に係るものであると限定的に解することの妥当性である。果たして，過去に販売済みの保険商品については一切解釈論上問題がな

かったとされるのであろうか。

次に，平成31年2月13日に国税庁が生命保険各社へ通達改正の予定を通知したことの影響を考える必要もあるのではなかろうか。かかる通知を受けて「バレンタイン・ショック」なるものが生じたことは既述のとおりであるが，これは保険業界がどれほどまでに通達に依存した実務を行っていたかを如実に表している現象といえよう。多くの法人が3月の決算期を控えた目前において，「節税保険」を販売自粛したことの実務上のインパクトは想像に難くない。通達が実際に改正された結果が，保険実務に大なり小なり影響を及ぼすことはもはや否定し得ない事実であるが，その前段階として，どのような改正内容になるかすら不明な状況下において，「通達を改正する」という通知のみをもって，それが鶴の一声となり実務に多大な影響を与えた事実を無視すべきではないと考える。以下では，これらの点について確認することとしたい。

## 2 新通達の射程

### 1 問 題 点

以下では，新通達が示す取扱いの妥当性ないし合理性といったところには触れず，あくまでもそれらを所与のものとして検討を進めることとするが，新通達が令和元年7月8日以後の契約に適用するものとしている以上，今後発売される保険商品が，新通達の定めるところを十分に意識して設計されることは間違いないであろう。「保険税務の通達依存」が孕む多くの問題点を差し当たり措くとして，今後発売される保険商品は当然に新通達の影響を受けることになると思われる。また，新通達の文言の網の目をくぐるように設計される保険商品も登場してくるのであろうが，それを否認すべきか否かが論じられる際に，一定の参考資料として新通達の趣旨・目的も参照されることになるのであろう。通達をあたかもセーフハーバーのように捉えた保険商品として，かつて逆ハーフ

タックスプランなるものが存在したが，その正当性はともかく，通達を直接の根拠としてそうした商品を税法上否認することはできない。すなわち，法解釈の結果として否認すべきか否かが検討される必要があるところ*1，仮に通達が法令の解釈を正解しているのであれば，通達の取扱いや趣旨等も判断の1つの参考となり得ると考える。

今後発売される保険商品が，何らかの形で新通達の影響を受けることは疑いの余地がないが，これに対して，旧通達下において既に販売され契約済みの保険商品について，新通達に示された取扱いが影響を及ぼす可能性については判然としない部分も残る。以下では，3つの側面からこの点を考えることとする。すなわち，1つは，そもそも旧通達が行政先例法としての性格を認められていたとはいえはしないかとの観点，2つは，通達の改正を契機として課税が見直されることの是非，3つは，通達の遡及適用の観点からである。

## 2 行政先例法

これまで繰り返し述べているように，保険税務については通達を根拠とした取扱いが実務に定着していることには疑いがないであろう。これは，支払保険料の取扱いについて法人税法が「別段の定め」を設けていないことにその一因があるのかもしれない。法人税法上「別段の定め」がない場合には，同法22条4項にいう公正処理基準に従うことが要請されるが，支払保険料の処理に関する統一的な会計処理の基準が存在せず，公正処理基準として依拠すべき会計ルールも存在しないことから，結局

---

*1　実際に，逆ハーフタックスプランの満期返戻金の一時所得の金額の計算が争われた事例においては，所得税法34条《一時所得》における「その収入を得るために支出した金額」の意義が争われ，最高裁平成24年1月16日第一小法廷判決（集民239号555頁）は，「所得」の本質的意義といった観点から納税者の主張を排斥している。当然のことではあるが，通達の文言の網の目ををくぐった設計であることを根拠として否認されているようなものでは決してなく，所得税法の解釈の結果として，その妥当性が否定されるのである（同最高裁判決の解釈姿勢について，酒井克彦『レクチャー租税法解釈入門』59頁（弘文堂2015）も参照）。

において頼るべきが通達となっていたという事実があるように思われる。そうであるからこそ，「バレンタイン・ショック」なるものが生じたのであるし，国税庁も，通達が本来国税庁内部の上意下達の命令手段にすぎないはずのものであるにもかかわらず，あえて，生命保険各社に通知を行った点に鑑みても，保険税務が通達に依拠している現状を十分認識しているといえよう。

　ここでは，実務が長年その拠り所としてきた取扱いを，通達改正によって変更する手法につき非難の声が寄せられることも想定される。旧通達の取扱いが，行政先例法に昇華していた可能性はなかったのであろうか。学説の有力説は，納税者に有利な行政先例法の成立の余地を認め，租税行政庁による行政先例が法であるとの確信（法的確信）が納税者の間に一般的に定着した場合には，慣習法としての行政先例法の成立を認めるべきとし，租税行政庁もそれによって拘束され，その場合において，その取扱いを変更するためには，法による改正が必要であるとする*2。すなわち，仮に，従来の保険通達が行政先例法に昇華していたとすれば，その変更には法による改正が求められるのであって，このたびの通達改正をもってしての取扱いの変更は認められるべきでないことになろう。

　しかしながら，旧保険通達の取扱いが行政先例法として定着していたと理解すべきではないように思われる。なぜなら，確かに旧通達では支払保険料の一時損金算入が認められるなど，納税者有利な取扱いを定める側面もあるけれども，必ずしも納税者有利な取扱いのみを示しているものではないという点を指摘し得る（そもそも，行政先例法の成立要件として，何を基準に納税者有利であるか否かを判断するかとの議論もある。）。加えて，いわゆる第三分野保険について，これまで国税庁は，個別通達を発遣することで画一的行政を担保してきたわけであるが，新たな保険商品の登場ごとに，それに対応すべく個別通達が逐次発遣されて

---

＊2　金子・租税法115頁。

きたような中にあって，納税者の中に一般的に法的確信が定着していた可能性は少ないように思われるのである。

したがって，従来の保険通達の取扱いが行政先例法に昇華していたと捉えることは妥当でなく，このたびの通達改正をもって従来の取扱いに変更を加えること自体に，手続上の問題があるとの指摘は妥当しないであろう。

### 3 通達改正と課税の見直し―パチンコ球遊器事件―

#### ■ 事件の概要

仮に従来の保険通達の取扱いが行政先例法としてその成立が認められるのであれば，上記学説の有力説に従うと，法改正によるのでない限りその取扱いの変更を認めるべきでないことになろうが，上記のとおり，旧通達について行政先例法の成立を認めることは困難であろう。そうであるとすれば，租税行政庁は，通達の改正によって従来の取扱いを変更できると解すべきであろうが，この議論の延長として，通達改正を契機として新たな課税を行うことの是非を検討する。

この点，いわゆるパチンコ球遊器事件としてつとに有名な事件である，最高裁昭和33年3月28日第二小法廷判決（民集12巻4号624頁。以下「最高裁昭和33年判決」という。）を参考に考えてみたい。

旧物品税法1条には，同税の対象となる課税物件が掲げられていたところ，昭和16年から，その範囲に「遊戯具」も加えられた。その後，昭和26年3月2日付けの東京国税局長通達等において，上記の「遊戯具」の範囲にパチンコ球遊器も含まれるという解釈が示されたのであるが，同通達等が発遣されるまで，パチンコ球遊器に対して物品税を賦課する取扱いは，原則として採用されてこなかった経緯がある（ごく少数の例外として，課税とされていた事実があった。）。そうした中において，上記の通達の発遣を契機として所轄税務署長Yら（被告・被控訴人・被上告人）は，パチンコ球遊器の製造業者であるXら（原告・控訴人・

上告人）の製造するパチンコ球遊器に対し物品税の賦課処分を行った。本件は，かかる処分を不服として，XらがYらを相手取り提訴した事例である。本件においては，そもそも，パチンコ球遊器が物品税法上の「遊戯具」に該当するのかについても争われていたが，以下では「遊戯具」に該当するものとした上で，その先にある論点として，通達課税の違憲性の問題に焦点を当てることとしたい。すなわち，非課税の取扱いが長期間（昭和16年から通達発出までの期間）続いた後に，通達で新たな解釈を示したことを契機に課税をなすことが，租税法律主義に反するか否かを検討する。

この点，最高裁昭和33年判決は，次のように示し，納税者の主張を排斥している。

> 「物品税は物品税法が施行された当初（昭和4年4月1日）においては消費税として出発したものであるが，その後次第に生活必需品その他いわゆる資本的消費財も課税品目中に加えられ，現在の物品税法（昭和15年法律第40号）が制定された当時，すでに，一部生活必需品（たとえば燐寸）（第1条第3種1）や『撞球台』（第1条第2種甲類11）『乗用自動車』（第1条第2種甲類14）等の資本財もしくは資本財たり得べきものも課税品目として掲げられ，その後の改正においてさらにこの種の品目が数多く追加されたこと，いわゆる消費的消費財と生産的消費財との区別はもともと相対的なものであって，パチンコ球遊器も自家用消費財としての性格をまったく持っていないとはいい得ないこと，その他第1，2審判決の掲げるような理由にかんがみれば，社会観念上普通に遊戯具とされているパチンコ球遊器が物品税法上の『遊戯具』のうちに含まれないと解することは困難であり，原判決も，もとより，所論のように，単に立法論としてパチンコ球遊器を課税品目に加えることの妥当性を論じたものではなく，現行法の解釈として『遊戯具』中にパチンコ球遊

器が含まれるとしたものであって，右判断は，正当である。

　なお，論旨は，通達課税による憲法違反を云為しているが，本件の課税がたまたま所論通達を機縁として行われたものであっても，通達の内容が法の正しい解釈に合致するものである以上，本件課税処分は法の根拠に基く処分と解するに妨げがなく，所論違憲の主張は，通達の内容が法の定めに合致しないことを前提とするものであって，採用し得ない。

　従って，本件賦課処分を当然無効であると断ずることはできないとした第1審判決を支持した原判決は正当であって論旨は理由がない。」

　上記判示からも明らかなとおり，最高裁は，パチンコ球遊器が通達において「遊戯具」の範囲に含まれたことを直接の理由として，課税処分を妥当なものと判断しているわけでは決してない。通達において課税要件を設けることができないことを踏まえれば，通達を直接の根拠として，課税処分の妥当性を判断することはできまい。すなわち，最高裁は，あくまでも「現行法の解釈として『遊戯具』中にパチンコ球遊器が含まれる」とするとおり，物品税法上の解釈として，パチンコ球遊器が同法上の遊戯具に含まれることを根拠に課税処分を妥当と判断しているのである。加えて，パチンコ球遊器を「遊戯具」の範囲に含めることも正しい法解釈であることからして，通達を契機として課税処分が行われたことも本件課税処分の違法性を認めるものにはならないとしている。また，本件の場合，少数でこそあれ，従来においても非課税ではなく課税とされていた事例が見られた点において，パチンコ球遊器を非課税とする慣習法の成立を認定することは困難であったと解される。

### ❷　パチンコ球遊器事件が示唆するもの

　最高裁昭和33年判決の意義としては，次の2点を挙げることができよう[3]。

> ① ある租税法律の下で，非課税の取扱いが長期間続いた場合に，行政機関が解釈を変更し課税処分を行うことは，新たな解釈が法規定の解釈として正しいものであれば可能であることを示した点
> ② この場合の解釈変更は新たな法律によることなく通達の発遣で足りることを示した点

このたびの保険通達の改正を考えるに当たって，かかる最高裁昭和33年判決を参照すべき点があるように思われる。

すなわち，法人税法22条3項2号の解釈の下で，法人の支払う保険料について旧通達の定める取扱いが実務にある程度定着していた中においても，新たな解釈たる新通達の取扱いが同号の解釈を正解しているものといえるのであれば，この場合の解釈変更は新たな法律によることなく通達の発遣で足りるということになるのではないかと考える。したがって，いかに保険税務が通達に依拠していたとの実態があったとしても，租税行政庁が新たな正しい法解釈として通達を改正すること自体は非難されるべきものではないであろう。これは，上記で確認した行政先例法の検討結果と同様の結論である*4。

## 4 通達の遡及適用の是非

### 1 問 題 点

それでは，仮に新通達の取扱いが法解釈として妥当なものであるとしたとき，旧通達下において既に販売され契約済みの保険商品につき，新通達において示された取扱いが影響を及ぼす可能性はないのであろうか。

上記最高裁昭和33年判決の事例において，旧物品税法の規定は，通達

---

＊3　大橋洋一・租税判例百選〔第6版〕17頁（2016）。
＊4　もっとも，新通達の取扱いの妥当性についての検討が必要であることはいうまでもないが，本節の目的からは逸れるため，ここでは触れない。あくまでも，正しい法解釈であることを所与のものとしての検討である。

の発遣前後において何ら改正がなかったわけであるが，このたびの保険通達の改正前後においてもそれは同様である。すなわち，支払保険料の損金算入の根拠条文である法人税法22条3項2号については何ら改正が加えられていない。しかしながら，最高裁昭和33年判決の事例は，パチンコ球遊器を非課税とする旨の通達が発遣されていたわけではなく，また，通達発出前にまで遡って課税処分を行った事例ではないから，旧通達下において既に販売され契約済みの保険商品についてまでの課税処分を示唆するものではなさそうである。同じく，このたびの新通達は，令和元年7月8日以後の契約に係る定期保険又は第三分野保険の保険料について適用され，同日前の契約に係る保険料には遡及しないとされていることから，直接遡及適用の問題が生じることも想定し難い。しかしながら，過去に販売済みの節税保険を巡る今後の議論において，新通達の趣旨などが参照される余地を完全に否定し得るであろうか。この辺りは通達の遡及適用の議論に接続する議論であるから，以下検討を加えたい。

### 2 通達の遡及適用の是非

　租税法律主義の下においては，課税要件法定主義，課税要件明確主義，合法性の原則並びに遡及立法禁止の要請が働くものと解されている。租税法律主義が，課税対象とされる課税物件が確定される時点での法律の適用を前提とするものであると考えれば，事後的に創設された法律を根拠として課税がなされることは許されず，また，遡及立法の容認は，租税法律主義の要請する予測可能性や法的安定性を損ねることから，一般に，租税法律主義の下では，租税法の遡及立法は禁止されると解されている[5]。

　さて，それでは，通達の遡及適用はどのように解すべきであろうか。例えば，土地の取得に要した借入金利子の取得費算入の可否が争われた事例として，名古屋地裁昭和57年8月27日判決（行集33巻8号1725頁）

---

[5]　酒井克彦『スタートアップ租税法〔第3版〕』165頁（財経詳報社2015）。

がある。この事件当時において，借入金利子の取得費加算を巡って通達の改正がなされていたのであるが，被告税務署長は，「改正通達の適用について改正通達の適用は『今後処理するものから』とされているとおり，示達された日である昭和54年10月26日以降適用されるものである。」と主張し，原告納税者については，改正通達の適用がないことから取得費加算は認められないとしていた。すなわち，被告は通達の遡及適用を認めない立場にいるものと解される。これに対し，名古屋地裁は次のように論じ，通達の遡及適用を否定する見解を採用している。

> 「一般に租税法の規制の対象である経済現象は，きわめて複雑多様であり，しかも，絶えず流動するから，租税行政庁が的確に課税対象を捉え，適切に課税標準を算出し，担税力に応ずる公平課税の目的を達成するためには，法律が抽象的な規範を定立するに止まり，政令等により具体的な解釈基準を示していないような場合（所得税法38条１項にいう取得費はまさにこの適例である）には，租税行政庁として，法律の定める抽象的規範の意味内容を補充し，あるいは解釈し，併せて，下級行政庁の取扱方針を一律ならしめる目的をもって通達を発する必要性の存することは多言を要しないところであり，また一度発せられた通達についても経済状勢の変動ないし租税判例の動向等をふまえて，改正する必要の生ずることも多言を要しないところである。
>
> 　もとより，通達は，租税法規の解釈について裁判所を拘束するものではないが，それが合理性を有すると認められれば裁判所において是認，支持されるのが通常である。
>
> 　通達の以上のような性質に鑑みると，通達が改正されたときはそれが全国的に下級行政庁の租税徴収事務ないし税務指導を画一的に規律する関係上，特段の事情なき限り，遡及適用を認めない方が，租税行政の円滑な推進に資するものと考える。したがって，改正通

達が遡及適用を認めないことをもって違法視するわけにはいかない。」

　果たして，かかる名古屋地裁の説示は妥当であろうか。通達は法源性を有しないものであって，あくまでも課税庁による法令解釈を示すにとどまることに鑑みれば，法律のごとく遡及適用を否定すべき性質のものではないように思われるのである。もっとも，上記名古屋地裁の事例は，借入金利子の取得費算入につき学説や判決の見解が分かれていたという背景があるため，上記名古屋地裁判決をそのまま通達の遡及適用全般の議論に落とし込むことは妥当ではないともいい得る。また，同地裁が「遡及適用を認めない方が，租税行政の円滑な推進に資する」としている点に注目すれば，あくまでも租税行政庁内部における適用問題を論じただけと整理することもできなくないが*6，一般論としては通達の遡及適用の余地を認める立場を支持しておきたい。

　この点については，例えば，京都地裁昭和55年10月24日判決（行集31巻10号2084頁）が，「被告は，本件事案が本件通達の発せられた以前に生じたものであるから，これが適用される余地はないと主張するが，通達は，上級行政庁の下級行政庁への命令であり，国民に対して拘束力をもつ法規ではなく，裁判所もこれに拘束されるものではないから，本件通達が発せられた後の事案についてのみこれに従って解釈し，それ以前の事案についてはこれに従った解釈をすべきでないとする根拠はなくこの点に関する被告の主張も理由がない。」とするところに通じるものと思われる。やはり，通達の遡及適用は，通達の性格論からして否定されるべきではなかろう。

　ただし，上記2つの事案は，いずれも被告税務署長側が通達の遡及適用の否定を主張している事案である。したがって，納税者の側にとって

---

＊6　酒井・通達の読み方158頁。

は，いうなれば通達の遡及適用がなされた方が有利な事案であった点には留意が必要であろう。すなわち，納税者に不利益な通達の遡及適用については，制限なしにそれを認めるべきか否か見解の分かれるところではあると思われる。

しかしながら，結論を先取りすれば，次のような理由から，納税者に不利益な通達であっても遡及適用は一律に禁止される類のものではないと理解しておきたい。

> ① 納税者にとって不利益であるかどうかは一概には判断できないものであること
> ② そもそも通達が国民を名宛人とするものでなく，行政庁内部の命令手段にすぎない以上，その性格からして，課税要件を規定する法律同様に遡及適用を認めないとすべき積極的な根拠がないこと
> ③ 新たな通達の示す取扱いが法解釈として妥当であるなら，むしろ正しい処理を採用すべきであること

そうであるとすると，少なくとも理論的には，このたびの新通達の影響は，旧通達下において既に販売され契約済みの保険商品にも及び得ると解されるのである。

しかしながら，あくまでも理論的にその余地があるにすぎず，保険税務が通達に依拠してきたこれまでの現状を踏まえれば，新通達の取扱いをベースにして，旧通達下において既に販売され契約済みの保険商品の処理が否認されることは，実務的には想定し難いものではある。仮に，旧通達の取扱いに準じて行われていた処理とは異なる課税処分が今後なされた場合，そこには，信義則の議論が控えているであろう。保険税務に広く浸透していた旧通達の取扱い（公的見解）と異なる処分によって納税者が何らかの不利益を受けた場合には，信義則の要件を満たす余地

が少なからずあるように解される。理論的には通達の遡及適用を認め得るものであるが，これへの対抗馬として，信義則の観点からの反論が想定されよう。

このようなことを踏まえてであろうか，国税庁は新通達の適用時期に関する経過的取扱いとして，次のように示しているのであろう（令和元年6月28日付け国税庁「法人税基本通達等の一部改正について（法令解釈通達）（定期保険及び第三分野保険に係る保険料の取扱い)」)。

---

**（経過的取扱い…改正通達の適用時期）**

　この法令解釈通達による改正後の取扱いは令和元年7月8日以後の契約に係る定期保険又は第三分野保険（9－3－5に定める解約返戻金相当額のない短期払の定期保険又は第三分野保険を除く。）の保険料及び令和元年10月8日以後の契約に係る定期保険又は第三分野保険（9－3－5に定める解約返戻金相当額のない短期払の定期保険又は第三分野保険に限る。）の保険料について適用し，それぞれの日前の契約に係る定期保険又は第三分野保険の保険料については，この法令解釈通達による改正前の取扱い並びにこの法令解釈通達による廃止前の昭和54年6月8日付直審4－18「法人契約の新成人病保険の保険料の取扱いについて」，昭和62年6月16日付直法2－2「法人が支払う長期平準定期保険等の保険料の取扱いについて」，平成元年12月16日付直審4－52「法人又は個人事業者が支払う介護費用保険の保険料の取扱いについて」，平成13年8月10日付課審4－100「法人契約の「がん保険（終身保障タイプ）・医療保険（終身保障タイプ)」の保険料の取扱いについて（法令解釈通達)」及び平成24年4月27日付課法2－5ほか1課共同「法人が支払う「がん保険」（終身保障タイプ）の保険料の取扱いについて（法令解釈通達)」の取扱いの例による。

---

## ③ 通達を改正することの周知

### ① 意見公募手続の実施

　このたびの通達改正において，意見公募手続が実施されたことは前述のとおりである*7。これは行政手続法39条《意見公募手続》の定めるところによるが，同条は，「命令等制定機関は，命令等を定めようとする場合には，当該命令等の案（命令等で定めようとする内容を示すものをいう。以下同じ。）及びこれに関連する資料をあらかじめ公示し，意見（情報を含む。以下同じ。）の提出先及び意見の提出のための期間…を定めて広く一般の意見を求めなければならない。」と規定し，意見公募手続を定めている（以下，行政機関が規制の設定等を行う際に，国民から広く意見を求める仕組みを「パブリックコメント制度」と呼ぶこととし，そのうち，特に法定された制度を「意見公募手続」と呼ぶ。）。これは，行政立法への国民参加の手続であり*8，通達等の制定過程において国民が意見を述べる唯一の手段である*9。租税法領域においては行政手続法39条4項2号の定めにより，意見公募手続を実施しなければならない範囲が相当限定されているものの，このたびの通達改正は，かかる適用除外に該当するものではないため，意見公募手続が実施されている。

　パブリックコメント制度の目的として，例えば，平成16年12月17日付け行政手続法検討会報告では，次の4つが挙げられている。

① 　行政運営における公正の確保及び透明性の向上
② 　行政立法機関の判断の適正の確保

---

＊7　意見公募手続・パブリックコメント制度について，酒井克彦＝臼倉真純「パブリックコメント」酒井克彦『通達のチェックポイント―法人税裁判事例精選20―』244頁（第一法規2017）。
＊8　原田尚彦『行政法要論〔全訂第7版補訂2版〕』106頁（学陽書房2012）。
＊9　酒井・通達の読み方186頁。

③　行政立法機関の判断の過程への国民の適切な参加

④　政策情報の積極的な提供

　ここで，「政策情報の積極的な提供」が掲げられているとおり，意見公募手続をはじめとするパブリックコメント制度の実施によって，国民は行政立法機関の政策等の指針を知ることができるのである。これはすなわち，パブリックコメント制度に，公示を通じた命令等制定機関の説明責任の履行機能を求めるものと整理することができる*10。

## 2　通達改正の通知

　ところで，このたびの通達改正の過程では，意見公募手続の開始日である平成31年4月11日からおよそ2か月前の2月13日の時点において生命保険各社に対して通達改正がなされる旨の通知があったという。先に述べたとおり，かかる通知の影響により，翌14日から生命保険各社が対象となり得る保険商品の販売を相次いで取りやめたわけであるが，この通知にはどのような意味があったのであろうか。通知によって通達改正の予定こそ明らかにされたものの，具体的な改正内容が当初の時点で国民一般に明らかにされていたとは思われない。通知の時点においては，「改正はなされるが詳細は不明」という状況であり，意見公募手続の開始時点で初めてその詳細が明らかになったという印象を覚える。

　保険税務が通達に依存してきた弊害といってしまえばそれまでであるが，結果的に「バレンタイン・ショック」なる事態が生じ，実務上，3月決算を迎える多くの会社に，（その程度を具体的に測ることこそできないが）少なからず影響を及ぼしたであろうことは想像に難くない。多くの会社が決算期を迎える年度末直前に通達改正の通知を行う必要性はどこにあったのであろうか。この点，改正後通達が遡って適用されると

---

*10　泉絢也「租税法領域におけるパブリック・コメント制度（意見公募手続制度）の意義と展望」国士舘法研論集14号29頁（2013）参照。

いうのであれば，確かに事前通知の必要性は高かったものと評価することもできよう。過去に遡及して適用されるのであれば，不意打ちとならないような事前周知が必要であったといえなくもないからである。しかしながら，そうでない以上，意見公募手続という法定されたルールに則って通達改正を周知すればよかったのではなかろうか。あえて年度末直前にこうした事前通知を行うことで生命保険各社を牽制したのか，あるいは単なる偶然なのかは推測の域を出ないが，保険税務が通達に依拠している中での行政手法として，果たして適正なものであったのか，疑問を抱くところである。

　上記のとおり行政立法機関に対しては，意見公募手続を通じて政策情報の積極的な提供を行うことが義務付けられているわけであるが，このたびの通達改正の事前通知は，行政手続法が目標とする行政運営，すなわち同法１条《目的等》のいう「行政運営における公正の確保と透明性の向上」との基本姿勢に背馳するものとはなっていないであろうか。この点，国民の予測に資するとして，通達改正の事前周知がなされるべきであるとの見解もあり得るであろう。なるほど，事前周知は，租税行政庁の今後の法解釈のスタンスを知り得るという意味で，国民の一定の予測可能性に資するかもしれない。しかしながら，その役割を担うものこそが，制度として確立された意見公募手続なのではなかろうか。かかる制度による情報提供に先立ち，不十分な情報のみを提供する行政手法は，行政手続法が標榜する行政運営の姿とは相反することを指摘しておきたい*11。

---

*11　中央省庁等改革基本法20条《財務省の編成方針》５号は，「徴税における中立性及び公正性の確保を図るため，税制の簡素化を進め，通達への依存を縮減するとともに，必要な通達は国民に分かりやすい形で公表すること。」としているが，このたびの通達改正の過程はこうした基本姿勢を踏襲したものといえるのか，疑問である。

## ■ 結びに代えて

通達は行政庁内部の上意下達の命令手段にすぎず，国民を名宛人としているものではないから，納税者は何ら通達に拘束されないと解するのが一般的な理解である[12]。そうであるとはいえ，特に保険税務領域では，通達に準じた取扱いがなされてきたことが実際であり，他の領域に比べると通達が実務に定着している度合いが高い。そうした中，国税庁は，新たな保険商品が開発される都度，個別通達を発遣する形で行政の画一的運営を図ってきたわけであるが，個別通達が発遣されている商品と，そうでない商品とで取扱いの差異が生じるなどの弊害があったことは否めないであろう。これは，通達の取扱いが，保険商品の中立性を阻害していたものといってもよいと解され，このたび，定期保険のみならず第三分野保険についても基本的取扱いが明示されたことは評価できよう。しかしながら，その改正過程を振り返ると，果たして適正な行政手続を踏んだものといい得るか，疑問符が付くのである。適用時期につき遡及適用をしないとする以上，意見公募手続に先立って事前通知を行った点についてはその必要性を認め難く，あるべき通達改正の過程を検証する上で，このたびの改正経緯と今後の適用実態を注視していきたいと考えている。

〔酒井　克彦／臼倉　真純〕

---

[12]　酒井克彦「通達を文理解釈することの意義（上）」税務事例51巻 7 号 1 頁（2019）。

# Ⅶ 保険通達の改正が事業承継に及ぼす影響

## はじめに

　事業承継をまずは大きく相続税・贈与税全般と考えると，生命保険と事業承継の関係は以下のようなものがある。

① 　死亡保険金の相続税の非課税枠（500万円×相続人数）を利用した保険に加入する。

② 　子や孫に保険料相当額を贈与して，子や孫が贈与者を被保険者とする保険に加入して，死亡保険金を受け取ると，一時所得扱いになる。

③ 　同族会社が社長を被保険者とする保険に加入して，社長死亡時に保険金を受け取り，社長の遺族に退職金を支払う。そして，退職金の相続税の非課税枠（500万円×相続人数）を利用する。

●図表－1　死亡保険金の課税関係

| 契約者（＝保険料負担者） | 被保険者 | 受取人 | 課税関係 |
|---|---|---|---|
| 被相続人 | 被相続人 | 被相続人の子 | 相続税 |
| 被相続人 | 被相続人 | 被相続人の孫 | 相続税[注1] |
| 被相続人の子 | 被相続人 | 被相続人の子 | 一時所得 |
| 被相続人の夫 | 被相続人 | 被相続人の子 | 贈与税 |

（注1）　死亡保険金の相続税の非課税枠（500万円×相続人数[注2]）は，相続人（相続を放棄した者及び相続権を失った者を含まない。相法3①柱書）が，死亡保険金を受け取った場合にしか適用がないため，孫が取得したときには，非課税枠の控除はない。また，孫については，相続税の2割加算の対象となる（相法18）。

（注2）　この相続人の中に養子がある場合には，次に定める養子の数に限られ，相続の放棄があった場合には，その放棄がなかったものとした場合の相続人の数となる（相法18）。
　　　　イ　被相続人に実子がある場合又は養子の数が1人である場合……1人
　　　　ロ　被相続人に実子がなく，養子の数が2人以上の場合……2人

ここで，死亡保険金の課税関係について，代表的なものを掲げておく（図表－１）。

本節では，定期保険等の取扱い変更を論じることになるので，上記のうち③の会社契約の保険に焦点を当てることになる。

## 1 定期保険等の取扱い変更前の会社契約保険の留意点

### 1 法人が死亡保険金を受け取り，死亡退職金を支給した場合の課税関係

法人が役員甲を被保険者，自社を受取人とする養老保険に加入していたときに，甲が死亡して受け取った保険金を原資に甲の遺族に退職金を支給する場合には，以下の点がポイントとなる。

① 保険金を受け取った法人の収益計上時期
② 退職金の金額の決定方法
③ 退職金を受け取った遺族の課税関係

#### ■ 保険金を受け取った法人の収益計上時期

受け取った保険金の益金計上時期が問題となるが，計上時期としては，以下のいずれかが考えられる。

① 死亡日
② 保険請求をした日
③ 保険会社から保険金の支払通知を受けた日
④ 実際に死亡保険金を受け取った日

ポイントは，益金計上時期を考える上で，保険金を受け取る権利の確定はいつなのかということになる。理論的には，①の死亡日とも考えられるが，保険実務上，②の保険請求を受けて保険会社は，保険金支払事由に該当するか否かを調査することになる。したがって，③の保険金の支払通知を受けた日に計上すべきと考える[*1]。ただし，益金計上時期を

明らかに遅らせるために，請求を意図的に遅らせた場合には，死亡日以降請求に要する期間の経過後に計上すべきとの判断もあり得よう。いずれにしても，事業年度の末日間際に，死亡した場合には，株主総会での死亡退職金の支払決議が間に合わず，死亡保険金の受取りという収益のみが先行して計上されるおそれがあることになる。

また，保険金を受け取った場合には，資産として積み立てていた保険金部分は損金に計上される。

### 2　退職金の金額の決定方法

支払った退職金は不相当に高額なものを除き，損金の額に算入される（法法34②，法令70二）。したがって，法人として受け取った保険を満額払う必要はなく，その何割かを支払わなければならないということもない。あくまでも，その被保険者の会社における役職，功績等に応じて決定されることになる。損金算入時期は株主総会の決議の日か実際支給日のいずれか早い日になる（法基通 9 － 2 －28）。

さらに，死亡退職金を支給する際に，合わせて弔慰金を支給することがある。この場合には，相続税の基準（以下の **3** 参照）とは関係なく，社会通念上相当な金額であれば，福利厚生費として損金算入できる。ただし，実務上は，相続税の基準による場合が多いものと思われる。

### 3　相続税の課税関係

遺族が受け取った退職金は，みなし相続財産として相続税の課税価格に算入される（相法3①二）。このときに，500万円×相続人の数の非課税枠がある（相法12①六）。これは，保険金の非課税枠ではなく，退職金としての非課税枠となる。

また，被相続人の死亡により遺族が受け取る弔慰金，花輪代，葬祭料等については，退職金に該当すると認められるものを除き，500万円×相続人の数の非課税枠とは別に次の金額が非課税の扱いとなる（相基通

---

＊1　酒井・保険税務113頁以下〔芹澤光春執筆〕に詳しい解説がある。

3 −20)。

① 業務上の死亡である場合……被相続人の死亡当時の賞与以外の普通
　給与の３年分

② 業務上の死亡でない場合……被相続人の死亡当時の賞与以外の普通
　給与の半年分

## 2　法人が保険金を受け取った場合の株価の計算

被保険者たる役員がその会社の株式を所有していた場合には，その相続税の株価の計算における純資産価額上，受け取った保険金をどのように計上すべきであるかが論点となる。保険金の受取りに合わせて退職金をその役員の遺族に支払ったときにどのような計上をするのか見ていくこととする。

また，類似業種比準価額の計算上，評価会社の「１株当たりの利益金額」において，保険金が満期になった場合又は死亡保険金を受け取った場合には，非経常的な利益の金額とされるのかどうかが論点となる。

### ■　保険金が満期（解約）になった場合

類似業種比準価額の計算上，評価会社の「１株当たりの利益金額」は，直前期末以前１年間における法人税の課税所得金額となるが，固定資産売却益，保険差益等の非経常的な利益の金額を除くとされる（評基通183(2)）。では，保険金が満期になった場合又は死亡保険金を受け取った場合には，非経常的な利益の金額とされるのかどうかが問題となる。

原則，非経常的な利益の金額とされると考えられるが，多数の従業員がいて，毎期解約や満期が継続している場合にどう考えるかである。しかし，保険を解約し又は保険が満期になるということは，経常的にあることではなく，非経常的な利益の金額とされるものと考える。

保険が満期になった場合には，役員の退職金を出すことがある。この退職金は非経常的な損失となり，非経常的な利益の金額は，非経常的な損失を控除した金額（負数の場合は０）とされるので，保険の受取りに

よる利益から退職金の金額を控除したものが非経常的な利益の金額となる。

いずれにしても，類似業種比準価額の株価計算は，課税時期の直前期以前のものを使用することから，影響が出るのは，保険が満期になった翌事業年度からである。

**2 死亡保険金を受け取った場合**

死亡保険金を受け取った場合の類似業種比準価額の計算への影響は，上記**1**とほぼ同様である。異なる点は，死亡保険金は「非経常的な利益」に必ず該当することである。

被保険者たる役員がその会社の株式を所有していた場合には，その相続税の株価の計算における純資産価額上，受け取った保険金をどのように計上すべきであるか，また，保険金の受取りに合わせて退職金をその役員の遺族に支払ったときにどのような計上をするのか。

純資産価額を計算するときに課税時期の直前期の決算により評価することが通例であるが，その場合であっても被保険者の死亡と同時に会社には生命保険金請求権が発生するので，保険請求権を資産の部に計上する。この際に，資産に計上されていた当該被保険者に係る保険積立金相当額はゼロとする。

次に，遺族に支払われる死亡退職金を負債の部に計上し（個別通達「取引相場のない株式（出資）の評価明細書の記載方法等」），保険金請求権の額から保険積立金相当額及び死亡退職金の額を控除した残額（保険差益という。）に対する「法人税相当額（保険差益の37%）」も負債の部に計上する。

具体的な金額で説明する（図表－2参照）。

ただし，欠損金などにより当該会社の保険差益に対する課税が見込まれない場合には，法人税相当額は控除されない。

●図表－2　1株当たりの純資産価額（相続税評価額）の計算

死亡保険金　1億円
保険積立金　2,000万円（帳簿価額）
死亡退職金　6,000万円

＜1株当たりの純資産価額（相続税評価額）の計算明細書＞　　　　　（千円）

| 資　産　の　部 | | | 負　債　の　部 | | |
|---|---|---|---|---|---|
| 科目 | 相続税評価額 | 帳簿価額 | 科目 | 相続税評価額 | 帳簿価額 |
| 保険金請求権 | 100,000 | 100,000 | 未払退職金 | 60,000 | 60,000 |
| 保 険 積 立 金 | 0 | 0 | 保険差益に対する法人税等 | 7,400(注) | 7,400 |

（注）　（100,000－60,000－20,000）×37％＝7,400

## 2　定期保険等の取扱い変更による事業承継に対する影響

### 1　適　用　時　期

　改正通達は，既契約分への遡及適用はなく，法人税基本通達9－3－5に定める解約返戻金相当額の有無により，令和元年7月8日又は10月8日以後の契約に係る定期保険又は第三分野保険の保険料に適用される。したがって，既に契約をしているものについて影響はないので，従来どおりの計画で行っていけばよいことになる。

### 2　保険料の支払時の影響

　改正通達は，上記のとおり令和元年7月8日又は10月8日以後の契約に係る定期保険又は第三分野保険の保険料に適用されるが，仮に同じ内容の保険に加入するとすれば，従来よりは損金算入割合が低下することが多くなるものと考えられる。それだけ法人の課税所得が増加する可能性がある。したがって，事業承継への影響といえば，類似業種比準株価が高くなる傾向になることが挙げられる。

### 3　死亡保険金の受取り時の影響

　改正通達により，損金算入割合を変更される定期保険と第三分野保険にあっても，死亡保険金の受取額に影響はないものと考えられる。従来よりは損金算入割合が低下するということは，死亡保険金の受取時の資産計上金額が高くなるものと考えられる。上記 1 2 2 で見たように，純資産価額（相続税評価額）の計算において，保険差益に対する法人税等が減少することになろう。その分，株価が上昇することになるが，それほどの影響はないものと考えられる。

　その他上記 1 1 で見たような，収益計上時期，退職金の金額の決定方法，相続税の課税関係には，影響はないものと考えられる。

## ■　結びに代えて

　法人保険のメリットの中には，損金算入により法人税の節税を図りながら，社長の死亡時の退職金の支払という緊急時の多額の資金調達効果があるものと考えられる。今回の通達の改正により，損金算入メリットが薄くなることにより，保険の加入が控えられる事態となれば，社長の退職金の原資をどう調達するのかといった問題が出てくることが考えられる。死亡保険金というものがなくても潤沢に資金がある会社であれば問題ないが，そうでない会社については，深刻な問題となることも考えられる。

　いずれにしても，法人保険の通達改正により事業承継に直接的な影響はないものと考えられる。

〔松岡　章夫〕

# 第3章

## 理 論 編

# I 公正処理基準と税務通達

## ■ はじめに

　通達には原則として法源性が認められないことから，租税法律主義の下では，通達を根拠とした課税処理は許容されない。通達に従う処理が許容されているとみえる場合にも，通達の示す取扱いが法解釈からみて合理的であるから，かような処理が許されるのであって，当然ながら，法律の根拠すなわち，実定法から導出できる解釈以上の課税上の取扱いが通達をもって許されるはずはないのである。

　ところで，本書が関心を寄せる保険の取扱いに係る税務通達（法人税基本通達ないし個別通達）は，何を法的根拠として肯認されるのであろうか。それが，ここでの最大の関心事項である。

## 1 法人税法22条4項にいう「公正処理基準」

### 1 収益の額，原価・費用・損失の額

　法人課税における課税標準を規定する法人税法22条は，2項において，益金の額に算入すべき金額を「収益の額」とし，3項において，損金の額に算入すべき金額を「原価の額」，「費用の額」，「損失の額」と規定している。もっとも，これら，「収益の額」にしても，「原価の額」，「費用の額」，「損失の額」にしても，その額の金額の計算については，同条4項にいう「一般に公正妥当と認められる会計処理の基準」（以下「公正処理基準」という。）に従う旨を規定している。これは，いわゆる企業会計準拠主義を法人税法が採用していることの現れであるといえよう。

　したがって，法人税法22条2項ないし3項にいう「別段の定め」がな

い限り，これらの項にいう「額」の金額については，公正処理基準に従って計算することとなるが，その際，何をもって，公正処理基準というかという問題が惹起される。租税法の有力な学説は，三層構造という構成を前提として，法人税法22条4項にいう公正処理基準とは，租税法律主義の下，法律たる商法ないし会社法に従うことを宣明したものと理解している。ただし，商法19条ないし会社法431条は，一般に公正妥当と認められる会計の慣行に従うことを規定しているので，結局のところ，法人税法が採用する企業会計準拠主義とは，商法・会社法を経由して，企業会計原則などの会計諸規則に従うことを意味するものと解されるのである。けだし，企業会計原則は，一般に公正妥当と認められる会計処理の慣行を要約したものとされているので，商法19条や会社法431条にいう「慣行」に最も近いものが企業会計原則などの会計諸規則であるといえるからである。

## 2 「別段の定め」優先主義

さて，上述のとおり，法人税法22条2項ないし3項は，本文において「別段の定めがあるものを除き」と規定していることから，「別段の定め」を優先的に適用することが，同条項の文理からも明らかである。

このことからも明らかなとおり，「別段の定め」があれば，「別段の定め」の規定するところに従った課税上の取扱いとなり，「別段の定め」がなければ，法人税法22条4項にいう公正処理基準によって処理されることになるのである。

すなわち，法人税法22条の構成は，「別段の定め」によるか，あるいは公正処理基準によるかの二者択一の選択的処理を予定するものなのである。

## ② 保険通達を肯定する２つのルート

### ① 租税法律主義と法源性

　租税法律主義の下，およそ法源性の認められないルールに従った課税は許容されない。立法・行政・司法の三権分立の下，立法に期待されている租税法律主義の考え方を実行するには，行政命令に従った課税処分を認めることはできないのである。しかしながら，憲法84条は，「法律」のみならず「法律の定める条件」によることも許容しているのであるから，法律が具体的なルールを行政命令に委任している限りにおいては，行政命令であることの一事をもって行政命令による課税を全面的に否定することもできない。この文脈からは，行政命令のうちでも，例えば，法人税法施行令のような政令や，法人税法施行規則のような省令に課税ルールを規定することは許容され得る。

　もっとも，通達には，法律からの委任がないのであるから，政令や省令と同じ行政命令であっても，ここに法源性を認めて，課税の根拠とすることは租税法律主義に反することになる。

### ② 通達は「別段の定め」か

　さて，前述のとおり，法人税法22条は，「別段の定め」というルートと，「公正処理基準」というルートの二者択一の構造を設けている。仮に，通達のルールに従った課税がなされる場合において，それを法人税法22条に規定する課税標準の計算として法的に許容するとすれば，通達を「別段の定め」と認めるか，あるいは，公正処理基準から合理的に導出し得る処理方法であると認めるほかには，ルートがないといえる。

●図表－1

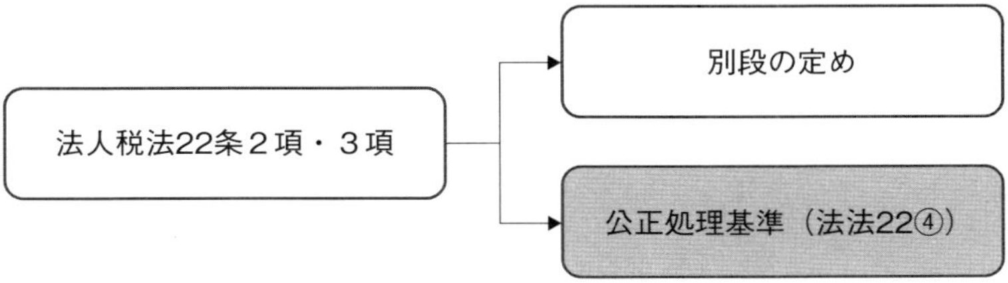

当然ながら，「別段の定め」にいう「定め」とは，租税法律主義の下，法律ないし，法律の委任を受けた政令や条例を指すのであって*1，法源性を有しない通達がここに含まれないことには争いはないであろう。

　そうであるとすると，保険に係る税務通達の法律上の根拠は，「別段の定め」の解釈として合理的なものと解することができるかどうかというルートと，公正処理基準から導出できるルールかというルートしかないというべきであろう。しかしながら，例えば，支払保険料の損金算入に係る通達の根拠となりそうな「別段の定め」はなさそうである。そうであるとすると，公正処理基準に通達の根拠を求めるほかないのかもしれない。以下，保険税務に関係する代表的な法人税基本通達の取扱いをいくつか取り上げて検討を加えてみよう。

## ③ 通達の法的根拠

### ① 短期前払費用通達

　法人税基本通達2－2－14は，以下のとおり，1年という基準を設けて短期の前払費用の損金算入を認めている。

---

*1　ここに「告示」が含まれる余地は十分にあり得る（酒井克彦『スタートアップ租税法〔第3版〕』179頁（財経詳報社2015））。また，法律には，租税特別措置法が含まれる余地も否定されないと考える（酒井克彦「租税特別措置法は法人税法22条の『別段の定め』か」中央ロー・ジャーナル12巻2号153頁（2015）参照。

　法人税法上，前払費用についての「別段の定め」は存在しないから，この通達が法的に妥当なものというためには，上記の２つのルートのうち，公正処理基準から上記通達の示すところを導出することができなければならない。

　ところが，企業会計原則は，費用収益対応の原則を採用しているのであるから，それに従えば，前払費用については期間対応による繰延経理をすることが要請されているはずである。そうであるのにもかかわらず，上記通達は，一定の要件の下で，前払費用であったとしても，その損金算入を認めようというのである。この点は，本書第２章**V**を参照していただきたいが，上記通達の処理を肯定するには，重要性の原則の適用で説明するほかない。

　しかしながら，そこにはいくつかの問題が惹起され得る。

　第一に，そもそも，重要性の原則は，法人税法22条４項にいう公正処理基準として認められる処理の原則なのであろうかという疑問がある。

果たして，重要性の原則の見地から重要性が乏しいとして，課税標準の計算から金額の小さいものを除外することが許容されているのであろうか。租税法においては，少額省略であったとしても，実定法上の根拠を要するのではなかろうか。

　また，第二に，そもそも何をもって重要性を判定するのかが必ずしも判然としない。上記通達は，1年基準（ワンイヤールール）を設けているが，これが果たして，重要性の指標として妥当なものなのであろうか。

　長崎地裁平成12年1月25日判決（税資246号192頁）は，「本件通達（一）〔筆者注：法人税基本通達2−2−14のこと〕の後段は，前段で確認された前払費用への費用収益対応の原則の適用の例外をなすものであり，その例外を認める根拠は，税務においても重要性の原則（…企業会計原則注解1に規定され，『重要性の乏しいものについては，本来の厳密な会計処理によらないで他の簡便な方法によることも正規の簿記の原則に従った処理として認められる。』とするものである。なお，同原則は，税務処理上『課税上さしたる弊害がないと認められる。』と表現されている。）に基づく会計処理を認めたところにあるものと考えられる。したがって，同原則から逸脱しない限度でその適用が認められるべきところ，前払費用に係る税務処理が重要性の原則で認められた範囲を逸脱していないかどうかの判断にあたっては，前払費用の金額だけでなく，当該法人の財務内容に占める割合や影響等も含めて総合的に考慮する必要がある。」としているが，何をもって課税上の弊害というのであろうか。そもそも，「課税上の弊害」の有無で会計処理を構築するような会計慣行があるはずはないように思われるが，この点からすれば，上記通達を公正処理基準から導出され得るものと説明することは困難なのではなかろうか。

　上記通達はいくつかの不安を抱えているといわざるを得ない。

## 2 養老保険通達

法人税基本通達９－３－４⑶は，法人契約の養老保険に係る保険料の損金算入につき，以下のように，いわゆるハーフタックス基準を設けている。

---

**法人税基本通達９－３－４ 《養老保険に係る保険料》**

法人が，自己を契約者とし，役員又は使用人（これらの者の親族を含む。）を被保険者とする養老保険（被保険者の死亡又は生存を保険事故とする生命保険をいい，特約が付されているものを含む…。）に加入してその保険料…を支払った場合には，その支払った保険料の額（特約に係る保険料の額を除く。）については，次に掲げる場合の区分に応じ，それぞれ次により取り扱うものとする。

(1) 死亡保険金（被保険者が死亡した場合に支払われる保険金をいう。以下９－３－４において同じ。）及び生存保険金（被保険者が保険期間の満了の日その他一定の時期に生存している場合に支払われる保険金をいう。以下９－３－４において同じ。）の受取人が当該法人である場合　その支払った保険料の額は，保険事故の発生又は保険契約の解除若しくは失効により当該保険契約が終了する時までは資産に計上するものとする。

(2) 死亡保険金及び生存保険金の受取人が被保険者又はその遺族である場合　その支払った保険料の額は，当該役員又は使用人に対する給与とする。

(3) 死亡保険金の受取人が被保険者の遺族で，生存保険金の受取人が当該法人である場合　その支払った保険料の額のうち，その２分の１に相当する金額は(1)により資産に計上し，残額は期間の経過に応じて損金の額に算入する。ただし，役員又は部課長その他特定の使用人（これらの者の親族を含む。）のみを被保険者とし

---

> ている場合には，当該残額は，当該役員又は使用人に対する給与
> とする。

　上記通達に関わりを有する支払保険料の損金性に関する「別段の定め」は見当たらない。そうであるとすると，この通達に関しても，これが法律解釈からみて妥当であるとされるためには，公正処理基準からかような処理を導出し得るものでなくてはならない。

　ところで，企業会計のルールに，養老保険に係る支払保険料のうち，2分の1だけを資産計上し，残りの2分の1を費用計上するなどという慣行として認められ得る処理方法があるのであろうか。筆者の知るところによれば，かような慣行があるとの根拠は見出し得ない。

　そうであるとすれば，この通達はいかなる理由で許容され得るのであろうか。

　また，最近，死亡給付金のほか，保険料払込期間終了後一定期間にわたって生存年金を支払う「個人年金保険」が販売されているが，かような個人年金保険は，被保険者の死亡又は生存を保険事故とする点においては，上記の養老保険と同じであるものの，いわゆる満期保険金はなく，また死亡給付金の額が保険料払込期間の経過期間に応じて逓増するなど，養老保険とは異なる仕組みが採用されているようである[2]。

　そこで，かような保険については上記の通達と同様の処理を行うべきでないとの考え方を背景に，平成2年5月30日付け直審4－19「法人が契約する個人年金保険に係る法人税の取扱いについて」（法令解釈通達）が発遣されている。そこでは，①死亡給付金及び年金の受取人が当該法人である場合には，その支払った保険料の額は，被保険者の死亡又は年金支払開始日が到来するまでは資産に計上し，②死亡給付金及び年金の受取人が被保険者又はその遺族である場合には，その支払った保険

---

[2]　小原一博『法人税基本通達逐条解説〔8訂版〕』805頁（税務研究会出版局2016）。

料の額は，被保険者である役員又は使用人に対する給与とする。③死亡給付金の受取人が被保険者の遺族で，年金の受取人が当該法人である場合には，その支払った保険料の額の90％は，①により資産計上し，残額は原則として期間の経過に応じて損金に算入するというものである。

「別段の定め」がない以上，このような処理も公正処理基準による説明を行うほかないと思われるが，果たして，一般に公正妥当と認められる会計処理の慣行としてかような処理を見出すことができるのであろうか。

### 3 定期保険通達

上記の養老保険通達の次に示されている旧法人税基本通達 9 － 3 － 5（令和元年 6 月28日改正前のもの）は，定期保険に係る課税上の取扱いを示した通達である。

> **旧法人税基本通達 9 － 3 － 5 《定期保険に係る保険料》**
>
> 法人が，自己を契約者とし，役員又は使用人（これらの者の親族を含む。）を被保険者とする定期保険（一定期間内における被保険者の死亡を保険事故とする生命保険をいい，傷害特約等の特約が付されているものを含む。以下 9 － 3 － 7 までにおいて同じ。）に加入してその保険料を支払った場合には，その支払った保険料の額（傷害特約等の特約に係る保険料の額を除く。）については，次に掲げる場合の区分に応じ，それぞれ次により取り扱うものとする。
>
> (1) 死亡保険金の受取人が当該法人である場合　その支払った保険料の額は，期間の経過に応じて損金の額に算入する。
>
> (2) 死亡保険金の受取人が被保険者の遺族である場合　その支払った保険料の額は，期間の経過に応じて損金の額に算入する。ただし，役員又は部課長その他特定の使用人（これらの者の親族を含む。）のみを被保険者としている場合には，当該保険料の額は，

> 当該役員又は使用人に対する給与とする。

　定期保険は養老保険のように満期返戻金（生存保険金）がないため，その保険料の中身はいわゆる掛捨ての危険保険料と付加保険料のみであるため，法人が支払った保険料については，法人の損金にするか，又は被保険者に対する給与とするかのいずれかになるはずである（要するに，資産計上すべき部分は理論上ない。）。すると，死亡保険金の受取人が法人であれば，給与部分がないのであるから，それに掛かった保険料は法人の損金に算入されるということを示したのが，上記通達である。

　これは，一般的な法人税法22条3項2号から同条4項にいう公正処理基準の見地からも，問題のない処理であると思われる。したがって，この通達については，何ら法的根拠を疑う余地はないように思われる。

　しかしながら，実は，定期保険契約とはいっても，保険期間が長期にわたるものや，保険期間中に保険金額が逓増する定期保険が販売されるようになり，上記の取扱いにも例外を考えなければならない事態が到来した。なぜなら，このような保険は，定期保険であって支払保険料も平準化されているものではあるが，保険期間の前半における支払保険料の中には，保険期間の後半における保険料に充当される部分，すなわち，前払保険料が相当多額に含まれているからである。これを受けて，支払保険料を単純に保険期間の経過に応じて損金算入することに対する課税上の問題を意識し，昭和62年6月16日付け直法3－2「法人が支払う長期平準定期保険等の保険料の取扱いについて」（法令解釈通達）が発遣された*3。この度の保険通達の大幅な改正に伴って廃止されたものの，

---

＊3　この通達の目的は，「定期保険は，満期保険金のない生命保険であるが，その支払う保険料が平準化されているため，保険期間の前半において支払う保険料の中に前払保険料が含まれている。特に保険期間が長期にわたる定期保険や保険期間中に保険金額が逓増する定期保険は，当該保険の保険期間の前半において支払う保険料の中に相当多額の前払保険料が含まれていることから，その支払保険料の損金算入時期等に関する取扱いの適正化を図ることとしたものである。」とされている（国税庁ホームページ参照）。

既に契約済みの商品については同通達の取扱いによることとされていることから確認しておきたい。

1　対象とする定期保険の範囲

　この通達に定める取扱いの対象とする定期保険は，法人が，自己を契約者とし，役員又は使用人（これらの者の親族を含む。）を被保険者として加入した定期保険（一定期間内における被保険者の死亡を保険事故とする生命保険をいい，障害特約等の特約の付されているものを含む。以下同じ。）のうち，次に掲げる長期平準定期保険及び逓増定期保険（以下これらを「長期平準定期保険等」という。）とする。

(1)　長期平準定期保険（その保険期間満了の時における被保険者の年齢が70歳を超え，かつ，当該保険に加入した時における被保険者の年齢に保険期間の２倍に相当する数を加えた数が105を超えるものをいい，(2)に該当するものを除く。）

(2)　逓増定期保険（保険期間の経過により保険金額が５倍までの範囲で増加する定期保険のうち，その保険期間満了の時における被保険者の年齢が45歳を超えるものをいう。）

　（注）　「保険に加入した時における被保険者の年齢」とは，保険契約証書に記載されている契約年齢をいい，「保険期間満了の時における被保険者の年齢」とは，契約年齢に保険期間の年数を加えた数に相当する年齢をいう。

2　長期平準定期保険等に係る保険料の損金算入時期

　法人が長期平準定期保険等に加入してその保険料を支払った場合（役員又は部課長その他特定の使用人（これらの者の親族を含む。）のみを被保険者とし，死亡保険金の受取人を被保険者の遺族としているため，その保険料の額が当該役員又は使用人に対する給与となる場合を除く。）には，法人税基本通達９－３－５及び９－３－６

《定期保険に係る保険料等》にかかわらず，次により取り扱うものとする。

(1) 次表に定める区分に応じ，それぞれ次表に定める前払期間を経過するまでの期間にあっては，各年の支払保険料の額のうち次表に定める資産計上額を前払金等として資産に計上し，残額については，一般の定期保険（法人税基本通達9－3－5の適用対象となる定期保険をいう。以下同じ。）の保険料の取扱いの例により損金の額に算入する。

〔前払期間，資産計上額等の表〕

| | 区　分 | 前払期間 | 資産計上額 |
|---|---|---|---|
| (1)<br>定期保険<br>長期平準 | 保険期間満了の時における被保険者の年齢が70歳を超え，かつ，当該保険に加入した時における被保険者の年齢に保険期間の2倍に相当する数を加えた数が105を超えるもの | 保険期間の開始の時から当該保険期間の60%に相当する期間 | 支払保険料の2分の1に相当する金額 |
| (2)<br>逓増定期保険 | ①　保険期間満了の時における被保険者の年齢が45歳を超えるもの（②又は③に該当するものを除く。） | 保険期間の開始の時から当該保険期間の60%に相当する期間 | 支払保険料の2分の1に相当する金額 |
| | ②　保険期間満了の時における被保険者の年齢が70歳を超え，かつ，当該保険に加入した時における被保険者の年齢に保険期間の2倍に相当する数を加えた数が95を超えるもの（③に該当するものを除く。） | 同上 | 支払保険料の3分の2に相当する金額 |
| | ③　保険期間満了の時における被保険者の年齢が80歳を超え，かつ，当該保険に加入した時における被保険者の年齢に保険期間の2倍に相当する数を加えた数が120を超えるもの | 同上 | 支払保険料の4分の3に相当する金額 |

（注）　前払期間に1年未満の端数がある場合には，その端数を切り捨てた期間を前払期間とする。

(2) 保険期間のうち前払期間を経過した後の期間にあっては，各年の支払保険料の額を一般の定期保険の保険料の取扱いの例により

損金の額に算入するとともに，(1)により資産に計上した前払金等の累積額をその期間の経過に応じ取り崩して損金の額に算入する。

（注）

1　保険期間の全部又はその数年分の保険料をまとめて支払った場合には，いったんその保険料の全部を前払金として資産に計上し，その支払の対象となった期間（全保険期間分の保険料の合計額をその全保険期間を下回る一定の期間に分割して支払う場合には，その全保険期間とする。）の経過に応ずる経過期間分の保険料について，(1)又は(2)の処理を行うことに留意する。

2　養老保険等に付された長期平準定期保険等特約（特約の内容が長期平準定期保険等と同様のものをいう。）に係る保険料が主契約たる当該養老保険等に係る保険料と区分されている場合には，当該特約に係る保険料についてこの通達に定める取扱いの適用があることに留意する。

さて，旧法人税基本通達9－3－5の特例として，上記の個別通達が発遣されていたわけであるが，これら両通達はどのような関係にあるのであろうか。いわば，法律でいえば，前者を一般法，後者を特別法とみるような関係にあるといってよかろう。

この個別通達も旧法人税基本通達9－3－5と同様，法人税法22条4項にいう公正処理基準から導出することができるのであろうか。

国税庁はパブリックコメントにおいて，「保険に関する課税の取扱いを，法人税法第22条から考えることは不可能ではないか。」との質問に対し，「法人税法上，当該事業年度の損金の額に算入される費用の額は，別段の定めがあるものを除き，『一般に公正妥当と認められる会計処理の基準に従って計算するものとする』（法人税法22④）とされています。企業会計原則では，前払費用については，当期の損益計算から除去し，資産の部に計上しなければならないとされており（企業会計原則第二損

益計算書原則一，原則第三貸借対照表原則四，財務諸表等規則16，31の２），このような会計処理は一般に公正妥当と認められる会計処理の基準に適合するものと認められますので，法人税法上，前払部分の保険料は資産計上するのが原則となります。上記のとおり，今般の改正通達は，法人税法第22条第４項に基づいて，定期保険及び第三分野保険の保険料に関する取扱いを明らかにしたものであり，通達のみで取扱いを定めているものではありません。」と回答している。

この点については，かかる個別通達は費用収益対応の原則を念頭に置いた取扱いであるから，趣旨こそは，企業会計基準に沿ったものであることは認められるものの，上記表の「区分」や「資産計上額」については，前述の養老保険通達と同様，法的根拠が明らかにはされていないように思われる。

データが明らかではない通達上の数値基準に課税要件法的見地からみた場合の法的意味がどこまで付与されるかについては疑問を残すものとなっているといわざるを得ない。

例えば，「今回の法令解釈通達は行政手続法の『命令等』に該当するか。『命令等の案に関連する資料』等として，最高返戻率の区分や資産計上額等の定めの合理性を裏付けるデータをあらかじめ公示すべきではないか。」との意見に対して，国税庁は，「通達とは，上級行政機関が関係下級行政機関及び職員に対して指揮監督権に基づいて行う命令であり，法人税基本通達（法令解釈通達）は，行政手続法第２条第８号に規定する『命令等』に当たります。なお，今般の改正に際して，生命保険協会からのヒアリング等により，各生命保険会社が販売している各保険商品の実態を確認していますが，守秘義務の観点からデータの公表は差し控えさせていただきます。」と回答している。

このような点からすれば，かような個別通達についても不安を覚えるところである。

## 4　通達の取扱いをも含めた逆基準性論

　通達に影響を受けた課税実務が長らく続くことによって，それが企業会計の慣行となっていくことが考えられる。そうであるとすると，いわゆる逆基準性によって，法人税法22条4項にいう公正処理基準の内容として通達上の取扱いを許容する余地が理論上ないこともない。現実に，例えば，いわゆる興銀事件東京高裁平成14年3月14日判決（民集58巻9号2768頁）は通達の処理を念頭に置いた公正処理基準の認定があり得るとしている（この点については，第2章Ⅳ参照）。通達の取扱いが企業会計の慣行となり，ひいては公正処理基準として法人税法に影響を及ぼすことが逆基準性の問題であるが，これはつまるところ，法的根拠の希薄な通達の取扱いが，法人税法上の「別段の定め」と化すおそれを意味しよう。

　このようにみてくると，保険通達については，ある意味での，実質的な「別段の定め」化現象といってもよいほどの通達の外部性が認められるし，逆基準性も指摘し得るところである。

## ■　結びに代えて

　法人税法の解釈から導出できない通達があるとすれば，実質的には法人税法22条の「別段の定め」としての役割を通達に認めるようなものであって，およそ租税法律主義の下では許容され得ないはずである。

　今回は，保険に係る税務上の取扱いに問題があるとして通達が改正されるに至ったのであるが，そもそも，問題があるのは通達行政的な運営にこそあるようにも思われる。通達の内容が合理的であるとするのであれば，通達の改正という手法ではなく，立法提案の形で，立法化し，法人税法の「別段の定め」としての規定を設けるべきであったのではなかろうか。むしろ，過去形で語るべきではなく，今後，法律化の検討が急がれるべきではないかと思われる。　　　　　　　　　　〔酒井　克彦〕

# Ⅱ　企業会計ルールと支払保険料

## ■ はじめに

　法人税法は，同法22条4項にいう「一般に公正妥当と認められる会計処理の基準」（以下「公正処理基準」という。）によって，いわゆる企業会計準拠主義を採用しているところ，支払保険料の損金性は，企業会計のルールに原則的に従うことになる。

　企業会計原則・損益計算書原則の「損益計算書の本質」Cが，「費用及び収益は，その発生源泉に従って明瞭に分類し，各収益項目とそれに関連する費用項目とを損益計算書に対応表示しなければならない。」としているとおり，費用収益対応の原則は企業会計の基礎的かつ重要なる処理原則であると解されている。

　そうであるとすると，支払保険料に係る損金算入が許容されるか否かは，専ら企業会計原則の考え方に従うことになると思われるが，その際，費用収益対応の原則の支配を受けるであろうことは容易に想像がつくところである。しかしながら，果たして，どこまで厳格なる会計処理の基準を適用すべきかという点について考えるに当たって，そこには，法人税法からの視角が必要であるようにも思われるのである。

　本節では，企業会計ルールによって支払保険料の損金算入を画するべきか，あるいは法人税法の独自の視角からそれを考えるべきなのかという点について考えることとしたい。

## 1　厳格な費用収益対応の原則の追求

　企業会計は，そもそも収益と費用について厳格な対応関係など考えているのであろうか。

個別対応として，個別商品の売上とかかる商品の製造原価との間には対応関係のようなものを計算過程に織り込んではいるものの，それはある意味でのフィクションであって，本当の意味での対応などは判然としないのであるから，かかる対応関係に厳格性を見出すことは難しいといわざるを得ない。期間対応であればなおのこと何をかいわんやである。

　例えば，賃貸アパートを借りることによって得られる受益は，新築当初は高いものであったとしても，時間の経過とともに，借りている不動産の経年劣化などからくる減価償却が発生するため，受益は低減していくことになる。すなわち，賃貸期間全体を通じて家賃が一定である（平準化している。）とすれば，当初は安い家賃を払っていたことになるが，年月を経るにつれて，その家賃は相対的に高い家賃になっているはずである。すなわち，契約期間の後期の家賃は前期の家賃の後払い的意味合いを有していることになりはしないであろうか。これは，厳格な費用収益対応の原則から問題であるということになるかというと，そのような点は必ずしも重視されたりはしない。

　すると，費用収益対応の原則を厳格に追求するかしないかのさじ加減が問題となるようにも思えるのである。もっとも，法人税法は，公正処理基準によって，いわゆる企業会計準拠主義を採用しているのであるから，基本的にはこのような費用収益対応の原則の適用問題は企業会計の考え方によることとしているといってよかろう。

### 2　公正処理基準による判断

　しかしながら，果たして，企業会計が支払保険料について，厳格な費用収益対応の原則を採用しているであろうか。管見するところ，企業会計原則やそれに関連する会計諸規則において，支払保険料についての費用収益対応の原則を明示しているものはないように思われる。そうであるとするならば，法人税法上も企業会計の考え方に従い，支払保険料についての厳格な費用収益対応の原則を考える必要はないということにも

なりそうである。

　もっとも，近時，法人税法22条4項にいうところの企業会計準拠主義とは，企業会計ルールに全面的あるいは妄信的に追従することのみを指すものではないとの最高裁判決の態度などが示されているところである。例えば，いわゆる大竹貿易事件最高裁判決や，いわゆるエスブイシー事件最高裁決定がそれである。

　大竹貿易事件上告審判決として有名な最高裁平成5年11月25日第一小法廷判決（民集47巻9号5278頁）は，「上告人が採用している為替取組日基準は，右のように商品の船積みによって既に確定したものとみられる売買代金請求権を，為替手形を取引銀行に買い取ってもらうことにより現実に売買代金相当額を回収する時点まで待って，収益に計上するものであって，その収益計上時期を人為的に操作する余地を生じさせる点において，一般に公正妥当と認められる会計処理の基準に適合するものとはいえないというべきである。このような処理による企業の利益計算は，法人税法の企図する公平な所得計算の要請という観点からも是認し難いものといわざるを得ない。」と判決している。

　また，エスブイシー事件控訴審東京高裁昭和63年11月28日判決（高刑集41巻3号338頁）が，「具体的にいかなるものを損金と認めるかは，単に損金の性質論だけでなく，同法〔筆者注：法人税法〕22条4項に規定されている公正妥当な会計処理基準…など，法人税法の各規定に現われた政策的，技術的配慮も十分検討して，これを決すべきものと考える。」とし，脱税協力金の損金算入を否定しており，その上告審最高裁平成6年9月16日第三小法廷決定（刑集48巻6号357頁）も，法人税法22条4項の公正処理基準を用いて，結論的には同様の判断を示している。

　これは，脱税協力金たる支出を法人税法上の損金として認めることが法人税法の趣旨に反するとの見地からの判断であったとも説明し得るところである*1。

　これらは，企業会計の考え方から距離を置きつつ，法人税法が堅持し

なければならない原則的ルールを棄損しない限度において，企業会計準拠主義が採用されるとの態度が示されているものと捉えることができるのであって，企業会計的思考は法人税法のプロパーの趣旨目的や原則的考え方などによって修正されることを許容した判断であったとみることができよう。

　この点，前述の大竹貿易事件最高裁判決が，「法人税法22条4項は，現に法人のした利益計算が法人税法の企図する公平な所得計算という要請に反するものでない限り，課税所得の計算上もこれを是認するのが相当であるとの見地から，収益を一般に公正妥当と認められる会計処理の基準に従って計上すべきものと定めたものと解される」として，納税者が採用していた荷為替取組日基準を，税務処理上の恣意性が認められ得るとし，権利確定主義の観点から否定する判断を示しているとおりである。法人税法22条4項の適用に当たっては，法人税法の企図する公平な所得計算の要請というスクリーンがあるとの説示である。

　このように，過去の最高裁は，法人税法22条4項にいう公正処理基準の解釈等を巡って，まずは法人税法が根底に採用している公平な所得計算，恣意性の排除ないしは権利確定主義といったものを堅持した上で，企業会計準拠主義を採用しているとみることができるのである[2]。

　こうした最高裁の判断を前提とすれば，企業会計原則が緩やかな費用収益対応の原則を採用しているとしても，それを法人税法内部に取り込むに当たっては，何らかのスクリーンを介する余地があり得るのかもしれない。支払保険料に限って議論を進めると，次にみるとおり，費用収益対応の原則を厳格に取り扱わないとすると，恣意性（大竹貿易事件最高裁判決でいえば，「人為的に操作する余地」）を排除できないということがあり得るのであって，そのような意味では，法人税法内部にかかる基準を持ち込むに当たっては，企業会計上の費用収益対応の原則よりも

---

＊1　酒井克彦『プログレッシブ税務会計論Ⅱ〔第2版〕』216頁（中央経済社2018）。
＊2　酒井・前掲＊1，217頁。

厳格に考える必要性があるということなのかもしれない。

　現に，債務確定基準について，昭和38年12月6日付け政府税制調査会「所得税法及び法人税法の整備に関する答申」第2の4の⑽において，「税法上損金…の計上については，まず，いわゆる費用収益対応の原則が適用され，さらにこれがいわゆる権利確定主義に対応する債務確定の有無によってテストされている。この点については，費用収益対応の原則を基本とする企業会計原則との間に若干の相違点があるようにみえるが，損金の見積り計上を無制限に認めることは課税上弊害が大きいのみならず徴税技術上も困難であるため，税法上は相手方企業における収益計上の時期と表裏の関係において債務を計上することを基本とし，個別的には，合理的な範囲において，できる限り会計上の意味における費用収益対応の原則の実現を図る方向で考えるという立場による。」と論じられていたところである[3]。これは，債務確定基準に関する記述ではあるが，企業会計の考え方を全面的に受け入れているわけではないという点を理解する素材ともなり得る（もっとも，これは，引当金の計上を法人税法22条3項の「別段の定め」として法定する点に関する記述であって，法人税法22条4項の公正処理基準をいかに考えるかという点とは異なる論点であるともいえる。）。

　恣意性の排除という意味では，企業会計原則よりもより厳格な意味での費用収益対応の原則を採用することは解釈論においても可能なのかもしれないが，やはり企業会計基準に準拠しないのであれば，それは，上記の引当金と同様，立法による「別段の定め」によってそれを明確に宣明すべきであって，法律ではない通達をもって企業会計原則から乖離する処理を行うことには躊躇を覚えるところである。

---

＊3　この点については，酒井・前掲＊1，141頁。

## ③ 保険数理の導入による立法的手当を

### ① 保険契約の転換

いわゆる下取り保険について，法人税基本通達９－３－７は，契約転換に関する税務上の取扱いを以下のように通達している。ここでは，養老保険に係る支払保険料の処理の影響が直接，転換時の税務処理に影響を及ぼしていることが分かる。

> **法人税基本通達９－３－７《保険契約の転換をした場合》**
>
> 法人がいわゆる契約転換制度によりその加入している養老保険，定期保険，第三分野保険又は定期付養老保険等を他の養老保険，定期保険又は定期付養老保険（以下９－３－７において「転換後契約」という。）に転換した場合には，資産に計上している保険料の額（以下９－３－７において「資産計上額」という。）のうち，転換後契約の責任準備金に充当される部分の金額（以下９－３－７において「充当額」という。）を超える部分の金額をその転換をした日の属する事業年度の損金の額に算入することができるものとする。この場合において，資産計上額のうち充当額に相当する部分の金額については，その転換のあった日に保険料の一時払いをしたものとして，転換後契約の内容に応じて９－３－４から９－３－６の２までの例（ただし，９－３－５の２の表の資産計上期間の欄の（注）を除く。）による。

法人契約の養老保険のうち，例えば，満期返戻金（生存保険金）の受取りを当該法人とし，死亡保険金の受取りを被保険者（役員又は従業員）の遺族とする場合の支払保険料の処理は，いわゆるハーフタックス基準による処理が行われているところ（法基通９－３－４⑶），法人の

資産計上として支払保険料の２分の１が資産計上されていることになる。かような保険契約を転換した場合，上記の法人税基本通達９－３－７は，支払保険料から資産に計上された額（資産計上額）のうち，転換後契約の責任準備金に充当される部分の額（充当額）を超える部分の金額をその転換をした日の属する事業年度の損金の額に算入すると通達している。

　法人が，契約の転換により既契約を新契約に転換した場合には，そこで既契約について一種の清算があったものとみなしている。その上で，資産の計上している既払保険料の額のうち，転換後の新契約の責任準備金に充当される部分の金額については，その転換のあった日に保険料の一時払いをしたものと擬制して，転換後の契約の内容及び受取人が誰であるかに応じて，他の法人税基本通達で通達されている各種の生命保険料の取扱い（法基通９－３－４～９－３－６の２）を適用して処理することが示されている[4]。同時に，かかる資産計上額のうち，転換後の新契約の責任準備金に充当される部分の金額を超える部分の金額については，その転換のあった日の属する事業年度において損金の額に算入することと通達しているのである[5]。

●図表－１

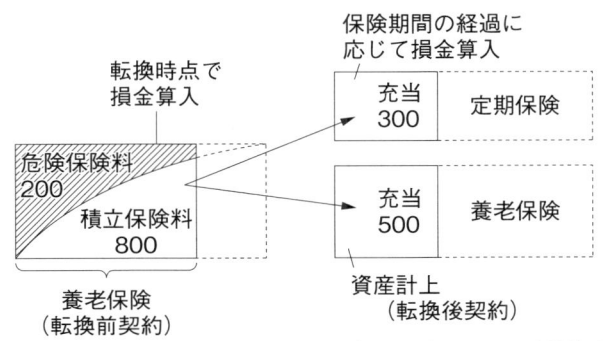

（出所）　小原一博『法人税基本通達逐条解説〔８訂版〕』814頁（税務研究会出版局2016）

---

＊４　小原一博『法人税基本通達逐条解説〔８訂版〕』816頁（税務研究会出版局2016）参照。

＊５　小原・前掲＊４，813頁。

このようにして，上記通達は，既契約に係る保険料の資産計上額について再評価の機会を与えるとともに，積立保険料以外の部分につき転換に際して清算することとしているのである。これは，通達が，再評価方法を採用しているからこそである。

## 2　延長定期保険への変更

かような再評価の機会は，延長定期保険（養老保険をその契約途中において同額の定期保険に変更すること）に係る課税上の取扱いにも反映されている。すなわち，課税実務上，延長定期保険についても，上記通達にいう契約契約の転換の場合と同様に，養老保険を延長定期保険に切り替えた段階で資産計上している保険料について再評価を行い，延長定期保険の保険料に充当される金額を超える部分の金額について，損金の額に算入するとしているのであるが，これは上記通達の考え方の延長線上にあるといってもよかろう[6]。

●図表－2

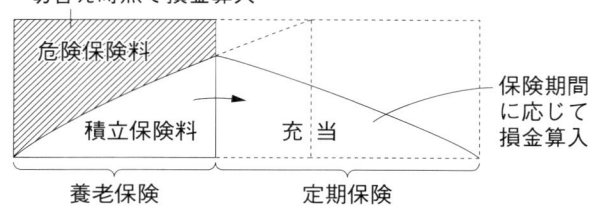

切替え時点で損金算入

危険保険料

積立保険料　　　充　当

保険期間に応じて損金算入

養老保険　　　　定期保険

（出所）　小原一博『法人税基本通達逐条解説〔8訂版〕』814頁（税務研究会出版局 2016）

このように再評価がなされるとはいっても，養老保険のハーフタックス基準にしても，それをベースに税務処理が行われることを前提としており，結局は，ハーフタックス基準自体が法的に明確な根拠を示されずになされている限り，その後の契約の転換の部面においても，また，延

---

*6　小原・前掲*4，816頁。

長定期保険や払済保険への変更においても，処理の不安定性はバトンタッチされていくだけなのである[7]。

## ■ 結びに代えて

そもそも，例えば，ハーフタックス基準のような2分の1というラフタッチの処理ではなく，明確な金額の算出に基いた資産計上ないし損金算入が要請されるのであるから，通達上の「簡便法」なるものではなく，金融数学による基準を明らかにすべきであり，かかる処理方法を法定化すべきではなかろうか。改正後の保険通達においても，このような問題は依然として残されており，今後の立法的解決が望まれるところである。

パブリックコメントでも，「計算の簡便性」を考慮した損金算入ルールを通達で作ることについての法的根拠が奈辺にあるのかという質問があったが，この点について，国税庁は，「今般の改正通達は，法人税法第22条第4項に基づいて，定期保険及び第三分野保険の保険料に関する取扱いを明らかにしたものであり，通達のみで取扱いを定めているものではありません。国税庁としては，課税の透明性・統一性を図るべく法令解釈通達等において実務上の取扱いを明らかにしているところです。」と回答しており，明確には述べていない。

〔酒井　克彦〕

---

[7]　払済保険への契約変更については，法人税基本通達9－3－7の2《払済保険へ変更した場合》参照。

# Ⅲ　パブリックコメントによる行政手法

## はじめに

　行政手続法制定から10数年の歳月を経た平成17年 6 月の同法改正により，行政機関（命令等制定機関）が命令等を制定する際に，広く一般から意見を公募する制度が行政手続法に組み込まれた。行政機関は，命令等を定めようとする場合には，原則として，命令等の案及びこれに関連する資料をあらかじめ公示し，意見の提出先及び意見提出期間（公示の日から起算して30日以上）を定めて広く一般の意見を求めなければならない。これを意見公募手続という（行手39）。命令等を制定する行政機関には，かかる意見公募手続を実施する義務のほか，これに関連するいくつかの義務（意見公募手続の周知等義務，提出意見の考慮義務，結果等公示義務など）が課せられている。これら一連の手続等を総称して，パブリックコメント制度と呼ばれている（以下，文脈に応じて，同制度又はその中核である意見公募手続を「パブコメ」という場合がある。）。対象となる命令等とは，法律に基づく命令又は規則，あるいは処分基準（不利益処分をするかどうか又はどのような不利益処分とするかについてその法令の定めに従って判断するために必要とされる基準）などである（行手 2 八）。租税法領域においては，政令や通達などがこれに該当する（ただし，後記 4 参照)*1。

　以下，行政解釈に対する事前的統制の必要性を論じ（後記 1 ），かかる事前的統制手段の 1 つであるパブリックコメント制度の概要及び魅力

---

* 1　租税に関するパブコメの具体例を紹介するものとして，酒井・通達の読み方188頁以下，同『クローズアップ租税行政法〔第 2 版〕』266頁以下（財経詳報社2016）参照。

を述べ（後記 2 ），同制度の理解を深めるために国税庁によるパブリックコメントの実施例を検討する（後記 3 及び 4 ）。最後に，パブリックコメント制度の制度上の問題点及び運用上の留意点を指摘する。

## 1 行政解釈に対する事前的統制の必要性

　租税法規の複雑難解性・専門技術性や不完備性[*2]などを前提とすれば，その適用に当たり，租税法規を解釈するという作業はいわば必要的であり，かつ，必然的でもある。実際，租税行政庁は，租税行政を営むに当たり，租税法令に関する解釈（行政解釈）を数多く発している。租税行政庁が発する行政解釈の存在形式は多様化し，その数は累次の税制改正等に伴って年々増加している。国税庁のホームページを閲覧してみると，その数と種類の多さに圧倒される。例えば，行政解釈の存在形式として次のようなものがある。

① 政令（施行令）
② 省令（施行規則）
③ 告示
④ 通達
⑤ 情報（通達の趣旨説明など各主務課が発出している○○課税課情報）
⑥ 文書回答事例
⑦ 質疑応答事例
⑧ タックスアンサー
⑨ Q&A

---

[*2] 　租税法規の不完備性について，渡辺智之「租税回避の経済学：不完備契約としての租税法」フィナンシャル・レビュー69号153頁以下（2003），増井良啓「租税法の形成における実験―国税庁通達の機能をめぐる一考察―」中山信弘＝中里実編『政府規制とソフトロー』196頁（有斐閣2008），岡村忠生「納税義務の成立について」税研165号20〜21頁（2012）参照。

⑩　お知らせ（平成29年7月付け「財産評価基本通達24《私道の用
　　に供されている宅地の評価》における「歩道状空地」の用に供さ
　　れている宅地の取扱いについて」など）

　ここに挙げた行政解釈の存在形式は，基本的に，その内容に汎用性が
あるとともに，広く一般に公開されるものであるから，納税者に対して
広範な影響力を発揮するものであるといえよう。①租税法領域において
は，租税法律主義の原則という憲法由来の最高原則が存在し，納税義務
者，課税物件，課税物件の帰属，課税標準及び税率という，それが充足
されることによって納税義務が成立するための要件である課税要件の全
てと，租税の賦課・徴収の手続は法律によって規定されなければならな
いこと（課税要件法定主義の原則），並びに②租税行政庁による行政解
釈の内部的及び外部的影響力の大きさを考慮すると，理論的ないし規範
的にみて，租税行政庁による行政解釈に対して，租税法律主義との適合
性という観点から統制を行う必要性が認められる。また，包括的委任規
定（所得税法68条や法人税法65条等）を根拠として定められている政令
や保険料の法人税法上の取扱いに関する通達に代表されるように，現存
する政令や通達の内容を確認すると，その内容の実質上の根拠，すなわ
ち条文上又は法解釈上の根拠や事実認定又は経験則上の根拠が明らかで
はないもの，さらにいえば租税法律主義適合性が疑われる内容を定めて
いるものが散見される。よって，行政解釈の統制に対する実際上の必要
性を肯定することができる。
　多くの納税者は，種々の理由から，実質上の根拠が明らかではない又
は租税法律主義適合性が疑われる内容の政令又は通達等であってもこれ
に従って申告及び納税を行い，また，課税処分を経て「事後に」裁判所
等において，そのような政令又は通達を争うことをしない傾向にある。
更にいえば，個々の政令又は通達等に基づく行政処分に不満がある者は，
当該処分の違法や無効を主張して訴訟を提起し，当該訴訟の中で当該通

達の違法性等を主張することは可能であるが，現行訴訟制度においては，個別の事件を離れて，通達そのものの適法性を問う訴訟を提起することは難しい（抗告訴訟の対象の問題としての法律上の争訟性等の問題と処分性の問題にぶつかる。）。

以上からすれば，租税行政庁が制定する政令又は通達の内容が租税法律主義に適合するように，「事前の」統制を行う必要性が認められる。そこで，期待が寄せられるのが行政手続法所定のパブリックコメント制度である。

## ② パブリックコメント制度の概要と魅力

### ① パブリックコメント制度の概要

パブリックコメント制度は，大きく分けて①原案等の公示と意見公募，②意見提出，③提出意見の考慮，④結果等の公示という4つの要素ないし段階で構成されている。また，それぞれの要素ないし段階は，一定範囲で，法律上の義務を伴うものである*3。

●図表－1　パブコメの4要素

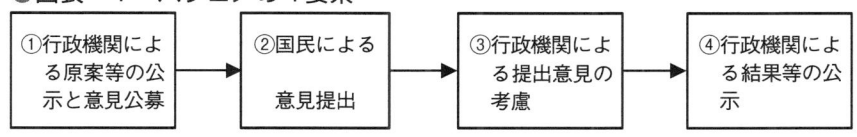

| ①行政機関による原案等の公示と意見公募 | → | ②国民による意見提出 | → | ③行政機関による提出意見の考慮 | → | ④行政機関による結果等の公示 |

行政手続法及び総務省行政管理局長から各府省等官房長等宛に発せられた平成18年3月20日付け「行政手続法第6章に定める意見公募手続等の運用について」（総管139号）（以下「パブコメ運用指針」という。）では，パブコメに関する行政機関の義務等を定めている。その主たるものを上

---

*3　常岡孝好『パブリック・コメントと参加権』48頁及び138頁（弘文堂2006）。この4つの義務について，常岡・同書138頁は，原案公表義務，意見提出機会付与義務，考慮義務，理由提示義務であると説明されている。

記パブコメの要素ごとに関連付けて整理すると図表－2のようになる。

## ●図表－2　パブコメの各要素に関する定め

### ①行政機関による原案等の公示と意見公募

- 行政機関は，命令等を定めようとする場合には，原則として，命令等の案（命令等で定めようとする内容を示すものをいう）及びこれに関連する資料をあらかじめ公示し，意見の提出先及び意見提出期間（公示の日から起算して30日以上）を定めて広く一般の意見を求めなければならない（これを「意見公募手続」という。行手39①，③，④一）。
- 命令等の案は，具体的かつ明確な内容のものであって，その命令等の題名及びその命令等を定める根拠となる法令の条項が明示されたものでなければならない（行手39②）。
- 行政機関は，意見公募手続を実施して命令等を定めるに当たっては，必要に応じ，意見公募手続の実施についての周知及び関連する情報の提供を行うよう努めなければならない（行手41）。
- 命令等の案と同時に公示すべき関連する資料とは，形式は問わないが，「国民が命令等の『案』の内容を理解する上で必要な情報を提供するもの」であり，具体例は以下のとおりである（パブコメ運用指針【4．意見公募手続】(3))。
❶　命令等を定めようとする趣旨・目的・背景・経緯に関する資料
❷　命令等の案の要約（概略をつかめるもの），案の内容を説明する資料
❸　案に関係する制度の概要，関連法令の参照条文，政府方針など
❹　新旧対照条文（案として掲載している場合を除く）
❺　当該命令等が定められることによって生じると思われる影響の程度や範囲が示された資料又は代替案との比較結果（いわゆる RIA（規制影響分析）の結果）
❻　立案に際して実施した調査の結果や審議会答申等
❼　併せて改正される他の制度等の概要

### ②国民*4による意見提出

- 意見提出方法は，電子メールによる提出を標準とし，デジタル・ディバイド等にも配慮して，インターネットを用いない方法として，郵送・ファクシミリ等による方法を併せて確保する（パブコメ運用指針【5．意見提出方法】(1))。
- 例えば，提出意見について極端に少ない上限文字数又は極端に多い下限文字数を設けるなど，行政機関は，意見提出を実質的に制約するような条件を付してはならない（パブコメ運用指針【5．意見提出方法】(2))。
- 円滑な事務処理等の必要性から，特定の意見提出様式の利用等を要請することは妨げないが，意見公募手続は要式行為ではないので，その様式を利用していないもの，意見提出者についての情報や連絡先等を記載していないものでも，提出意見として取り扱う必要がある（パブコメ運用指針【5．意見提出方法】(3))。

---

＊4　意見提出をできるのは国民に限定されないが，本節では，便宜上，このように表現する。

・意見提出期間内に国民から意見提出があった場合には，行政機関は，命令等を
定めるに当たって，その提出された意見を十分に考慮しなければならない（行
手42）。

・行政機関は，意見公募手続を実施して命令等を定めた場合には，命令等の公布
と同時期に，原則として，命令等の題名，命令等の案の公示の日，提出意見
（提出意見がなかった場合にあっては，その旨）又は提出意見を整理・要約し
たもの，提出意見を考慮した結果（意見公募手続を実施した命令等の案と定め
た命令等との差異を含む）及びその理由を，インターネット等を利用して公示
等しなければならない（行手43①②，45）。
・提出意見に代えて，提出意見を整理・要約したものを公示する場合には，その
公示の後遅滞なく，その提出意見を当該行政機関の事務所における備付けその
他の適当な方法により公にしなければならない（行手43②）。
・行政機関は，提出意見を公示し又は公にすることにより第三者の利益を害する
おそれがあるとき，その他正当な理由があるときは，当該提出意見の全部又は
一部を除くことができる（行手43③）。
・意見公募手続を実施したにもかかわらず命令等を定めないこととした場合には，
その旨（別の命令等の案について改めて意見公募手続を実施しようとする場合
にあっては，その旨を含む）並びに命令等の題名及び命令等の案の公示の日を
速やかに公示しなければならない（行手43④）。

　行政機関は，命令等を定める場合に意見公募手続を実施しなければな
らないが，これにはいくつかの例外がある。そのうち租税との関係で最
も重要なものは，行政手続法39条4項2号による意見公募手続の適用除
外である。同号は，「納付すべき金銭について定める法律の制定又は改
正により必要となる当該金銭の額の算定の基礎となるべき金額及び率並
びに算定方法についての命令等その他当該法律の施行に関し必要な事項
を定める命令等を定めようとするとき」は，行政手続法39条1項の意見
公募手続は要求されない旨規定している。租税に関する命令等（とりわ
け政令又は通達）は，税制改正に伴って制定等されることが通例である
から，同号により，実際には租税に関する多くの命令等が意見公募手続
を要求されないことになる。
　もっとも，行政手続法39条4項各号により意見公募手続を実施しない

で命令等を定めた場合であっても，行政機関は，その命令等の公布と同時期に，原則として，命令等の題名・趣旨，意見公募手続を実施しなかった旨及びその理由を公示しなければならない（行手43⑤）。また，同項は行政機関が任意に意見公募手続を実施することを妨げるものではない。すなわち，かかる適用除外に該当する命令等であっても，行政機関は，必要に応じて任意に，行政手続法の規定に準じたパブコメを実施することがある。

## ② パブリックコメント制度の魅力

上記のとおり，パブリックコメント制度は，行政機関に対し，意見公募手続の実施義務のほか，具体的かつ明確な内容の案を公示する義務，意見公募時に関連資料を公示する義務，提出意見を十分に考慮する義務，その結果等を公示する義務など各種の義務を課している（行手39，41〜43，45）。

かようなパブコメは，行政運営における公正確保・透明性向上機能，行政機関の判断の適正確保機能，行政過程への国民の参加機能，国民の権利利益保護機能，政策情報提供機能，行政機関の説明責任遂行機能，理由提示機能，争訟便宜提供機能，国民に対する説得機能，行政機関と国民との間における合意形成機能，予測可能性提供機能及び社会的財産の有効利用促進機能など種々の有益な機能を有する[5]。

このことを踏まえて，筆者は，❶政令又は通達の制定前の手続的統制，❷これによる政令又は通達の内容の租税法律主義適合性の確保，❸行政機関と国民が相互に情報，知識，経験又はデータ等を提供し合うことによる規定内容の充実化，❹国民参加による民主主義的租税観との適合性及び予測可能性の向上，❺立案時の議論が開かれた公開の場で行われ，その記録が残されることを通じた行政機関や裁判所による法令解釈及び

---

＊5　泉絢也「租税法領域におけるパブリック・コメント制度（意見公募手続制度）の意義と展望」国士舘法研論集14号29頁以下（2013）参照。

適用の客観性・合理性の確保*6という観点から，租税法領域におけるパブコメの活用に魅力を感じている。インターネットを利用しての意見提出という方法は，簡便でコストも低く，匿名で行うこともできるため，一般の国民にとっては比較的利用しやすいものであることや，いわゆる緩和通達（特例的通達）など納税者に訴えの利益がないことが原則となるものに対して，訴訟提起という手段を経ない，しかも公益的見地からの統制を期待できることもパブコメの魅力である。

## ③ 国税庁によるパブコメの実施例

　理解を深めるために，平成24年７月２日付けで実施された「国税通則法第７章の２（国税の調査）関係通達」の制定（案）に対するパブコメを検討する*7。ただし，国税庁は，本案件が「任意の意見募集」に該当する旨説明しており，かかる説明が妥当するならば，行政手続法のパブコメに関する規定は原則として，直接的に適用されることはないことに留意を要する。なお，原案に対する意見募集に対しては，142通の意見が寄せられており，国税庁は，寄せられた意見を踏まえた上で，いくつかの箇所において，原案を修正している。

### ① パブコメが有効に機能した例

　図表－３は修正後の通達と原案（命令等の案）の内容であり，図表－４は修正の契機となった提出意見の概要及びこれに対する国税庁の回答である。
　国税通則法74条の11第６項（ただし，平成27年３月法律第９号による改正前のもの）は，調査終了の通知をした後，調査の結果につき納税義

---

＊6　泉絢也「租税訴訟における立法事実論と行政機関の優位性－ヤフー・IDCF 事件における立案担当者の私的鑑定意見書を素材に－」税法576号23頁以下（2016）参照。
＊7　詳細は，泉絢也『『国税通則法第７章の２（国税の調査）関係通達』の制定（案）に対するパブリックコメントにおける運用上の問題点」国士舘法研論集18号49頁以下（2017）参照。

## ●図表－3　修正後の通達と原案

| 修正後 | 原案 |
|---|---|
| （「新たに得られた情報」の意義）<br>5－7<br>　法第74条の11第6項に規定する「新たに得られた情報」とは，同条第1項の通知又は同条第2項の説明（5－4の「再度の説明」を含む。）に係る国税の調査において質問検査等を行った当該職員が，当該通知又は当該説明を行った時点において有していた情報以外の情報をいう。<br>（注）　（省略） | （「新たに得られた情報」の意義）<br>5－7<br>　法第74条の11第6項に規定する「新たに得られた情報」とは，同条第1項の通知又は同条第2項の説明（5－4の場合には，再度の説明）に係る国税の調査において質問検査等を行った当該職員が，当該通知又は当該説明を行った時点において，当該通知又は当該説明の根拠として有していた情報以外の情報をいう。<br>（注）　（同左） |

## ●図表－4　提出意見と国税庁の回答

| 意見の概要 | 国税庁の回答 |
|---|---|
| 　再調査の要件となる「新たに得られた情報」とは，国税の調査において質問検査等を行った当該職員が，当該通知又は説明の時点において，すでに有していた情報（当該通知又は当該説明の際納税者に開示せず温存していた情報）又は合理的に有し得た情報をいうのではなく，その後に入手した情報をいうと改めるべきである。 | 　御意見を踏まえ，本通達を別紙2〔筆者注：図表－3の「修正後」〕のとおり修正します。 |

　務者から修正申告書の提出等があった後又は更正決定等をした後においても，「当該職員は，新たに得られた情報に照らし非違があると認めるときは，第74条の2から第74条の6まで（当該職員の質問検査権）の規定に基づき，当該通知を受け，又は修正申告書若しくは期限後申告書の提出若しくは源泉徴収による所得税の納付をし，若しくは更正決定等を受けた納税義務者に対し，質問検査等を行うことができる」と規定している。かかる再調査の要件としての「新たに得られた情報」の意義について，原案のように「当該通知又は当該説明の根拠として」有していたものに限定する解釈を法文から直接的に導くことは難しいこと及び上記

意見を踏まえての原案修正は，実務上，決して影響の小さいものではないことを前提とするならば，原案を修正する国税庁の対応に対して，提出意見を十分に考慮したものであるという一応の評価を与えてもよいであろう。また，いくらかでも租税法律主義に適合するように原案が修正されたことは，パブコメが有効に機能した結果であるといえる。

　他方で，国税庁の対応について，「提出意見の考慮結果」は公示されているが，上記意見を採用した理由や国税通則法74条の11第6項の解釈上の根拠ないし論拠について述べていない点で問題があるという指摘も可能である。そもそも，国税庁が，意見募集時において，原案で示した「新たに得られた情報」の意義に関する解釈について，そのような解釈が成り立ち得る論拠を説明しておらず，根拠資料の公示も行っていなかったことに批判の目を向けなければならない。租税法律主義適合性が疑われる政令であっても，実質上の根拠（条文上又は法解釈上の根拠や事実認定又は経験則上の根拠であり，具体的には授権法律の規範内容又は委任の趣旨・目的の解釈及び政令制定の際に依拠した統計上のデータなど）や制定趣旨については必ずしも明らかではなく（公開されていない場合が多く），租税法律主義に抵触することが明らかであるとか，規定内容が不十分であることが明白であると論断しづらい面があることを強調しておきたい。

## ② パブコメが有効に機能しなかった例

　図表－5は修正後の通達と原案の内容であり，図表－6は修正の契機となった提出意見の概要及びこれに対する国税庁の回答である。

　国税通則法第7章の2においては，同法74条の2から74条の6までの各条の規定において，当該職員は，調査について必要があるときは，納税義務者等に対し帳簿書類その他の「物件の提示」又は「物件の提出」を求めることができることが法律上明確化されている。原案は，上記各条の規定における「物件の提示又は提出」には，「正当な理由がある場

●図表－5　修正後の通達と原案

| 修正後 | 原　案 |
|---|---|
| (「物件の提示又は提出」の意義)<br>1－6<br>　法第74条の2から法第74条の6までの各条の規定において,「物件の提示」とは,当該職員の求めに応じ,遅滞なく当該物件(その写しを含む。)の内容を当該職員が確認し得る状態にして示すことを,「物件の提出」とは,当該職員の求めに応じ,遅滞なく当該職員に当該物件(その写しを含む。)の占有を移転することをいう。 | (物件の提示又は提出の意義)<br>1－6<br>　法第74条の2から法第74条の6までの各条の規定において,「物件の提示」とは当該職員の求めに応じ,<u>正当な理由がある場合を除き</u>遅滞なく当該物件(その写しを含む。)の内容を当該職員が確認し得る状態にして示すことを,「物件の提出」とは当該職員の求めに応じ,<u>正当な理由がある場合を除き</u>遅滞なく当該職員に当該物件(その写しを含む。)の占有を移転することをいう。 |

●図表－6　提出意見と国税庁の回答

| 意見の概要 | 国税庁の回答 |
|---|---|
| 　帳簿書類その他の物件の提示・提出の意義について,「正当な理由がある場合を除き遅滞なく」を削除すべきである。 | 　御意見を踏まえ,本通達を別紙2〔筆者注:「『国税通則法第7章の2(国税の調査)関係通達』(法令解釈通達)の制定(案)からの修正箇所」〕のとおり修正します。 |

合を除き遅滞なく」当該職員に当該物件を提示・提出するという意味合いが含まれるという解釈を明らかにしていた。国税庁は,「帳簿書類その他の物件の提示・提出の意義について,『正当な理由がある場合を除き遅滞なく』を削除すべきである。」という上記意見を踏まえて,原案の「正当な理由がある場合を除き」という文言を削除する修正を行っている(上記「修正後」の通達参照)。

　かような国税庁の対応については,提出意見の考慮結果及びその理由の公示を義務付ける行政手続法43条との関係で問題があると考える。すなわち,国税庁は,おおむね上記意見を採り入れる修正を行ったものといえるが,国税庁による原案の修正は,「正当な理由がある場合を除き」という文言を削除するにとどまるものである。上記意見が求めてい

た「遅滞なく」の文言の削除は行われていない。この意味で，国税庁が行った修正は，上記意見を部分的にしか採用しないものである。したがって，国税庁は，上記意見をどのように考慮した結果，かような部分的な修正にとどまったのか，上記意見のうち「遅滞なく」の文言を削除すべきという部分についてなぜ採用しなかったのか，その理由を明らかにすべきであったはずである。してみると，法が公示を義務付ける「提出意見の考慮結果及びその理由」は示されていないところがあると評価せざるを得ない。行政手続法42条は，行政機関が意見公募手続を実施して命令等を定める場合には，意見提出期間内に提出意見を十分に考慮しなければならないことを定めているところ，本案件において，国税庁がかかる提出意見十分考慮義務を果たしたと評価することも困難である。

上記意見が求めていた「遅滞なく」の文言の削除を行っていない理由及び修正後の通達の「遅滞なく」という文言の趣旨に相当する記述が，国税庁の職員が執筆を担当し，国税庁の公式見解ではないものの国税庁の解釈・適用のあり方を知る上で極めて重要な資料である「国税通則法（税務調査手続関係）通達逐条解説」（以下「『通則法通達逐条解説』」という。）に存在することが，上記のような消極的な評価の妥当性を裏付ける。すなわち，「通則法通達逐条解説」は，この点に関し，「たとえ『内容を当該職員が確認し得る状態にして』示されたとしても，特段の事情がないにもかかわらず，示されるまでにいたずらに時間がかかるとすれば，やはり，調査の適正な遂行に支障を及ぼすこととなる。そこで，『遅滞なく』示すものとされている。」と解説している[8]。「通則法通達逐条解説」の上記解説部分は，（内容の合理性・妥当性は措くとしても，形式的には）国税庁において「遅滞なく」の文言を削除すべきという上記意見を採用することができないことの理由に，まさに該当するものである。

---

＊8　山上淳一編著『国税通則法（税務調査手続関係）通達逐条解説』51頁（大蔵財務協会2013）。

以上のような国税庁の対応からすれば，この案件はパブコメが有効に機能しなかった例として挙げることができる。

## 4　補足（生命保険通達における国税庁の対応について）

　国税庁は，平成31年4月11日付けで，「『法人税基本通達の制定について』（法令解釈通達）ほか1件の一部改正（案）（定期保険及び第三分野保険に係る保険料の取扱い）等に対する意見公募手続の実施について」を公表した。国税庁は，「法人税基本通達の制定について」（法令解釈通達）及び「連結納税基本通達の制定について」（法令解釈通達）の一部改正並びに保険商品の類型ごとに保険料の損金算入の取扱いを定めている法令解釈通達（個別通達）の廃止を予定していたため，パブコメを実施したということである。

　国税庁は，平成31年4月11日から令和元年5月10日の間に意見公募を行った後，同年6月28日付けで，「法人税基本通達等の一部改正について（法令解釈通達）」を発遣している。また，国税庁は，同日付けで「『法人税基本通達の制定について』（法令解釈通達）ほか1件の一部改正（案）（定期保険及び第三分野保険に係る保険料の取扱い）等に対す

●図表－7　提出意見と国税庁の回答

| 意見の概要 | 国税庁の回答 |
| --- | --- |
| 　今回の法令解釈通達は行政手続法の「命令等」に該当するか。「命令等の案に関連する資料」等として，最高返戻率の区分や資産計上額等の定めの合理性を裏付けるデータをあらかじめ公示すべきではないか。 | 　通達とは，上級行政機関が関係下級行政機関及び職員に対して指揮監督権に基づいて行う命令であり，法人税基本通達（法令解釈通達）は，行政手続法第2条第8号に規定する「命令等」に当たります。<br>　なお，今般の改正に際して，生命保険協会からのヒアリング等により，各生命保険会社が販売している各保険商品の実態を確認していますが，守秘義務の観点からデータの公表は差し控えさせていただきます。 |

る意見公募の結果について」を公示している。これによれば，原案に対する意見募集に対しては，127通の意見が寄せられ，国税庁は，寄せられた意見を踏まえた上で，原案の内容を部分的に修正している。国税庁が公表した意見公募の結果に係る資料の中で筆者が注目しているのは，法人税基本通達（法令解釈通達）が行政手続法2条8号の命令等に該当すると国税庁が明確に回答したことである（図表−7参照）。

　課税庁に裁量権を付与するものではない条項に関する法令解釈通達については，そもそも行政手続法上の命令等に該当せず，パブコメの対象外であるという議論もあり得る。筆者は，国税庁が，かような法令解釈通達の改正等においても，任意ではなく行政手続法の規定に基づくものとして，パブコメを実施していることを指摘してきたが，国税庁は，法人税基本通達（法令解釈通達）がパブコメの実施義務の対象となる命令等に該当することを明言したことになる。国税庁は，通達の制定等に当たり，パブコメに関わる各種の義務を遵守しなければならないことを自認したと言い換えてもよい。このことは，法令だけではなく通達の適用関係等を課税処分に係る理由付記の中で記載しなければならないという議論にもつながり得ることを指摘しておく*9。

　また，批判的観点から国税庁の対応に目を向けておきたいのは，国税庁の回答の後段部分である。そこでは，守秘義務を盾として，命令等の案に関連する資料である最高返戻率の区分や資産計上額等の定めの合理性を裏付けるデータの公表は差し控えるとされている。個人情報等を特定することができないように固有名詞を削除したり，伏字にしたりするなどの適当な加工を施した上で資料やデータを公開することにより，守秘義務への抵触を回避することは容易である。実際，国税庁は，課税処分取消訴訟の中で通達の合理性が問題になった場合には，通達制定の根

---

＊9　この辺りの議論については，泉絢也「収益事業に該当するものとして行った青色申告の更正処分を理由付記に不備があるとして取り消した大阪高裁判決」租税訴訟9号498〜501頁（2016），同「青色申告承認取消処分に係る裁量統制手段としての理由付記—行政手続法下における判例法理の深化を企図して—」税法578号3頁以下（2017）参照。

拠となる資料やデータを加工して裁判所に提出することもある。そもそも，上記提出意見が求めるような通達の合理性を裏付けるデータ（通達の実質上の根拠）があらかじめ公表されない場合には，通達の合理性を検証することや限られた期間の中で踏み込んだ議論を行うことは難しくなる。国税庁の対応は，行政手続法39条1項の関連資料公示義務及び行政手続法42条の提出意見十分考慮義務に抵触する可能性がある。

なお，国税庁は，改正後の通達に関して寄せられた主な質問に対する回答を取りまとめたものとして，「定期保険及び第三分野保険に係る保険料の取扱いに関するFAQ」も公表している。これは，国税庁が公表した意見公募の結果に係る資料と併せて，実務上，国税庁における定期保険及び第三分野保険に係る保険料の取扱いを理解する上で，重要な資料であるといえよう。

## ■ 結びに代えて

最後に，パブリックコメント制度における制度上の問題点*10及び運用上の留意点を述べる。まず，現行制度上の問題点のうち特に重要であると考える次の2点を指摘する。

① 租税に関する命令等（とりわけ政令又は通達）は，税制改正に伴って制定等されることが通例であるから，行政手続法39条4項2号により，実際には租税に関する多くの命令等が意見公募手続を要求されないこと

② 行政手続法は，関連資料の公示義務，提出意見の十分考慮義務，結果等の公示義務など，行政機関に対して各種の義務を課しているが，行政機関がこれらの義務に違反した場合の直接的な是正・救済手段を

---

*10 かかる問題点を踏まえて，租税法領域において有効活用するためにパブリックコメント制度の具体的な改革を提言するものとして，泉絢也「パブリックコメントによる政令又は通達の『事前の』手続的コントロール」税理60巻11号2頁以下，同「租税法領域におけるパブリックコメントの活用と制度改革の提言―米国の制度から得られるインプリケーション―」アコード・タックス・レビュー9＝10号48頁以下参照。

用意しておらず，このような場合に，国民は，どのような方法でその是正を要求し，どのように救済されるのかは必ずしも明らかではないこと*11

①について，パブコメが租税の領域においてその効力を十分に発揮することを入口の段階で阻止されていることは問題視せざるを得ない。②について，パブコメの実効性の確保，ひいてはパブコメを通じた国民の権利利益の保護という目的（行手1①）の達成を確保するために欠かせないものが抜け落ちているのではないかという不安を払拭できない。

次に，運用上の留意点を指摘する。パブコメがその有益な機能や効果を十分に発揮するためには，国民にとって，パブコメが有意義なものであると実感できるような制度設計がなされることに加えて，国民の信頼を獲得することができるような租税行政庁による真摯な姿勢での制度運用が必須である。租税行政庁は，パブコメをガス抜きの具に用いてはならないし，命令等の案の公示段階で命令等の案を検討するのに必要な資料を公表しない，あるいは提出意見に対して，およそ十分に考慮しているとは思われないような対応をとるなど，ガス抜きの具に用いていると疑われるような運用をしてはならない。パブコメを通じた国民との協働作業により，具体的な争訟等に発展する前に租税法令の解釈・適用のあり方等について，国民との間で議論を深め，あるいは国民のコンセンサスを得ておくことは，長い目で見れば，国民のみならず租税行政庁にとっても有意義なものであることを強調しておこう。もちろん，パブコメがその有益な機能や効果を十分に発揮するためには，カウンタパートである国民が命令等の制定過程に積極的に参加することが枢要であり，国民自身の知識や意識の向上も不可欠である。

国民の参加を有意義なものとする制度設計とキープレーヤーとしての役割を果たすことが制度上予定されている租税行政庁及び国民との協働

---

*11　この点は，常岡・前掲注3，60頁及び109頁，野口貴公美『行政立法手続の研究』234頁（日本評論社2008）も参照。

作業こそが，第1次的にパブコメの命運を握っているといっても決して過言ではない。ここでいう国民には個々の税理士や税理士会なども含まれるところ，複雑難解で規律範囲の広い租税法に関する命令等の制定場面においては，かような租税の専門家の果たす役割は，ひと際大きいものになるであろう。

〔泉　絢也〕

# 第 4 章

---

# 対 談 編

参加者：**酒井克彦**（中央大学教授・アコード租税総合研究所所長）
**榊原正則**（新日本保険新聞社・取締役・企画部長）
対談日：令和元年 6 月18日（火）ほか

# 生保通達改正のインパクトと実務への影響

## はじめに―通達改正のインパクト―

酒井：本日はわざわざ東京までお越しいただきまして，ありがとうございます。保険業界で，榊原さんを知らない人はいないというぐらい有名な方ですので，このような機会をつくっていただきまして，ありがとうございます。

榊原：こちらこそありがとうございます。

酒井：では，早速ですが，今回の通達の見直しは，業界では，「バレンタイン・ショック」などといわれたりするのでしょうか。

榊原：そうした言われ方をします。

酒井：今年（平成31年）の２月13日でしたね。

榊原：はい。

酒井：２月13日に国税庁から，生命保険業界に対して，現行の保険通達の取扱いを変更するとの通知があり，翌日から各社がいわゆる節税によく使われる保険の販売を停止したということですね。

榊原：そうですね。

酒井：それから，はや4か月経つわけですが，その間，パブリックコメントが出て，一応，国税庁の新しい取扱いの方向性が示されたわけです。

少しざっくりとした質問なんですが，まずこの通達改正のパブリックコメントのインパクトというのは，業界的にはどうだったのでしょうか。

榊原：2月13日に見直しの方針やその概要は伝えられていましたから，だいたいこうなるんだろうというものは分かっていたと思います。ただ，詳細が出てみると，「思った以上」という印象は強かったと思うんですね。これまで節税保険といわれてきたものが，駄目になるだろうということは分かっていたけれども，思っていた以上に内容が厳しいかなと。生命保険が通達の取扱いという面を活用していた部分は確かにあって，保障だけではなくて，それ以外の部分にも普及してしまっているところのインパクトは大きかったと思います。

酒井：なるほど。今回，新通達の範囲がどこまで及ぶのかと考える以前の問題として，租税法の研究者などの中では，そもそも法人税法の規定から旧通達の取扱いを読み込むことができたのであろうかといった議論がありました。いわゆる養老保険の取扱いはハーフタックスなどといわれたりしますが，会社との保険契約にして，社長や従業員を被保険者にし，保険料は会社が支払って，生存保険金については会社が受取人，そして死亡保険については遺族が受け取ると。この場合には，半分だけ資産計上で，半分は損金算入と，こういったいわゆる簡便的な処理の方法がありました。これなどは従来から，果たして法人税法の規定からどうやって読むのかという議論があり，もしかしたらそこにまで手を付けるのかなと思ってはいたんですが，そこは従来のままになりそうですね。

榊原：ということになりますね。

酒井：今回の改正は，ハーフタックスプランを取り上げるのでもなければ，返戻金をもって保険の評価を行うことの是非を問うものでもなかった。保険料に限定する議論ではありませんが，短期前払費用の通達改正というものでもない。保険税務とはいっても，法人税法上の，それも支払保険料に関するもので，それも定期保険や第三分野保険に限定した，かつ，最高解約返戻率50％超の保険に限定したという意味では，すごくアグレッシブな改正ということでもないとの見方もあり得ますが，そうではなかったでしょうか？

榊原：確かにおっしゃるように，ハーフタックスプランまで改正という話になれば，それはもっと，とんでもなく影響は大きかったと思いますけれども，そうはいっても，やはりここ1〜2年，定期保険だとか，第三分野保険の支払保険料の損金算入を使った決算対策がなされてきました。それでもって対法人のマーケットが非常に拡大したという背景があります。やはりそこに非常に集中していたところはありますから，「ハーフタックスプランが残ってよかったよね」といえばそのとおりなんですけれども，そこまでいかなかったからさほど影響がないかというと，そうしたことではないと思います。

酒井：やはり影響が大きい，シェアが相当広がっていたという現実があるわけですね。

榊原：そうですね。

酒井：以前，国税庁で，保険についてお話したことがあります。当時は，いわゆる逆ハーフタックスプランが話題になっていたのですが，通達

を所与のものとして，その裏読みみたいな形でさらに保険商品が開発されているというのは，やはり行き過ぎではないかとお話したことがあります。

　本当に広い領域ですよね。保険商品は全て通達に基づいてできているわけですが，保険業界の方って大変だなと思うんですよ。通達が変わったら，商品自体も変わってしまう。今回の通達改正によって，例えば今，既存の販売済み商品については影響がないということでよろしいでしょうか。

榊原：もう既に加入済みの契約については影響がないと思われます。基本的に，改正通達の発遣日がいつになるかという問題がありますけれども，発遣日以後の新契約に適用するという適用状況になっていますから，そうした考え方でいいと思っています。

酒井：通達の経過的取扱いというところに，この改正後の取扱いは平成31年〇月〇日以後とするとパブコメには書いてあるんですが，契約に係る定期保険，第三分野保険の保険料について適用するということですね。この日にちがいつになるかというのも注目ですよね。

榊原：そうですね。ただ，その前段の概要のところに，平成31年〇月〇日と，括弧して「改正通達の発遣日」と書いていますから，それが極端にさかのぼったりすることは通常考えられないでしょうし，おそらく発遣日より後になるんだと思います（編注：国税庁のその後の公表によると原則として令和元年7月8日以降の契約に適用することとされている。）。

## 事前の通知の必要性

酒井：ちょっと斜めからの見方かもしれませんが，国税当局，これは金

融庁も入れていいか分からないですが，当局としては，いささか行き過ぎた感のあるいわゆる節税保険について，おそらくどこかで歯止めをかけるなり，何かしなければいけないだろうと考えてきた。そこで，こういう取扱いにするということが，パブコメが出て初めて内容が示されたわけですね。2月に通知があってから，4か月もずっとどうなるか分からなかったわけです。多くの場合，パブコメどおりに通達が改正されることがほとんどですが，もしかしたら一部は変わるかもしれません。

榊原：今回は，一部変わるかもしれませんね。骨子は変わらないと思いますけれど，細かいところは一部文言の変更があると思うんです。今日（編注：対談収録日の令和元年6月18日）現在においては，まだそれが確定していない。どうするのというところですね。まだ決まっていない箇所もあったりするようです。これまで個別に出していた通達を全部いったん廃止にして，新しいルールに一本化するという，やはり非常に大きな改正になっていますからね。これは酒井先生の方がお詳しいと思いますが，どこかちょっと無理に入れてしまっているようなところを感じますし，全体的にこれは何か整合性が取れていないんじゃないかと。そういったところについての意見は，パブコメでいろいろ寄せられたと思いますから，若干修正が入るとは思っています。

酒井：そこは後でお伺いしたいと思うのですが，その前に，こうした行政手法について2つばかり，ちょっとお尋ねしたいことがあるんです。疑り深い見方をしますと，1つは，当局としてはそうやって直しますよと言ってから，引き延ばせば引き延ばすほど，そうした商品の販売を抑制することができる。もしかしたら保険会社の株価にも影響するのではないかと思いますが。

酒井克彦教授

榊原：そうですね，はい。

酒井：そうすることがある種の抑止力と言いましょうか，そのように当局が考えているかどうかは別としまして，実際問題としてそうした指摘ができると思うのです。保険業界のみならず，保険を活用している人たちが抱える予測の不安定性という問題があるのではないかというのが1つです。4か月という期間をどのように感じていらっしゃいますか？

榊原：私個人の感覚からすると，これまでの商品ごとに個別の通達が出されてきた際の，そのスケジュール感から言うと早いような気がします。従来だったら，こういう問題が起きたときに，だいたいそこから少なくとも半年から1年ぐらいをめどに通達改正を行っていく。その間にいろんなアンケートをしたり，すり合わせをするという流れからすると，4か月で出てくるのは早いんです。

　それはやはり，全社売り止めるという状態になって，特定の商品だけの売り止めではなくて，今回の通達の対象になるような定期保険，第三分野保険，最高解約返戻率の50％を超えるというようなものについて，全て売り止めになっている状態ですから，このままこれが半年，

1年と続いたら，おっしゃるように保険会社の経営がどうなるのかというのが当然出てきます。ですから，今回早めにやるというのは，当初からのスケジュールとしてあったと思うんですね。

酒井：なるほど，そうした意味では，当局の対応はそれなりに紳士的と言いましょうか，頑張ってくれたといえるのでしょうか。

榊原：頑張ったのかどうかは分かりませんが，その間には相当いろんな意見があったと思います。なんとか早くしてほしいという意見もあったように聞いています。

酒井：私は正直分からないのですが，なぜ，このタイミングだったのでしょうか。もちろん改正の必要性といった意味は分かるんです。第三分野保険について，様々な個々の通達があって，そこには空白域もあるし，明確ではないようなものと明確なものとの差がある。これはどこかで直さなければいけないという話だと思うんですけれど，何で今なのかと。何か理由があったんでしょうか。

榊原：タイミング的にどうなんですかね。これは私の想像ですけれど，消費税の改正があったりすると，その後だとやりにくいというのも，もしかするとあったのかもしれませんね。タイミング的には，思った以上に早いという認識は持っているんです。

酒井：2月13日という日に別にこだわるわけではありませんが，要するに，税務の業界的には，所得税で言うと確定申告突入直前の時期でもあり，また，多くの法人では決算直前のいよいよ利益確定というタイミングでもあります。多くのこれまでの保険の商品というのは，決算直前に一時払いで一括で損金にと。

榊原：年払いですね。

酒井：年払いで損金に算入する前提には短期前払費用の取扱いがあるので，年払い，ワンイヤールールの中で保険料を損金にしたりしますよね。そうしたことを決算でする前に，通達の改正を通知すると。そうすると何も手を出せない状態になりますよね。所得税の場合は，去年の12月が期限だからあまり関係ないとしても，法人の決算直前というタイミングが気になるのです。

榊原：どうせ改正するなら，3月末決算の前にというのは，あったのかもしれないですね。

酒井：そうですね。もう1点，こういう行政手法の個々の話の前に，行政手法全般について思うところは，一般の国民からすると，国税庁というのはすごい遠い存在ですよね。どこにあるのかも，たぶん知らない人が多い。その国税庁と保険業界というのは，幹事会社を通じて，課税部審理室といわば話し合いの場を設けて，そうしたテーブルで，ちょっとした情報交換をするわけですね。これまで個別の商品ごとに，がん保険やリビングニーズ特約にしたってそうですが，こういったものは，業界団体から国税庁課税部長宛に質問をし，それに対する回答として，「そうしたやりとりを別紙のとおりしたので，国税局においては，良きに計らえ」というような通達を出してきたわけですね。いわゆる，個別通達ですけれど。

　こうしたやり方は，オープンになった暁には，一般の人も見れますし，ホームページにも載っていますから分かりやすいんですが，その決定までの過程については言ってみればブラックボックスの中でどんな話し合いをされているのか分からない。悪く言えば，もしかしたら一般の国民からしたら，業界と当局が手を握り合っているんじゃない

かと勘ぐってしまうぐらい。そうした不安感と言いましょうか，不透明感があると思うんですね。

　もっとも，いわゆるパブコメ，正式にいえば意見公募手続という行政手続法の制度ができて，こういった手法が進んでいくと，プロセス的には徐々に分かりやすくなったような気がするんですが，それでも実は，知らないところで，国民の見えないところで話し合いが進んでいるのではないかと。これは，一般の納税者に限らず，例えば読者の税理士さんなどからしてみても，本当は話し合っているのではないだろうかと思われている方もいらっしゃるかもしれませんが，そうした点はどうでしょう。

榊原：確かに，話し合いというのは，当然やるでしょうね。おっしゃるように，その幹事会社とのやりとりだけではなくて，業界の中で問題が起きたときに，そこで各社の意見を取りまとめてということをやっていますから，そうした意味では，話し合っている。それは保険業界に限らず仕方のないことだと思います。また，昔だと，それこそ個別通達など，通達が発遣されて1か月ぐらいたって，専門誌にこうなりましたと解説記事が掲載されて，初めて一般の人が知るという時代もありましたよね。それからすれば，少なくとも発遣の前，2か月ぐらい前にパブコメで公表されて，その内容に意見が出せる。あまり意見を出しても変わらないとしても，一応，その期間が設けられているというのは，相当，前進はしていると思うんですよ。

酒井：なるほど。分かりました。ある意味では当局が抑止力的な形で，販売を自粛させるような機能もあるし，他方でこういう意見聴取の場を設けることによって，昔に比べてだいぶ事前に予測が立つようになってきた。いい面と悪い面が両方あるのかもしれませんね。

榊原：そうですね。一方的な抑止力といえるかはさておき，やはりこの販売停止，全社販売停止というのは相当インパクトが大きいのは事実ですね。

酒井：大きいですね。

榊原：今回抜本的に改正をするけれども，将来的に，またこれも一部変わってくることもあるということはいわれていて，そのときにここまでやるかどうかというのは，やはりかなりのご意見があったみたいですね。こういう状態をつくらないようにすべきというような声も聞こえてきているという状況はありますからね。

## 金融庁の指摘と国税庁の考え

酒井：読者の方は税理士さんが多いでしょうけれども，そうすると，国税庁の動きというのは比較的ウォッチしやすいかもしれません。しかし，金融庁の動向というのは，あまり知らない方が多いと思うんです。意識して情報を取りにいかないと。この点，金融庁はどういう情報提供というか，どういうアクセスを保険会社にしたんでしょうか。

榊原：まず，保険料の仕組みの問題ですね，金融庁からの問題は。そもそも，こういった種類の保険の販売が非常に多くなっていて，しかも返戻率が高くなっているという側面から，それは保険料の作り方に問題があるのではないかという指摘ですね。それがまず去年（平成30年）の半ばになされていました。

　そもそも保険料には2つの種類があります。1つは，純保険料，すなわち死亡率や疾病の発症率に基づいて作られている保険料と，もう1つは，契約を維持するための維持費，すなわち付加保険料部分ですね。そのように分かれているわけですね。

この純保険料部分というのは，もう認可申請のときに全部きちんと数字を出しているので，それを見て金融庁から許可が下りると。この中で返戻率を高める仕組みというのは，従来の仕様としてあるわけですね。

　今回，問題になったのは，2つ目の付加保険料部分のところなんですね。そこの仕組みを使うものです。それはちょっと違うんじゃないかということがスタートですよね。それについては，いろんなアンケートだとか，ヒアリングを通じて，問題ありということで是正指導が行われたという形になっています。

酒井：その是正指導なんですが，商品名は言わないとしても，個別に「これは駄目ですよ」，「あれが駄目ですよ」という指示と言いましょうか，行政指導があったのでしょうか？

榊原：商品については，今回売り止めになったような商品は，特に最近この1～2年で売られた商品だけではなくて，逓増定期保険だったり，がん保険，医療保険という定期保険及び第三分野保険といわれるものが全部対象になっているんです。

　付加保険料を使った仕組みというのは，最近の商品だけではないんです。長期平準定期保険だとか，逓増定期とかこういったものにも実は使っていた部分があるので，もう，それぞれ会社ごとに個別の商品，あるいは，こういった仕組みを入れている商品については是正しなさいという指導が行われたわけですね。もちろん，何も使っていない会社もあります。

酒井：そうすると，純保険料部分と付加保険料部分と，大きくこの2つで出来上がっている定期保険契約と，第三分野も同じではないかという意味で，網のかけ方が相当広いわけですよね。

榊原：広いですよね。

酒井：そうした意味では，行政のアプローチの仕方としては，そういった二層構造の保険料制度の仕組みを持っている保険契約の中でも，この点についてのみアプローチするといったようなやり方もあったかと思うんです。それを返戻率で区切ったんですが，あの方法しかなかったんでしょうか。

榊原：やはり難しかったんだと思います。最近よく売られていた商品だけでなく，昔だったら，例えば逓増定期，長期平準定期，あるいは，がん終身保険という商品を定義付けして取扱いを決めることはできるんでしょうけれども，そのやり方では，今回問題になっているような商品の全てをカバーすることはできなかったんだと思います。商品を特定するというやり方では。

酒井：なるほど。

榊原：それをやるためには，今回のような，もう全て，最高解約返戻率に基づいて切り分ける形を採らないとできなかったということなのではないでしょうかね。

酒井：そうなんでしょうね。だから，今回の改正の特徴は，言ってみれば，これまでやっていた個々の商品ごとの取扱いという発想はもう捨てますと。

榊原：そうですね。

## 租税回避行為への対応と通達の性格

酒井：そこは大きいですね，インパクトとして。もうそうしたことはしないんですと。言ってみればイタチごっこみたいな。あれができるとつぶして，これができるとつぶしてといって，過去には，昭和54年6月8日付け直審4－18「法人契約の新成人病保険の保険料の取扱いについて」，そして，平成元年12月16日付け直審4－52（例規）「法人又は個人事業者が支払う介護費用保険の保険料の取扱いについて」，平成13年8月10日付け課審4－100「法人契約の『がん保険（終身保障タイプ）・医療保険（終身保障タイプ）』の保険料の取扱いについて」。そして，平成24年にも同じ。

榊原：がん終身ですね。

酒井：はい。平成24年4月27日付け課法2－5ほか「法人が支払う『がん保険』（終身保険タイプ）の保険料の取扱いについて」というように，個々の商品ごとの，あるいはターゲットごとの取扱いを通達してきていたわけですね。

　少し租税法的に言うと節税効果を有する商品となるでしょうか。保険業界的には，これをあまり「節税」と言っちゃいけないのかもしれませんが。

榊原：そう，あまり言いたくないですね。

酒井：それを承知の上で，税の軽減効果に着目させて説明させてもらうとしますと，よく税の世界では，租税回避論という議論がありまして，要するに税金を回避する納税者に対して立法的にどう手当てするかが論じられることがあります。このアプローチには2つあるといわれて

いるんですね。

　1つが，TAAR。これは Targeted　Anti-Avoidance　Rule といいまして，Avoidance Rule というのは回避をするルールなんですが，Anti だからアンチ。租税回避に対してアンチをするターゲットを決める。Targeted Anti-Avoidance Rule というんですね。

　これに対して，もっと網の目を広く，言ってみれば租税の負担を不当に減少させると認められるものは，税務当局が全部更正処分できるみたいなものを GAAR といいまして，General Anti-Avoidance Rule なんていったりします。

　よく租税回避の議論のときに，個々の取扱いごとに否認規定を設けるべきなのか，それとも，もう一挙に網の目をかけて，租税の負担を不当に減少させると認められるものがある場合は，税務当局が更正処分を打ってもいいんですよ，みたいな，そうした非常に広い条文を作るべきかというのは，しばしば話題になるんですね。少なくとも諸外国は比較的，TAAR から GAAR へ，ターゲットを定めるやり方から広い網の目をかけるような仕組みになってきています。

　今回の話は通達の議論ですから，全く同じようにトレースできるものではないのですが，これまで個々の商品ごとにやっていたものを，そうではなくて，広く定期保険，第三分野と網の目をかけるのは，そういった方向感になんとなく似ているような気がするんです。そういった性質の通達が出ると，保険会社としては，対処しづらくなりますよね。

榊原：そうですよね。

酒井：あとは，保険会社としてはどのような商品設計ができるのでしょうか。

榊原正則氏

**榊原**：この通達のルールの中で返戻率―返戻率をあまり追い求めるというのはどうなのかと思うんですけれども―ルールの中では，いろんな商品も考えられるかなと思います。

　ただ，そうはいっても，もう新通達のようなルールになる以上，最高解約返戻率が90％近くまでいって全額損金というような商品はあり得ないですね，このルールになれば。

**酒井**：最高解約返戻率が50％以下になるように。

**榊原**：なれば，全損と。ただ，問題はその最高解約返戻率を何で見るのかというところなんです。

**酒井**：例えば，そこに配当金を含むか含まないかという議論があったりしますね。

**榊原**：これは，配当金は含まないということになっていますから，配当金がないところで，最高解約返戻率がある程度に抑えられて，その後配当実績でもって返すということになると，実際の返戻率は上がってくる。こういうことも考えられますね。

酒井：ちょっと各論になってしまいますが，最高解約返戻率の中に，配当金を含まないというのは，通達にも書いてありませんよね。

榊原：通達には書いてありませんでした。

酒井：本当はそうなんですね。どこで読むのかなと私は思っていまして。

榊原：それを業界の中で，今後パブリックコメントにおける意見に対してQAを出すということになるのではないでしょうか。QAというか，回答を出す。その中ではたぶん今の話に触れられると思うんです。そうでないと，国民に見えないですからね。

酒井：そうですね。やはり疑義のあるところですね。

榊原：あと，付け加えるなら，変額保険です。あるいは，外貨建ての保険。こういったものはどこで見るのかと。これは予定利率で推移したところの最高解約返戻率というのを見る。配当も含めて，配当運用効果と言っていいのかどうかは別にして，運用効果で分からないものは返戻率にはとりあえず入れない。

酒井：入れようがないということですね。

榊原：そうです。だから，今のような考え方になっているということなんですね。

酒井：なるほど。これも租税法の話になってしまうんですけれど，役員に対する給与は高額になると，損金算入ができないというルールがあります。そのときも損金算入できるものとして，定期同額給与とか，

あるいは，事前確定届出給与のほか，3つ目に業績連動型給与というものがあります。あのようなルールは，やはり一番悩ましいですね。変額保険とかそうした論理にフィットするのかもしれません。

　そうすると，最高解約返戻率に響かないような形でちょっとメリットが得られるような，そうした仕組みがだんだん開発されてくるんでしょうか。

榊原：開発の可能性としては，ルールの中ではあり得ますね。でも，それも極端なことがあれば，また指導を受けるかもしれませんが。出てきたルールの範囲の中では，そういったことは想定されるとは思いますね。

酒井：新通達では，最高解約返戻率が50％超70％以下，次に70％超85％以下，最後に85％超と言っていますが，これはあくまでも通達ですよね。通達でこういう数字を示して，それに厳格にみんなが従っていくと言いましょうか，通達にあるから49％までオッケーみたいな話というのは，租税法の研究者としては，いささかというか，相当な違和感を覚えるのです。なぜ，おおむね50％とか，おおむね85％といった表現振りにしなかったのかと思うのです。法人税基本通達の前文には，通達の要件はあえて不明確にすべき旨が示されています。法律要件のようなことになっては，通達行政の温床になります。

　ただ，一回通達で決めれば，あたかも法律のようにそれを杓子定規に用いるという場面がありますが，本来，通達というのはそうしたものではないわけです。

榊原：そうですね。

酒井：ええ。租税法律主義では，課税要件明確主義と言って，法律に課

税の要件を明確に規定をしなければいけないんですね。これは至上命題です。他方で通達はその真逆で，通達において課税要件を規定することなど認められませんし，通達の要件というものがあるとしても，それは明確に規定するようなものではいかんと。むしろ，明確にせず，「およそ何％」とか，「何々のような」とか，そのような通達を作らないといけないんだと。そうしないと，法律みたいに杓子定規な解釈，運用をされてしまうので，それは厳に慎まなければいけないと，これは，法人税基本通達の前文に書いてあるんですね。

榊原：なるほど。

酒井：昔，国税庁に審理課という部署があったんですが，そこが基本通達を整理するときに，そうした前文を作ったんですね。それは「前文」でこそありますが，これも通達の中の一部ですから，行政命令としての命令なんです。だから，そうしたことを意識した上で，ちゃんと運用しなければいけませんよ，というふうに国税庁長官が，各国税局長や，税務署長に指示・命令を下しているわけなんですが，どうも，その前文が忘れられてしまっているかのような場面が多々見受けられるのです。相続税における財産評価基本通達と，保険税務に関する通達が最たる例なんですよね。

榊原：だから本来は，酒井先生が言われたように，法に基づいてという話になると，結局，前払保険料なんて損金にならないよね，というのはありますよね。当期の損金対象になるのは当期の費用であって，前払保険料は将来の費用なんだから，それはならない。それを本当は区分したいわけですね。

　ただ，前払保険料の区分ができないし，お客さんには説明できないので，最高解約返戻率という指標でもって行うよというのが今回の改

正の趣旨になっているんですね。

酒井：そうですね。そうした意味では，これはもしかしたら最高裁判所の先例を受けていませんが，このような取扱いは違憲になる可能性がないことはないわけですよね。

榊原：そこまで結論が出るまでにどれくらい時間がかかるのという話になってしまいますがね。

酒井：ただ，これはお互いのためで，納税者のためでもありますよね。こういうのは，いつ行政処分を受けるか分からない。保険会社にとってもそうですし，役所もそうですよね。どこを基準として線引きしたらいいか分からない。あまりにも不安定な，均一な行政が担保できないのでは，それは困るということがあるわけですから，ある種，みんなが Win-Win というか。

榊原：そうなんです。やはり，こういうふうにやったらいいよねという指標がなければ納税者の方も，あるいは，当局の方もやりようがないと思いますね。

酒井：そうですね。ただし，くどいようですが，その指標はせめて施行令とかに入れるべきではないかと。

榊原：はい，法令の方に。

酒井：思いますけれどね，同じ行政命令でも。

榊原：そういった意味では，平成10年に大蔵省が示した考え方がありま

すけれど，毎期，解約返戻金で洗い替えすればいいんじゃないかと。そうすると，まさにそれは時価だから，それで洗い替えを続けていけばという考え方を示したときがあったんですよね。あんなところは，やはり法律に照らして一番妥当な考え方だったのかもしれません。

酒井：そうでしょうね。だから，その時価主義的なものを取り入れる旨を，法人税法の中で示していく。法律とは言わずとも，政府の命令として政令の中に落とし込んでいくということはあり得るわけです。法律の委任を受ける政令であれば，ちゃんと議会の承認を受けますので，より明確だと思います。政令に書けば，そう簡単には改正できないですから。

榊原：そうですね。

酒井：本当に変な話なのですけれど，通達は国税庁の担当者数名で変えることができてしまうんです。そうした意味では，実務上通達はあった方がもちろんいいんですが，その取扱いは保証の限りでないという問題がありますね。

　さて，お話をもう一度戻すと，今回の改正はどちらの見方が正しかったのでしょうか。1つは，行政から見て行き過ぎた節税保険が，保険としての意味を成していないではないかと。要するに，保険という名で売っている金融商品的なものだとして，だから保険というものの見直しが必要であって，別の言い方をすると，保険としての機能がないものは保険ではないのだと，そうした議論を優先するべきなのか。これは金融庁的な目線です。

　それとも，他方で国税庁的な目線で，いや，保険なんか使って節税なんかするのはけしからんという，節税を抑えるためのものなのか。多分，どちらでもないのかもしれませんが，軸足はどちらだったのか

なと思うんです。

　要するに，「そんなものは保険とはいわない」という議論なのか，「そんな節税はけしからん」という議論なのか，どちらが正解なのでしょうか。

榊原：私は，節税がけしからんという議論が主だと思いますけども，確かに返戻率を高めるために保険の保障の部分を削ったという終身の商品もあります。だから，そうしたのを見ると，「これって保険じゃないんじゃないの？」という声が出てきてもいいんですけども。今回の場合は，逆に言うと，何か普通の長期の定期保険，保障はずっと同じ保障が続くようなものについてもその規制の対象にしてしまっているわけなので，そうすると，「こんなもの保険じゃないでしょ」というスタンスから外れていると思うんですね。

　だから，やはり，こういったもので節税をしているというところに着目しているような気がします。そういったものに対しては，近年相当変わってきているよね，というところから改正に踏み切ったということなんだと思います。

酒井：そうした意味ですね。

## 「節税保険」との呼称の是非

榊原：ただ，そういった商品においても，保険としての機能がまったくないのか。私はいろんなところでお話している中で，「保険の機能って何でしょうか。それは，もちろん，保障機能ですよね」と言うんですけど，今回いろいろ話題になった商品も，やはり中小企業において「備える」というのが，１つの視点としてあったと思うんですね。節税という話だけではなくて，いつか中小企業の会社の経営が厳しくなって，そこで運転資金等の問題もあるときに，この保険を活用する，

解約返戻金が活用できるという側面はありましたから，だからあんまり「節税保険」という言い方だけで一括りするのは違うのではないかなというのは，そこなんですね。

酒井：そうでしょうね。税金を安くするためだけではなくて，金融効果と言いましょうか，貯蓄効果というか，特に資金繰りの苦しい中小法人からすると，経営者の退職金をどうやってつくるかというのは，ものすごい大事な問題でもありますし。

榊原：そうしたのもあるし，本当に資金繰りのところで考えたときに，こういったものがあるならそれを利用するというのは当然であり，それでもって助かったという中小企業の話もたくさんありますからね。

酒井：そうですよね。あとは，働いている従業員にとっても，様々な福利厚生がありますね。やはり保険を使ってメニューが広がってきたという側面も，軽視できないと思うんですよね。

榊原：そうですね。

酒井：だから，少し言い方に気を付けなければいけないのかもしれませんが，ともすると，節税とはけしからんものであると見る向きと言いましょうか，「節税保険」という一括りの呼称の是非については，保険業界の方とお話していると指摘されることがあります。「節税の意味もあるんですけど，それだけでやっているわけじゃないので」と。「そもそも節税は悪いんですか」という指摘もありますよね。

榊原：ですよね。脱税は悪いけど，節税は全然違うと。ルールに則ってやっているのが節税ですから。ただ，業界の中で，それこそ金融庁の

指導なんかで節税を前面に打ち出した販売をしてはいけないということは，監督指針の中でもあるわけですから，パンフレットとかの文言で節税と使ってはいけないというのはありますね。

酒井：そうですよね。そうしたところからも，あるいは，今日話している通達の影響からも，行政をいわば忖度しながらというか，行政の顔色をうかがいながら業界が動いている。相当締めつけられているというか，縛りがある気がします。

榊原：それは昔からの流れかもしれないですね。特に税の世界での部分では。金融庁も含めてね。

## 事業承継税制等の改正と生命保険の活用範囲

酒井：ところで，生命保険協会というのは，全社加入なんですか。

榊原：はい，全社加入です。

酒井：発言しづらい部分もおありかもしれませんが，一枚岩になっているんですか。

榊原：なっていない部分もあります。昔と違って，今はいろんな，多様多種，外資も含めて多様な会社の集まりになって，取り扱っているマーケットも違いますから。そういった意味合いでは，みんな同じ方向，利害関係で動けるかというと，違う部分はあると思いますね。

酒井：そうすると，今回の保険通達の改正で，すごくインパクトを受けて厳しい思いをしている会社と，そうでもないところと，やはりグラデーションがありますか？

榊原：法人向けの商品を扱っている会社はみんな，これは大手も含めてインパクトがありますよね。やはり近年，業績に占めるウエイトは，法人マーケットが大きかったので，厳しいかというと，そこの部分は当然あると思いますけれども。

酒井：保険業界的に，特に法人契約が相当のシェアを持っていると思うんですが，こうやって通達が厳しくなって，第三分野，定期についてはこうなると。そうすると，やりづらいですよね。

　でも他方で，今日のテーマとは少しずれるかもしれませんが，事業承継などにも力を入れている保険会社がありますが，事業承継税制も変わってしまって，もう丸々，納税猶予の対象になることになって，そんなに保険を使って努力しなくても大丈夫というような状況になっているのかもしれません。業界的には，ここ数年の税制なり，通達改正も含めて，どうでしょうか。

榊原：事業承継税制の特例措置のインパクトは大きくて，確かにこれまでの提案と少し方向を変えなければいけない部分はあります。ただ，おっしゃるように納税猶予制度は，非上場の自社株に対する税負担の問題だけですから，別に事業承継で相続税や贈与税の問題がクリアさ

れれば，それでオッケーかというと，それだけではないですよね。そのほかにもいろんな課題があるわけで，それに対して，やはり生命保険の持っている本来の機能が有効に働いてくるというところは，私は何も変わっていないと思っています。だから，保険がもう要らなくなるという話ではないと思いますね。

酒井：なるほど。ただ，影響はやはりどうしても否めない。

榊原：出ていますね。でも，全ての中小企業が，事業承継税制を使えるのかという話でもないですからね。

酒井：そうですよね。税理士さんなんかでも，結構慎重派も多いですし。

榊原：はい。

酒井：だから，運転資金を保険で賄うとかそうしたのは当然，依然としてあるわけですね。

榊原：先ほど酒井先生が言われたように，今回の通達改正もそうですけども，そういった側面もなくなって，節税に使えるという発想はないんだけれども，それ以外の，本来保険の持っている機能が，お客さまの課題だとか，問題解決に役に立つというところは，私は変わっていないと思います。

## 人生100年時代

酒井：では，少し中身に入っていきたいと思うんですが，新法人税基本通達９－３－５は定期保険及び第三分野保険に関する保険料の取扱いです。さっと読むと，これは単に第三分野保険が入っただけではない

のかと見えるかもしれませんけれども，その次に９－３－５の２というのが置かれています。この９－３－５の２の新設が最大のポイントだと言っても言い過ぎじゃないと思うんですが。

　相当多額の前払い部分の保険料が含まれる場合の取扱いというのができましたね。先ほどからちょっと話に出てまいりましたが，この50％とか，こうした数字のバックデータというようなところはどこにあるんでしょうか。

**榊原**：あまり表に出てきていないですけども，これまでの通達改正の背景の中で，一応こんなルールでやりましょうよね，ということをベースにしていたところは，もともとあったんですね。それは先ほど，払込保険料に対する前払保険料の割合，前払保険料率というものをベースに，それが50％以下ならば全額損金でいいのではないかというのがあって，今回その指標を，お客さんが知ることができる最高解約返戻率という指標に変えた。それは全く一緒ではないんだけども，近似しているという状況の中で，50％というのは，もともとあった考え方ですね。それがどうして50％なのかというのは，なかなか難しいんですけれども。

**酒井**：養老保険の半損処理も分からないですけれどね。

**榊原**：あれは，説明されている昔のところで言うと，45歳でちょうど半分ぐらいになるというところが目安だという説明はされています。

**酒井**：年齢についていえば，終身保険の基準について，105歳が116歳になりました。そこが変わったのであれば，他のところにも影響があるのかなと思ったんですがどうでしょうか。ハーフタックスのところにも。

榊原：45歳で60歳ぐらいの養老保険をイメージしたときに，ちょうど生存保険と，死亡保障の割合が半々ぐらいだったということですけれど，予定利率とか，いろんなことを踏まえて，今は変わってしまっていますね。もう，実態を反映しているとは言えないですね。

酒井：この機会にそうしたところも見直すという方向もあってよかったように思うのですが。

榊原：そんな声もちらっとあったみたいですね。もう，これだったら全部やればいいんじゃないかという。

酒井：一部だけ，それこそ「人生100年時代」的なものに変えたわけですけれどね。

榊原：そうですね。

酒井：なんとなく全体を見直すべきだったのかなという気がしなくはないんですけどね。
　ところで，普通，商品を売るときに，最高解約返戻率表みたいなものを見せながら売ったりするものなんですか。

榊原：これまではそうですね。だいたい，やはり法人の社長さん，経理担当者の方にご提案するときに，この保険に入ったらどういう状況になるのか。保険料が全額損金であることの次に，返戻金はどう推移するのかというのは，ちゃんと説明しますね。これは税理士の先生方も当然意識されていると思います。

酒井：そのときに，これだけの返戻率があるんですよということを示す

わけですね。そうすると，やはり通達で最高解約返戻率を保険契約時において契約者に示された解約返戻金相当額と示すことは，これまでの，要するに商品販売実務にも合致すると。

榊原：合致しています。だから，解約返戻率というのは，お客さんも分かると言えば分かる話ですね。

酒井：さっきの話にも出ましたが，そこに配当金を含まないだろうと。これはもしかしたら今後，QAか何かで示されていくのかもしれませんね。

　これは素人質問で申し訳ないですが，むしろ最高解約返戻率が上がっちゃうと，いろいろ締め付けがあるので，最高解約返戻率は維持したまま，配当金で調整するということはできるんですか。

榊原：配当金は，その保険種類だけではなくて，保険会社全体の中で配当を出しますから，いじれるかというと，それはその保険会社の決算の状況の中でということです。保険会社の決算というのは分かりづらいところもあるので，そういった対応も可能だろうし，配当を多めに出すというのは，保険会社の経営判断になりますから，ある程度の範囲は委ねられていることからすれば，そうしたことも可能かなとは思いますけれど。

酒井：これは聞いた話なのですが，商品を売るときに最高解約返戻率の表や推移を見せるとのことですが，そこに予想配当率みたいなものも示されたりしませんか。

榊原：示されている会社もありますね。ただ，有配当の会社さんがみんなそれをやっているわけではないです。それを示した上で，配当込み

だとこのぐらいとしている会社さんもありますが，それがこれからどうされるのかは少し微妙ですね。

## 金融庁の指導と消費者問題

酒井：商品説明をするとき，最高解約返戻率だけではなくて，予想配当率も含めてお考えくださいというような商品が生まれるかもしれない。

榊原：ただ，金融庁の動きとしてその辺りは指導が入っています。要するに，これまでは保険料が損金になると実質負担部分が減るとして，それをベースに返戻率，実質返戻率とか，参考返戻率という表現を使っていた，税効果を入れてですね。しかし，ガイドラインにより，もう募集資料等に入れては駄目だとなりましたから，これからはそうしたことはもう出せなくなる。

酒井：そうした指導なんですね。

榊原：はい。もう1つ，今，この通達発遣と並行して動いているのは，法人にこういう保険を売るときに，「これは節税効果がありません。税の繰り延べに過ぎません。」というような文章のひな型が用意されていて，それをちゃんとそのときにお渡ししなさいと。

酒井：それはいわば重要事項説明みたいなものですね。

榊原：そうしたことが，もうスケジュール的には動いています。

酒井：金融庁の行政指導という，法的にもよく分からないところでそうした規制をするというのは，ちょっと変な気がしますけれどもね。

榊原：理由としては，金融庁が保険会社に示している監督指針の中に，節税というものを前面に打ってはいけないと，もともと書いてあるので，その辺のところで誤解を生むようなことがないように，徹底しなさいというわけですね。

酒井：あくまでも金融庁としては，そうした何かアドバイスをして，あとは自主規制みたいなところでワークしているんだと，こういう整理なんですね。

榊原：そうした整理ですね。もちろん業界がやるという話ですが，背景にはそれがあるんでしょうね。

酒井：金融庁の世界の話ですので，分からないところはありますけれど，この問題って，ある種の消費者問題にもいろいろ影響しますね。昔，変額保険のときに，数多くの訴訟が起きて，土地を担保に入れて保険を買って，それが相続対策になりますよと。ところが，バブル崩壊しちゃって，実は全然できなかったというのがありましたけれど。

　そうした意味で，ある種，「これは節税保険だと言われたのに，節税の効果は全然ないじゃないか」と，そうしたことを言われかねないので，一種の予防線という意味で行政指導しているのかもしれません。

榊原：あるかもしれないですね。そうした意味からすると，先ほどの配当だとか，運用効果をどこまで示すのか，もうあらかじめの提案資料の中にも，やはり規制的なものもあるかもしれません。

酒井：日本ならではのお役所行政，規制行政的な，何かあると規制がどんどん増えていくという，そうした感じがしますね。

榊原：消費者問題というと，今回新通達が仮に既契約にも及ぶとなったら，あり得ないとは思っていますが，そうなったらもっと大きな問題になります。

酒井：それはそうですね。話が違うじゃないかという。社長がその保険会社を訴えると。そこはおそらく，国税庁も相当慎重でなければいけませんから。

榊原：大きな改正でしたからね。

## 通達改正案で明らかになっていない点

酒井：今回のパブコメを受けて少し変わるかもしれませんが，さらに中身を見ていきたいと思います。

榊原：具体的に，9－3－5では，終身である第三分野保険については，116歳を計算上の保険期間とすると，これは9－3－5の2の注書きにあるんですね。

酒井：9－3－5の2の注書きですね。

榊原：9－3－5にいう全損型の商品であっても，これの対象になるものはあるはずなんです。

酒井：それはそうですね。

榊原：そうであるとすれば，普通だったら，9－3－5にまずその旨が書いてあって，次に9－3－5の2で準用すると書くのが，通達の流れだと思うんです。でも，9－3－5には書いていないじゃないですか。これはたぶん，9－3－5に追記されると言われています（編注：結果的に同通達9－3－5（注）1参照）。

　あとは，細かい端数処理なんかをどうするんだというのが触れられていないんですね。

酒井：端数処理をどうするのかというのは，私も保険会社の人から質問されたのですが，これは分かりませんね。

榊原：だから，最高解約返戻率は小数点何桁まで見るのか。

酒井：切り上げるのか，切り下げるのか，そうしたことですね。その判断が結果に大きく影響することにもなりかねないですよね。くどいようですが，法律要件のようになっていることが大変な問題だと思います。「おおむね」とすべきなのです。

榊原：50％になるのか，ならないのか。50％ぴったりという商品はないわけですからね。その辺のところの細かいところで若干，改定があるかもしれない（編注：結果的に，端数処理については通達内では明らかにされなかった。具体的取扱いとして，小数点2位以下の端数切捨てを認めるとの FAQ が公表されている（FAQ の Q 4）。）。

それよりも，直近の課題としてあるのは，平成24年のがん終身保険の通達にあった例外的取扱いですね。

酒井：いわゆる(3)の例外的取扱いですね。

榊原：短期払込みであって，払込期間中，解約返戻金がない，あるいは，払込満了後にごく少額の返戻金があるものについては，例外的取扱いを認めるというものです。

酒井：この例外的取扱いを商品化していたということもあって，ここは保険会社としては大きいわけですよね。

榊原：そもそも，その当時，どうしてこれが入ったかというのは，なかなか明確ではないんですけれども。

酒井：今お話をしているのは，平成24年のがん保険通達，これもパブコメを使ってやったわけですが。その例外的取扱いで，保険契約の解約等によって返戻金のないものである場合には，それまでに示した取扱いにかかわらず，保険料の払込みの都度，当該保険料を損金の中に算入するとされている。この扱いが平成24年の通達で出ているわけですけれども，昔はなかったということですね。

榊原：昔はなかった。その前で言うと，平成13年のがん保険と医療保険の終身タイプに出した個別通達がありました。これは保険期間は終身だけれども，短期払込みしたときには，どういう経理処理をしたらいいのかということに対して出した通達です。
　このときは，法人契約，法人受取りで平準払い，終身払いであれば，保険料は全額損金でいいですよ，という通達でした。ただ，短期払い

になっていると，これは原則的に取扱いを考えなければいけない。要は，今年払っている保険料から当期分保険料を算出してということをやらなければいけないということで出された通達が，平成13年の通達なんです。

酒井：短期払いというのは期間15年ですか？

榊原：15年とは限っていないです。終身払うのではなくて，60歳で払込満了だとか，イメージはそのようなところだったんですけども，そういった場合にどうするのというので，そのときには先ほど話が出ましたような105歳とか。保険期間と払込期間で按分しなければいけないので，保険期間を決めないといけない。

酒井：期間を決めないと計算のしようがないではないかと。

榊原：そこでは，例外的取扱いというのは書かれていない。基本的に全額損金という種類だったんです。それが平成24年に，その通達が変わって，がんの終身保険については2分の1損金に変わったわけですよね。でも，解約返戻金がほとんどないのであれば，別に2分の1損金にする必要がないだろうという意味合いで入ったのが例外的取扱いだと思うんです。

　でも，そのときの考え方というのは，短期払いですから。先ほど言ったように，今年支払っている保険料のうち前払保険料部分は損金にならないと考えるのが当たり前ですけれども，この支払った保険料を全部損金にしてもいいと認めている通達だったわけです。

　これについて，今回の通達改正案では，これからどうやったらいいのか分からない。そこで，パブコメの中に意見が寄せられたんです。

　実は，先週それについて国税庁の担当官と生命保険会社との会議が

あったんですけれど，その中では，「現行の案では認めないという内容になっているんだ」ということを言われました。

酒井：なるほど。では，この平成24年のがん保険通達の，ごく少額払戻しになる場合のあの例外はなくなると。

榊原：なくなるということが原則，この案の中では意図として入っている。だから書いていない。でも，パブコメで意見が寄せられた。そこはなんとかならないのかと。

酒井：そのアンサーがどうなるか。

榊原：アンサーをするために，先週末に各社にもう一度アンケートを回して，それが今日締め切りなんです。

酒井：そうなんですか。

榊原：回答を受けて，それを国税庁に返すわけですが，新通達の中にそれを織り込むのか，織り込まずに，やはり駄目だということになるのか，というところの最終決着がまだついていない。ここには，政治的な問題があったかもしれないので，その辺りのところがどうなるか。発遣されれば，そこは明確になると思うんですけどね。昨日6月17日には発遣されているだろうと思ったけれど，出てこないから。

酒井：それこそ，昨日（編注：対談収録日は令和元年6月18日）通達が出ると思ったんですけどね。

榊原：出てこない。やはり一番大きな議論としては，そこですね。平成

24年はがん終身の通達ですけれども，同じタイプの保険が医療終身に
もあるんです。これもいろいろ販売されてきた背景があるんですけれ
ども。

酒井：ただ，それは空白域というか，分からないわけですね。

榊原：これまではですね。そこはどうしたらいいのというと，根拠通達
がないので，保険会社は当局に，「こういう商品内容なんだけども，
同じように取り扱ってもいいですか」と確認を取って，口頭で回答を
もらって，「オッケーです」とやっていた流れがあるんですね。

　だから，そのもともとの根拠となる通達の話ですから，非常に話題
になっていましたね。

酒井：よく，誤指導とか，信義則の問題とかありますが，そもそも非常
に不安定な中にあったわけですね。

榊原：はい。もともと不安定なんですけれどもね。ただ，今回は，以前
にそうした回答をしていたのかどうかというのは，もう関係ない。も
し，原則駄目だということに変われば，もうそれは関係ないというと
ころが注目されています。

　酒井先生にお聞きしたいのですが，これを仮に認めるということで
あれば，今回は通達にやはり書かなければ駄目だと思うんですがどう
でしょうか。

酒井：新しい通達の経過的取扱いのところに，これまでの通達は全部廃
止するとなっていますから，やはり認めるのであれば入れるべきでし
ょう。

榊原：その辺りのところを税務当局の方がどうするのか。今やろうとしているのかな。

酒井：国税庁の人事異動が，おそらく見えてきて，そろそろデッドラインでお尻に火がついているんですよね。

榊原：やはり先週の動きとかが非常にこう，せわしないんですね。いくつかアンケートをもらっているのですが，１つは締め切りが半日ぐらいしかなかったんです。

酒井：半日ですか。それは相当急いでいるんですね。

榊原：やはり，何かものすごくせわしなく動いている感じがするわけですけど，いずれにしても，認めるならば，通達の中に書かなければ駄目ですよね。

酒井：そうですね。だいたい，このパブコメからその後の議論が進むようなところなんでしょうね。

## 人生100年時代，AI 時代へ

酒井：次に年齢の話をお尋ねします。通達案で言うと，先ほどご指摘がありました９−３−５の２の中には，注の２と書いてありますが，９−３−５に書いていないという点です。

　　保険契約が終身である第三分野保険については，保険期間の開始の日から被保険者の年齢が116歳に達する日までを計算上の保険期間とすると，こういう枠ですね。

　　まず基礎的なところをお尋ねしたいのですが，生命保険にとって，生涯年齢をいつとするかというのは，非常に重要なところだと思うの

です。パブコメの解説にもありますし，平成24年のがん保険通達の説明にもありますが，標準生命表の最終の年齢，前の通達だと男性106歳，女性109歳を参考にして，105歳を算出したと，こういうふうに書いてあるわけですが，まず，この標準生命表というのは何ですか。

榊原：標準生命表というのは，厚生労働省の生命表ではなくて，生命保険業界が保険料率の算定の際に使用している生命表です。ですから，いうなれば経験表ですね。厚生労働省の生命表というのは日本全体をベースにやりますけれども，生命保険業界のそうした標準生命表というのは，一応，加入対象者をベースに，数理計算をするための制度という形になっていますから，そういった意味からするとリスクがそもそも最初の初期段階で配慮されているというイメージがあるかもしれません。

酒井：そもそもリスクのある人は含まれない表ということですね。がん経験者は，もうがん保険契約に入らないなど。

榊原：そうですね。

酒井：この標準生命表というのがあって，その最終の欄が，一番長生きすると保険会社が想定するであろう欄ということなんですね。

榊原：今回の改正案を見ますと，これは日本アクチュアリー会の方で出している標準生命表ということですね。少なくと標準生命表の考え方は今ご説明したとおりだと思います。

酒井：今，国会で老後の2,000万円問題が大変注目されていますが，人生100年設計ということで，政府が安倍晋三首相を座長とした研究グ

ループを立ち上げています。

榊原：100年安心メニューですね。

酒井：そこの第1回目に招聘した学者が，アメリカの経済学者なんですけれど，リンダ・グラットン（Lynda Gratton）教授という方です。その方の著書（リンダ・グラットン＝アンドリュー・スコット（Andrew Scott）『LIFE SHIFT（ライフシフト－100年時代の人生戦略－）』〔池村千秋訳〕（東洋経済新報社2016））では，2007年に先進国で生まれた子供たちの半数は100歳以上まで，日本の子供たちに至っては107歳まで生きることになる旨の内容から始まっているんです。

榊原：107歳ですか。

酒井：それは，国連が発表しているんです。リンダ教授ではなくて，国連が発表していて，相当な長寿国に，ここから急激に長寿国になるらしくて。今50歳未満の人が100歳以上生きる確率は25％ぐらい。だから4人に1人ぐらいは100歳以上になると。まだ今では100歳といったら，珍しいですけれど。

榊原：珍しいですね。

酒井：もう，だんだんそうした人たちはマイノリティーからマジョリティーになっていくという時代らしいんですよね。だからこそ，こういう改正，生命保険会社ももちろんそうした投資などもやるわけなので，基準となる年齢が116歳に一応，変わったということなんですが。

　　ここを変えると，いろいろなことに影響が出てくるように思われますが，いかがでしょうか。

榊原：確かに，今回変える理由の1つはそこですね。今の標準生命表を
ベースに見るとそうなっているということであれば，改革は必要とい
うことでしょう。ただ，語弊はあるかもしれませんが，116歳も，105
歳もあまり経理処理上は変わらない気がします。保険期間として考え
るべき期間が10年延びるとはいえ。

酒井：今，保険会社は，最近の健康志向ブームに合わせて商品設計して
いると思うのですが，例えば，歩いたり運動すれば保険料が下がると
いった仕組みですね。こういうものって，どんどん開発されていきま
すよね，AI化と併せて。
　今は，先ほどの話にもリンクしますが，あらかじめ商品を売るとき
に，もう最初から返戻率がこうですよとか，あるいは，予想される配
当率がこうですよ，みたいな話が，いわば固定された標準生命表があ
るとしても，こういうものも，どんどん個人の状況や，社会変化，あ
るいは天変地異に応じて，数値が変わってくると。フレキシブルに，
「あ，私の保険料率変わっているんだ」みたいな可能性というのはど
うでしょうか。

榊原：今は，全体，すなわち保険集団という大きなものの中で見ている
わけですが，本当は個々のものに対応してもいいのかなと思います。

酒井：今回の新通達の50％，70％とかではなく，そもそも最初に話をし
た養老保険ですが，ハーフタックス，あれは今簡便な方法だというこ
とで実務に浸透していますが，法解釈として許されないかというと，
一応解釈の余地はあるんですね。少々法律の話になってしまいますけ
れど，企業会計準拠主義を謳う法人税法22条4項というのがあって，
そこに「一般に公正妥当と認められる会計処理の基準に従う」と書い
てありますから，そうすると，その一般に公正妥当と認められる会計

処理の基準というのは，おおよそ，会計慣行のことを指すのだろうと。会計慣行というのは，実態によって，様々変わっていきますので，それを見ていないといけないわけですね。

　言ってみれば，企業会計の風土の中で，半分ぐらいが損金で，半分ぐらいが資産計上だという処理が，一応オーソライズされているとすれば，法人税法はそれを参考にして解釈するので，通達はあながち勝手に一人でやっているわけではなくて，言ってみれば，市場における慣習・慣行を参考にしているのだと，こういう説明が一応つく余地はあります。

　ただ，半分だけ損金に入れるとか，半分だけ資産に計上するといった話というのは，その商品ごとに分からないではないかと。納税者である利用者，あるいは，保険の契約者は，自分が支払った保険料のどこまでが前払いなのかは分からない。申告納税制度ですから，納税者が自分で分からないというのでは制度としてワークしない。だからこそ，いわゆる半損というような簡便的な方法が，慣行として進んでいるのだと。こうした流れだと思います。

　しかし，これからどんどん AI 化とかが進んでいくと，自分が契約している商品に対する保険料のうち，どこまでが前払いか，具体的に把握できるようになると思うんですよね。

榊原：そうしたものを開示すべきだというのもありますね。保険会社が数理計算して，分かっているところを。それを開示すべきだとして，実際に，付加保険料も含めてどうなっているかを開示している会社もあります。

酒井：そうなんですか。

榊原：はい。ちゃんと「これはこうですよ。うちは開示しています

対談風景

　よ。」ということをアピールしている会社もありますけれど，一般にはまだやっていない。

酒井：そうすると，保険会社は教えてくれるんですか。

榊原：いや，教えてはくれないですね。

酒井：やはり駄目なんですか。

榊原：基本的に，お客さんが聞いても，内訳はこうなっていますよというのは教えてくれないと思います。

酒井：くれないものなんですか。

榊原：メーカーで言うと，原価いくらですかと聞かれても，原価を答えませんよね。もちろんその内訳も。そうした理解に近いと思います。
　　　国税当局による調査などで，どう経理処理したらいいか分からないというときに，ある程度開示している実態もあるかもしれませんが，でも，一般には出していないですね。

## 通達はセーフハーバーか？

酒井：なるほど。お客さんには答えなくても，国税当局に聞かれたときには答えるでしょうね。国税通則法74条の2《当該職員の所得税等に関する調査に係る質問検査権》というのがありまして，質問検査権を規定していますが，その規定の中で，いわゆる反面調査が認められています。反面調査というのは，調査対象である当該法人と取引のあった人に質問検査できるというものなので，そうすると税務当局は，取引先である保険会社に，保険契約者の今の貯蓄部分と企業保険の部分と内訳を見せろといえるわけです。議論はありますが，反面調査先である保険会社にも税務調査における受忍義務というのもあるわけです。そうすると，答えなければいけないと。

　そうした場合に，納税者は支払保険料の半分を損金にしているけれど，半分どころか，全然損金性がないではないかと言って，更正処分を打つことは，理論的にはあると思うんですよね。通達がありながらもです。先ほどもお話に上りましたが，通達は，国税庁内部のある種の指針にすぎず，法律ではないから，やろうと思えばできてしまうんですね。もちろん，信義則に反するおそれはありますし，そんな税務調査は卑怯だというのもありますし，国民の感情論としても問題はたくさんあるんですが。

榊原：そうしたことになりますね。そうすると通達を信じるってどういうことなのという話に。

酒井：そうなんです。話が元に戻ってしまいますけど，「通達ってそんなにセーフハーバーなの？安全地帯なの？」みたいな話になるわけですね。もしかしたら国税当局にだまされたと思う人もいるかもしれませんが。

実際に，財産評価の場面でもあるんですよ。財産評価基本通達のとおりに申告したら，「実際は通達の趣旨とあまりにも乖離しているじゃないか」と言って，個別の評価方法で更正処分を受けるなんていうことが。懸念にすぎないのかもしれませんけれど，保険に携わる方は，もっとこの点の問題意識を持った方がいいのではないかと思います。「通達がそうなっているんだから大丈夫でしょ」というような前提で商品開発をされているのですが，結構，そうした不安を感じるんですよね。

榊原：理論的にはそうですね。もちろん，通達に則ってやりなさいよという行政の中の命令がある中で，なかなか考えにくいのかなと思う側面もありますが。

酒井：法律的な建て付けとしては，国税庁の通達は，国税庁長官が国税局長あるいは税務署長に対して発する命令なんですね。だから，私たち納税者とか，保険会社は名宛人ではないのです。ただ，ガラス張りなんです，その命令が。だから，そうした命令に従うんだろうなと皆が思っているんですよね。その辺りが正直言うと，心配しすぎと言われてしまうかもしれませんけれど，怖いと言えば怖いですよね。

榊原：そうですね。

酒井：もっと言えば，これから保険の内容がオープンになるというか，何か計算式に当てはめていけば保険料の内訳が出るようになった場合には，もしかしたら，2分の1損金という簡便的な取扱いは崩壊するかもしれないですよね。

榊原：ですね。それで言うと，保険通達のルールそのものも崩壊してく

る。さっき言ったように，もうそれが分かるのであれば，それをベースにやるというのが法律の考え方だから，お客さまが計算して処理したときに，税務当局がどう対応するか，新しい議論ですね。

酒井：そうですね。

榊原：ただ，「この契約はこうしています。こっちは違うことをやっています。」というわけにはいかないでしょうね。少なくとも，その法人内においては同じように，統一的に処理することが必要になると思います。究極はそこだと思いますね。

酒井：保険会社の側から，こういう通達のような取扱いを立法化すべきだというのは，何か税制提案みたいなものはあまりしないんですか。

榊原：そうしたことはあまりないと思いますね。

酒井：提案した方がいいような気がしますけれどね。やはり通達は危険という観点からすると。

榊原：ただ，流れはやはり通達の方に行っている。税制そのものがそうなっているように思います。相続税法における財産評価基本通達という流れもしかり。

酒井：ただ，また，今回のような通達改正が，いつ起こるか分からないわけです。

榊原：そうですね。これは大きいです。

酒井：青天の霹靂みたいな，バレンタイン・ショックがまたいつやってくるか分からない。

榊原：これだけ大きなものというのは，これから当面はないと思いますけれどね。次に改正になっても，運用してみた結果，ちょっと問題が起きたというレベルの改正かなと思います。商品的にも今回のルールの範囲内で，何かものすごいものが作れるかというと，やはり難しいわけですね。

酒井：そうでしょうね。

榊原：先ほど，簡便性ということを言われていましたけれども，今回の通達改正の中でも，最高解約返戻率が85％以下のところは現行に近いような簡便なルールにしたと書いてあるので，そこを見ると，なるほどね，という感じがします。いうなれば，85％超のところは「いくらなんでもやり過ぎなんじゃないの？」という商品が出ていると。
　長期平準定期保険がいろいろ販売されている中で一緒くたにしていいのか，というようなところは，その辺に配慮として入っているのかなと思っています。

## 名義変更

酒井：今回は，名義変更については触れなかったですね。

榊原：触れなかったですね。

酒井：これも実はターゲットになっているのかなと，個人的には思っていたんですが。

榊原：ですね。課題としては残っていますけどね，そこのところはもう数年来ずっと課題としてあるわけです。所得税基本通達の方の規定はどうなのでしょうか。

酒井：所得税基本通達36-37《保険契約等に関する権利の評価》の考えですよね。もともと解約返戻金相当額で評価をするんだと書いてあるんですね。それもやはり先ほどの話ではないですけど，実際，解約返戻金相当額で評価していいのかと。解約返戻金の額は分かるとしても，実際の保険の商品の評価として，解約返戻金で決めていいのかという問題もあると思うんですよね。

榊原：ありますね。

酒井：実際に経済がそうやって動いているのかというと，実はもっと解約返戻金よりも大きな価値があると理解されている面ももちろんあるでしょうし。

榊原：ですね。その契約移転することによる経済的な価値をどこで計るかという考え方ですかね。過去にこういうふうに保険料を払ってきて，そこにおいて保険契約の価値は何かといったら，過去の積み重ねに対する経済的利益が解約返戻金だよと。でも，将来的な部分の負担に対する経済的利益はどうなのかと。

酒井：全くゼロ評価というのは，本当にいいのかという問題がありますよね。

榊原：だから，その辺のところは，判断が実態と合わなくなっているのかもしれませんね。そのとおりなので，次の改正は，当然そんなこと

もあるかもしれませんね。

酒井：次なるバレンタイン・ショックはそこかもしれませんね。今，解約返戻金を低めに抑えておいて，名義変更してという商品がありますが。

榊原：そうした商品もありますね。

酒井：名義変更を利用する商品は，中小企業では今や当たり前になっていますけれど，それもちょっと気になる。

その他，逆ハーフタックスプランは，ほとんど今売っていないんですか。

榊原：これは売っていないですね。

酒井：それはなくなったかもしれませんが，解約返戻金を使う長期平準化の保険の名義変更自体は，もちろん私人間の契約ですから，当然国税庁は「やっちゃいかん」とは言えないわけで。

榊原：言えないですね。契約上できるので。

酒井：契約自由ですからね。ただ，そのときの評価ですよね。実際に，所得税基本通達に書いてあるわけですが，あれも実は，何に書いてあるかというと，フリンジ・ベネフィット，給与所得の通達なんですね。念頭に置いているのは，給与所得の，言ってみれば現金支給以外の現物給与の評価をどうするかという中で，解約返戻金の話が出てきているだけで，その部分をすべからく何でも使うというのは，もしかしたら通達の射程範囲の問題があるのかもしれないと考えています。ただ

し，ルールがないので，みんなそれに乗っかっているわけですね。

榊原：そうですね。

酒井：この辺りはもしかしたら，いうなれば通達の空白域かもしれない
ですね。

　名義変更については，それこそ同族会社等の行為計算の否認規定の
対象になる可能性，その辺りの危機感みたいなものを，やはり保険を
扱う人は持っているべきではないかなと思ったりします。

　あと逆に，個人から法人に名義変更するケースもあるらしいですね。

榊原：あまりやらないですけれどね。昔みたいな，法人成りと言ってい
たときには，個人でかけて，それで法人でとありましたけれど，今は
あまり多くないと思います。

## 法人税基本通達と所得税

酒井：今回の通達の改正は，法人税基本通達の改正なんですが，どうし
ても似たような商品が個人版でもあったりしますね。

榊原：ありますね，はい。

酒井：養老保険の取扱いを個人で適用していたクリニックの事例があり
ました。否認されて，裁決でも納税者が負けているという事例なので
すが，今回，所得税基本通達は変わっていないですし，所得税のルー
ルがないので，先ほどの通達の空白域みたいなものがあるかもしれませ
せん。

　個人については，マーケットの規模はそれほど大きくないにしても，
やはり需要はあると思うんですよね。個人の場合に，法人税基本通達

を使ってこの最高解約返戻率でやるのかというと，ルールが見えませんよね。

榊原：現行の取扱いというのは，結局，個人の部分については，ほぼ何の規定もない，通達がない。これは，実務上は法人契約に準じて取り扱うという流れになっています。裁判とか，裁決になると，いや，法人税上の取扱いなんて関係ないよ，という話になってしまうんですけれど，実務的にはそう動いているのが現状です。今回，法人の方の改正が行われれば，個人事業主契約についても同じようにルールが変わっていくというふうに考えられます。

酒井：通達によっては，例えば平成元年の介護費用保険の保険料が，あれは法人及び個人というようにして，両方，所得税も法人税も一緒の通達で取扱いを統一させたんですけれど。あれの方が珍しくて，基本的には個人はないんですね。

榊原：ないですね。

酒井：そもそも，所得税と法人税の大きな建て付けの違いがあって，法人は言ってみれば利益獲得集団としての器なので，おそらくそこで得られるものは，だいたい全部法人の収益だし，そこから支出されるものは法人の費用なんだろうと。およそ，これで当たりが付くんです。
　ところが，個人の場合は，ある面は生活者としての支払かもしれなくて，あるいは，もしかしたら事業としての支払かもしれない。そこが明確でないので，保険料の扱いは，法人税のようにシンプルには行かない。
　所得税には，家事関連費という概念があります。所得税法45条《家事関連費等の必要経費不算入等》，所得税法施行令96条《家事関連

費》では，家事関連費については，事業の部分と，家事の部分を明確に区分できない限りは，これを必要経費に算入することはできないと規定されています。

　法人にはそんな規定はないので，例えば養老保険についても，簡便的に半分にしている。先ほども触れましたが，保険料の内訳が分からないから，簡便法として半分は資産計上，半分は損金計上としているわけですけれど，所得税法の場合，「分からない」と言った瞬間に終わりなんですね。要するに，「貯蓄部分は，あなたの個人的支出なんだから，家事費でしょうと。だから，それを経費に入れていいわけがないよね」と。「分からないから半分にしている」と言った瞬間に，「分からないんだったら所得税は認めない」と言って，家事関連費が全額否認されてしまうんですよね。

　だから，本当は法律としての仕組みが全然違うので，法人税に準じて実務的に所得税を取り扱っているというのは，極めて危険で，何が起こるか分からないぐらい危険なんです。

榊原：だからやはり，個人事業契約のハーフタックスプランであったり，あるいはがん保険のケースでは争いが起きるわけですよね。裁決が多いと思うんですけれど。その大前提が，要するに個人の事業の経費になるというのは，それは事業上の契約ですよと，ここの大前提があってですよね。事業上必要な保険だと言えば，法人と同じに考えればいいよね，という考え方なんですね。

酒井：裁判例もありますが，そうしたことなんでしょうね。

榊原：私が，いろんなところで言うのは，法人であれば，極端な話，法人が必要だということで入れば，もう法人の中でという話だから，これは通達に則ってやる。でも，個人には，前提として，事業上の契約

である必要があると。

酒井：そうなんです。ただ，事業上の契約なんですが，もらうときに個人でもらっちゃうので，グレーになって厄介な問題が出てきてしまうんですよね。

榊原：ですね。

酒井：あともう1つ，ハーフタックスの話も，法人の場合は一応，「一般に公正妥当と認められる会計処理の基準」に従って半損としていると説明する余地があるわけです。半分を費用処理する取扱いは会計慣行でしょうと。で，そうしたルールに準拠する余地がある。でも，所得税法にはそういった一般に公正妥当と認められる会計処理の慣行に従うという，そのグランドルールがないんですよ。企業会計準拠を定める法律上の手当てがないんですね。だから，個人事業者が，「およそそうした会計慣行がありますよね」と言ったところで，それを所得税法の中に取り込むための条文とか，根拠がないので，会計慣行を所得税の中に持ち込めないんですよね。そうした問題があって，所得税においては難しい問題があるというわけです。

榊原：なるほど。法人税とは違うんですね。

酒井：だからこそ，個人事業者においても，こういう商品が法人と同じように見込まれるのであれば，その取扱いを法人と同じようにするかは別として，何らかの所得税基本通達の発遣が望まれるという見解もありますよね。通達依存という批判はさておき，通達がある種の予測を担保するものだと位置付けるのであれば，所得税領域においてもこういったものがないと，紛争の種になるような気がします。法人と同

じだと思って，税理士さんもお勧めされたりするわけですよね。お医者さんとか，旅館なんていうのは個人経営がたくさんありますから，そうしたところに保険商品を紹介した後で，国税当局から「これは法人税基本通達でしょう」なんて言われて，全額否認されちゃう恐れはあるわけです。

榊原：実務的にどうですかね。それを根っこから否認しているかという。

酒井：すべて否認されているとは思われませんが，事例になると，いくつかありますね。先ほどのクリニックの事例もそうです。

榊原：だからあまり極端なことはやれないというところはありますね。他方で，実務的にどうしたらいいのか，保険に加入したらどう処理したらいいのという話になると，「いや，分かりません」というのも難しい。どうしようもないので，法人を参考にしているのが現状なんでしょう。

酒井：通達をオープンにするということが，納税者の不安を払拭するためのものだということであれば，やはりそうしたところにも配慮が必要ではないかという気がしますね。

榊原：そうですね。これからの課題としてはそこもあるだろうし。でも，これまでずっと実態としてあったにもかかわらず，今回手当てがなされなかった。

## おわりに

酒井：最後に，通達が公表されても，実際の商品販売までには少し時間がかかりそうですね。6月中に出れば，保険会社の中では7月にも再

開したいというところだったそうですが。

榊原：再開したいという思いはあるんですけど，パンフレットを作り替えなければいけない。経理処理を保険会社が示さなければいけない。そのためにやはり基本システムの対応をしなければいけない。その割には，細かいところがまだ明確になっていないところがあるので，販売再開については，少し時間がかかるでしょうね。

酒井：現場の研修みたいなことも必要でしょうし，すぐ販売開始というわけにはいかないでしょうね。
　　コンピューターの処理にも相当影響しますよね。今の通達の取扱いを前提としてプログラミングされてきたんですから。

榊原：それを変えるのは大変ですよ。パブコメが出た段階で多少の準備は進めているんですけど，システムをやろうと思うと，端数処理だとか細かいところが分からないと動きようがない。

酒井：なるほど。実務の現場から様々な悲鳴が聞こえてきそうですが，お時間になってしまいましたので，この辺りにしたいと思います。今日は貴重なお話をいろいろとお伺いすることができました。ありがとうございました。

## 後日談

　国税庁が意見公募手続を経て，新たな通達の取扱いを発表したことを受けて，以下の追加対談が実施された。

酒井：先の対談収録後，新たな通達の取扱いや **FAQ** が発表されましたが，簡単にこの点についても取り上げたいと思います。

最高返戻率70％以下の定期保険等の年換算保険料相当額が30万円以下となる場合には，法人税基本通達９－３－５の２の通達の適用はなく，原則どおり，同通達９－３－５によることとなりました。これは，法的根拠を探るとすれば，法人税法22条３項２号にいう費用の額が同条４項の規定の適用を受けるところ，同条項にいう一般に公正妥当と認められる会計処理の基準が示す先の企業会計原則にいうところの重要性の原則の適用があるということになるのだと思います。当初のパブコメでは20万円だった基準が30万円となり，一般紙などでも取り上げられたわけですが，この金額が示すところの意義はどのようなものなのでしょうか。

榊原：従業員を被保険者として，保障と退職金準備を合わせて加入している場合があり，20万円では退職金の準備としては金額が低すぎるという意見を受けて，適正な期間計算の確保と契約者である法人の事務負担への配慮とのバランスなどを検討し，引き上げられたということですね。

酒井：ありがとうございます。パブリックコメントでは，退職給与引当金の計上が制限されているため，その代替手段として保険が用いられているのだという指摘や，「改正案の20万円は，退職金を準備するには金額が低廉すぎるため，50万円に引き上げてほしい。」との質問があり，これに対して，「御意見等も踏まえ，課税所得の適正な期間計算の確保と納税者の事務負担への配慮とのバランスや今般の改正の全体的な体系について改めて検討し，改正通達９－３－５の２では，被保険者一人当たりの年換算保険料相当額30万円以下のものについて，同通達の適用対象から除外することとしました。」との回答がありましたね。この30万円基準は，被保険者単位で年換算保険料相当額が30万円かどうかを判断するということになったわけです。イメージとし

て，これまでマル優利子所得非課税制度がありましたが，それに似ているようにも思います。

　果たして，他の保険会社の分なども含めて，被保険者単位で30万円基準とするのは，実務的にワークするのでしょうか。名寄せはどのようにするのか，大変関心があります。

榊原：そうですね。30万円以下かどうかは，保険会社や加入時期の違いにかかわらず通算することになっていますから，保険会社が名寄せするということではなく，法人において注意して管理しなければならないですね。

酒井：なるほど。また，30万円基準については，事業年度の途中で定期保険等の追加加入又は解約等をした場合の取扱いが FAQ に示されていますね。最初に加入した定期保険等に係る年換算保険料相当額が30万円以下で，当期に追加加入した定期保険等に係る年換算保険料相当額を合計した金額が30万円超となる場合には，最初に加入した定期保険等に係る当期分支払保険料の額のうちその追加加入以後の期間に対応する部分の金額については，法基通９－３－５の２の取扱いによることとなり，反対に，２つの定期保険等に加入している場合で，事業年度の途中に一方の定期保険等を解約等したことにより，年換算保険料相当額の合計額が30万円以下となるときには，他の定期保険等に係る当期分支払保険料の額のうちその解約等以後の期間に対応する部分の金額については，法基通９－３－５の２の取扱いの適用はないというように，追加ないし解約時以降についてのみ，新基準の適用を受けるというように示されていますから注意が必要でしょうね。

　その他，FAQ での注意事項なりご関心のある点をご指摘いただけますでしょうか。

榊原：先の対談でも触れましたが，パブコメで公示された改正案では廃止されることになっていた平成24年のがん終身保険通達に記載されていた「例外的取扱い」ですね。「解約返戻金相当額のない短期払の定期保険及び第三分野保険」として，1被保険者30万円以下という上限を設けて存置され，法人税基本通達9－3－5（注）2に追加記載されました。そして，今回の改正通達の適用は令和元年7月8日以後の契約からとなったのですが，この部分の改正については令和元年10月8日以後の契約から適用とされています。

　また，FAQ は非常に実務的な内容となっていますが，まだ不明な点も多くあり，今後の動きにも注目する必要があります。

酒井：そうですね。国税庁は，パブリックコメントでも，長期的な展望での取扱いを示すことの重要性を示しながらも，「保険会社各社の商品設計の多様化，長寿命化その他の経済環境等の変化などに伴い，その取扱いの見直しが必要と認められた場合には，適時適切に対応していく必要があると考えています。」とし，「国税庁としては，御意見のような保険商品やその利用実態も含め，保険商品全般の実態を引き続き注視し，必要に応じて取扱いの適正化に努めてまいりたいと考えています。」としていますし，通達はいかようにでもフレキシブルに変更可能なものです。ですから，おっしゃるとおり，今後の動きにも引き続き注意が必要でしょうね。追加対談ということで，お手間をおかけしました。ありがとうございました。

対談を終えて

# 第5章

## 資料編

# 「法人税基本通達の制定について」（法令解釈通達）ほか１件の一部改正（案）（定期保険及び第三分野保険に係る保険料の取扱い）等に対する意見公募手続の実施について

平成31年４月11日
国税庁

　国税庁では、「法人税基本通達の制定について」（法令解釈通達）及び「連結納税基本通達の制定について」（法令解釈通達）の一部改正並びに保険商品の類型ごとに保険料の損金算入の取扱いを定めている法令解釈通達（個別通達）の廃止について、別添のとおり予定しています。

　これらの改正等につき御意見等（日本語に限ります。）がありましたら、電子政府の総合窓口（e－Gov）の意見提出フォーム、ＦＡＸ又は郵便等により下記までお寄せください。

　御意見等には、氏名又は名称、連絡先及び理由を付記してください。寄せられた御意見につきましては、氏名又は名称及び連絡先を除き公表させていただく場合があります。

　なお、電話では御意見をお受けできませんのであらかじめ御了承願います。

　また、御意見等に対しましては、個別には回答いたしませんので、あらかじめ御了承願います。

---

【募集期間】

　平成 31 年４月 11 日(木)から平成 31 年５月 10 日(金)まで（必着）

【御意見の提出先】

○　電子政府の総合窓口（e－Gov）の意見提出フォームを使用する場合

　「パブリックコメント：意見募集中案件詳細」画面の 意見提出フォームへ のボタンをクリックし、「パブリックコメント：意見提出フォーム」より提出を行ってください。

○　ＦＡＸの場合

　ＦＡＸ番号：03 - 3581 - 4706
　国税庁 課税部 審理室 審理第２係宛
　（ＦＡＸの件名に「『法人税基本通達』一部改正（案）等に対する意見」と記載願います。）

○　郵便等による場合

　〒100 - 8978　千代田区霞ヶ関３ - １ - １
　国税庁 課税部 審理室 審理第２係宛
　（封筒等の表面に「『法人税基本通達』一部改正（案）等に対する意見」と記載願います。）

「法人税基本通達の制定について」（法令解釈通達）ほか１件の一部改正等（案）の概要

1　改正等の背景

（定期保険に係る保険料の税務上の取扱い）

　法人税法上、当該事業年度の損金の額に算入される費用の額は、別段の定めがあるものを除き、一般に公正妥当と認められる会計処理の基準に従って計算されるものとされています（法22③、④）。企業会計原則では、前払費用については、当期の損益計算から除去し、資産の部に計上しなければならないとされており（企業会計原則第二損益計算書原則一、原則第三貸借対照表原則四、財務諸表等規則16、31の２）、このような会計処理は一般に公正妥当と認められる会計処理の基準に適合するものと認められますので、法人税法上、前払部分の保険料は資産計上するのが原則となります。

　保険期間が複数年となる定期保険の支払保険料は、加齢に伴う支払保険料の上昇を抑える観点から平準化されているため、保険期間前半における支払保険料の中には、保険期間後半における保険料に充当される部分、すなわち前払部分の保険料が含まれています。しかし、その平準化された定期保険の保険料は、いわゆる掛捨ての危険保険料及び付加保険料のみで構成されており、これらを期間の経過に応じて損金の額に算入したとしても、一般に、課税所得の適正な期間計算を大きく損なうこともないと考えられることから、法人税基本通達９−３−５において、その保険料の額は期間の経過に応じて損金の額に算入することと取り扱っています。

　しかし、特に保険期間が長期にわたる定期保険や保険期間中に保険金額が逓増する定期保険は、その保険期間の前半において支払う保険料の中に相当多額の前払部分の保険料が含まれており、中途解約をした場合にはその前払部分の保険料の多くが返戻されるため、このような保険についても上記の法人税基本通達９−３−５の取扱いをそのまま適用すると課税所得の適正な期間計算を損なうこととなります。したがって、このような保険については、上記の原則的な考え方に則った取扱いとすることが適当であるため、平成20年２月28日付課法２−３「法人が支払う長期平準定期保険等の保険料の取扱いについて」（個別通達）により、その支払保険料の損金算入時期等に関する取扱いの適正化を図ってきました。

（いわゆる第三分野保険に係る保険料の税務上の取扱い）

　また、いわゆる第三分野保険についても上記と同様の考え方の下、昭和54年６月８日付直審４−18「法人契約の新成人病保険の保険料の取扱いについて」、平成元年12月16日付直審４−52、直審３−77「法人又は個人事業者が支払う介護費用保険の保険料の取扱いについて」、平成13年８月10日付課審４−100「法人契約の『がん保険（終身保障タイプ）・医療保険（終身保障タイプ）』の保険料の取扱いについて（法令解釈通達）」及び平成24年４月27日付課法２−５、課審５−６「法人が支払う

『がん保険』（終身保障タイプ）の保険料の取扱いについて（法令解釈通達）」により、それぞれの個別通達に定める保険について、支払保険料の損金算入時期等に関する取扱いを明らかにしてきました。

（取扱いの見直しの必要性）

しかしながら、これらの個別通達の発遣後相当年月を経過し、①保険会社各社の商品設計の多様化や長寿命化等により、それぞれの保険の保険料に含まれる前払部分の保険料の割合にも変化が見られること、②類似する商品であっても個別通達に該当するか否かで取扱いに差異が生じていること、③前払部分の保険料の割合が高い同一の商品であっても加入年齢や保険期間の長短により取扱いが異なること、④第三分野保険のうち個別通達に定めるもの以外はその取扱いが明らかではなかったことから、各保険商品の実態を確認して、その実態に応じた取扱いとなるよう資産計上ルールの見直しを行うとともに、類似する商品や第三分野保険の取扱いに差異が生じることのないよう定期保険及び第三分野保険の保険料に関する取扱いを統一することとします。

2　改正案等の概要

(1)　定期保険及び第三分野保険の保険料に関する原則的な取扱い

第三分野保険の保険料は危険保険料及び付加保険料のみで構成されており、その保険料の構成は定期保険と同様と認められることから、従来の定期保険の取扱いに第三分野保険の取扱いを加え、これらの保険料に含まれる前払部分の保険料が相当多額と認められる場合を除いて、期間の経過に応じて損金の額に算入することとします（法人税基本通達９－３－５）。

（注）　連結納税基本通達８－３－５においても同様の取扱いが定められているため、上記と同様の改正を行います。

(2)　定期保険等の保険料に相当多額の前払部分の保険料が含まれる場合の取扱い

法人が、自己を契約者とし、役員又は使用人（これらの者の親族を含みます。）を被保険者とする保険期間が３年以上の定期保険又は第三分野保険で最高解約返戻率が 50%を超えるものに加入して、その保険料を支払った場合には、課税所得の期間計算を適正なものとするため、その支払った保険料の額については、最高解約返戻率に応じ、それぞれ次のイからハまでにより取り扱うこととします（法人税基本通達９－３－５の２）。

イ　最高解約返戻率が50%超 70%以下となる場合

保険期間の開始から保険期間の 100 分の 40 に相当する期間（資産計上期間）においては、支払った保険料の額のうち、その金額に 100 分の 40 を乗じた金額は資産に計上し、残額は損金の額に算入します。また、資産計上期間経過後は、支払った保険料を保険期間の経過に応じて損金の額に算入するとともに、資産に計上した金額については、保険期間の 100 分の 75 に相当する期間経過後から保険期間終了までにおいて均等に取り崩し、保険期間の経過に応じて損金の額に算入します。

（注）　被保険者一人当たりの年換算保険料相当額（保険期間中における支払保険料の総額を保険期間の年数で除して計算した金額をいいます。）が 20 万円以下のものについては対象としない（上記(1)の取扱いによる）こととします。

ロ　最高解約返戻率が 70%超 85%以下となる場合

　　保険期間の開始から保険期間の 100 分の 40 に相当する期間（資産計上期間）においては、支払った保険料の額のうち、その金額に 100 分の 60 を乗じた金額は資産に計上し、残額は損金の額に算入します。また、資産計上期間経過後は、支払った保険料を保険期間の経過に応じて損金の額に算入するとともに、資産に計上した金額については、保険期間の 100 分の 75 に相当する期間経過後から保険期間終了までにおいて均等に取り崩し、保険期間の経過に応じて損金の額に算入します。

ハ　最高解約返戻率が 85%超となる場合

　　保険期間の開始から、最高解約返戻率となる期間（当該期間経過後の各期間において、その期間における解約返戻金相当額からその直前の期間における解約返戻金相当額を控除した金額を年換算保険料相当額で除した割合が 100 分の 70 を超える期間がある場合には、その超えることとなる最も遅い期間）の終了まで（資産計上期間（※））においては、支払った保険料の額のうち、その金額に最高解約返戻率の 100 分の 70（保険期間開始から 10 年を経過するまでは、100 分の 90）を乗じた金額は資産に計上し、残額は損金の額に算入します。また、資産計上期間経過後は、支払った保険料を保険期間の経過に応じて損金の額に算入するとともに、資産に計上した額については、解約返戻金相当額が最も高い金額となる期間経過後から保険期間終了までにおいて均等に取り崩し、保険期間の経過に応じて損金の額に算入します。

　（※）　資産計上期間が 5 年未満となる場合には保険期間の開始から 5 年を経過するまでとし、保険期間が 10 年未満である場合には、保険期間の開始から当該保険期間の 100 分の 50 に相当する期間終了までとします。

　（注）　連結納税基本通達 8 − 3 − 5 の 2 についても同様の取扱いを定めます。

　上記の取扱いとした理由及び考え方は次のとおりです。

（最高解約返戻率に基づいて資産計上する理由等）

　支払保険料に含まれる前払部分の保険料の額は、保険契約者には通知されず、把握できないことから、その金額を資産計上することは極めて困難となります。そこで、保険契約者が把握可能な指標で、前払部分の保険料の累積額に近似する解約返戻金に着目し、解約返戻率（保険契約時において契約者に示された解約返戻金相当額について、それを受けることとなるまでの間に支払うこととなる保険料の額の合計額で除した割合をいいます。）に基づいて資産計上すべき金額を算定することが、客観的かつ合理的と考えられます。また、毎年の解約返戻率の変動に伴い資産計上割合を変動させることは煩雑であり、その平均値などを求めることも困難であることから、特定可能な最高解約返戻率を用いて資産計上割合を設定するのが計算の簡便性の観点から相当です。

　なお、解約返戻金相当額には前払部分の保険料の累計額のほかに運用益が含まれるため、運用益相当額については資産計上額に含まれないよう保険商品の実態を反映した資産計上割合を設定することとします。

（最高解約返戻率の区分に応じた資産計上のルール）

　一方で、現行の取扱いは支払保険料の額に一定割合を乗じた金額を一律の期間資産計上するとい

う納税者の事務負担に配慮した簡便的な資産計上ルールとしていることから、取扱いの見直しに当たっては、各保険商品の実態を踏まえつつ、現行の取扱いと整合性のとれた資産計上ルールとすべきと考えられます。

そこで、新たな資産計上ルールでは、最高解約返戻率が 85％以下の商品については、各商品の実態に応じて、支払保険料の額に一定割合を乗じた金額を一律の期間資産計上するという現行の取扱いと同様の簡便なルールとします。これとは別に、前払部分の保険料が極めて多額となると認められる最高解約返戻率が 85％超の商品については、資産計上額の累積額が前払部分の保険料の累積額に近似するよう、最高解約返戻率に応じてより高い割合で資産計上することとします。

なお、一般に、資産計上期間経過後においても解約返戻金がおおむね最高額となるまでは、支払保険料に含まれる前払部分の保険料は逓減するもののその累積額は増加していくことから、いずれの区分においても一定期間は資産計上額を据え置くこととし、一定期間経過後に均等に取り崩して損金の額に算入することで、保険期間の後半に充当される前払部分の保険料と資産計上額のうち損金の額に算入される金額とが対応するような取扱いとします。

⑶　個別通達の廃止

上記⑴の法人税基本通達９－３－５の改正等に伴い、定期保険及び第三分野保険に関する取扱いを統一することから、商品類型ごとに取扱いを定めていた個別通達を廃止します。

ただし、廃止する個別通達の適用対象となる保険契約で、平成 31 年〇月〇日（改正通達の発遣日）前の契約に係る保険料については、なお従前の例によることとします。

⑷　その他

上記⑴の法人税基本通達９－３－５の改正等に伴い、法人税基本通達９－３－４及び９－３－６から９－３－７の２までについて所要の改正を行います。

（注）　連結納税基本通達８－３－４及び８－３－６から８－３－９までについても同様の改正を行います。

3　適用時期

改正後の法人税基本通達９－３－４から９－３－７の２までの取扱いは、平成 31 年〇月〇日（改正通達の発遣日）以後の契約に係る定期保険又は第三分野保険の保険料について適用します。

（注）　改正後の連結納税基本通達８－３－５の２、８－３－４から８－３－９までの取扱いは、平成 31 年〇月〇日（改正通達の発遣日）以後の契約に係る定期保険又は第三分野保険の保険料について適用します。

4　新旧対照表

法人税基本通達９－３－４から９－３－７の２及び連結納税基本通達８－３－４から８－３－９の新旧対照表は別紙のとおりです。

別　紙

## 第1　法人税基本通達関係

昭和44年5月1日付直審（法）25「法人税基本通達の制定について」（法令解釈通達）のうち次の「改正前」欄に掲げるものをそれぞれ「改正後」欄のように改める。

### 一　保険料等

| 改　正　後 | 改　正　前 |
| --- | --- |
| （養老保険に係る保険料）<br>9－3－4　法人が、自己を契約者とし、役員又は使用人（これらの者の親族を含む。）を被保険者とする養老保険（被保険者の死亡又は生存を保険事故とする生命保険をいい、特約が付されているものを含む。9－3－6に定める定期付養老保険等を含まない。以下9－3－7まで及び9－3－4において同じ。）に加入してその保険料（令第135条（確定給付企業年金等の掛金等の損金算入）の規定の適用があるものを除く。以下9－3－4において同じ。）を支払った場合には、その支払った保険料の額（特約に係る保険料の額を除く。）については、次に掲げる場合の区分に応じ、それぞれ次により取り扱うものとする。<br>(1)　死亡保険金（被保険者が死亡した場合に支払われる保険金をいう。以下9－3－5まで及び9－3－4において同じ。）及び生存保険金（被保険者が保険期間の満了の日その他一定の時期に生存している場合に支払われる保険金をいう。以下9－3－4において同じ。）の受取人が当該法人である場合　その支払った保険料の額は、保険事故の発生又は保険契約の解除若しくは失効により当該保険契約が終了する時まで資産に計上するものとする。<br>(2)　死亡保険金及び生存保険金の受取人が被保険者又はその遺族である場合　その支払った保険料の額は、当該役員又は使用人に対する給与とする。<br>(3)　死亡保険金の受取人が当該法人 | （養老保険に係る保険料）<br>9－3－4　法人が、自己を契約者とし、役員又は使用人（これらの者の親族を含む。）を被保険者とする養老保険（被保険者の死亡又は生存を保険事故とする生命保険をいい、傷害特約等の特約が付されているものを含む。9－3－6に定める定期付養老保険等を含まない。以下9－3－7まで及び9－3－4において同じ。）に加入してその保険料（令第135条（確定給付企業年金等の掛金等の損金算入）の規定の適用があるものを除く。以下9－3－4において同じ。）を支払った場合には、その支払った保険料の額（傷害特約等の特約に係る保険料の額を除く。）については、次に掲げる場合の区分に応じ、それぞれ次により取り扱うものとする。<br>(1)　死亡保険金（被保険者が死亡した場合に支払われる保険金をいう。以下9－3－5まで及び9－3－4において同じ。）及び生存保険金（被保険者が保険期間の満了の日その他一定の時期に生存している場合に支払われる保険金をいう。以下9－3－4において同じ。）の受取人が当該法人である場合　その支払った保険料の額は、保険事故の発生又は保険契約の解除若しくは失効により当該保険契約が終了する時まで資産に計上するものとする。<br>(2)　死亡保険金及び生存保険金の受取人が被保険者又はその遺族である場合　その支払った保険料の額は、当該役員又は使用人に対する給与とする。<br>(3)　死亡保険金の受取人が当該法人 |

**【改正後】**

は(1)により資産に計上し、残額は期間の経過に応じて損金の額に算入する。ただし、役員又は部課長その他特定の使用人(これらの者の親族を含む。)のみを被保険者としている場合には、当該残額は、当該役員又は使用人に対する給与とする。

(定期保険及び第三分野保険に係る保険料)

9－3－5　法人が、自己を契約者とし、役員又は使用人(これらの者の親族を含む。)を被保険者とする定期保険(一定期間内における被保険者の死亡を保険事故とする生命保険をいい、特約が付されているものを含む。以下9－3－7までにおいて同じ。)又は第三分野保険(保険業法第3条第4項第2号《免許》に掲げる保険(これに類するものを含む。)をいい、特約が付されているものを含む。以下9－3－7の2までにおいて同じ。)に加入してその保険料を支払った場合には、その支払った保険料の額(特約に係る保険料の額を除く。以下9－3－5の2までにおいて同じ。)については、9－3－5の2《定期保険等の保険料に相当する多額の保険料が含まれる場合の取扱い》の適用を受けるものを除き、次に掲げる場合の区分に応じ、それぞれ次により取り扱うものとする。

(1) 保険金又は給付金の受取人が当該法人である場合　その支払った保険料の額は、期間の経過に応じて損金の額に算入する。

(2) 保険金又は給付金の受取人が被保険者又はその遺族である場合　その支払った保険料の額は、期間の経過に応じて損金の額に算入する。ただし、役員又は部課長その他特定の使用人(これらの者の親族を含む。)のみを被保険者としている場合には、当該保険料の額は、当該役員又は使用人に対する給与とする。

**【改正前】**

である場合　その支払った保険料の額のうち、その2分の1に相当する金額は(1)により資産に計上し、残額は期間の経過に応じて損金の額に算入する。ただし、役員又は部課長その他特定の使用人(これらの者の親族を含む。)のみを被保険者としている場合には、当該残額は、当該役員又は使用人に対する給与とする。

(定期保険に係る保険料)

9－3－5　法人が、自己を契約者とし、役員又は使用人(これらの者の親族を含む。)を被保険者とする定期保険(一定期間内における被保険者の死亡を保険事故とする生命保険をいい、傷害特約等の特約が付されているものを含む。以下9－3－7までにおいて同じ。)に加入してその保険料を支払った場合には、その支払った保険料の額(傷害特約等の特約に係る額を除く。)については、次に掲げる場合の区分に応じ、それぞれ次により取り扱うものとする。

(1) 死亡保険金の受取人が当該法人である場合　その支払った保険料の額は、期間の経過に応じて損金の額に算入する。

(2) 死亡保険金の受取人が被保険者の遺族である場合　その支払った保険料の額は、期間の経過に応じて損金の額に算入する。ただし、役員又は部課長その他特定の使用人(これらの者の親族を含む。)のみを被保険者としている場合には、当該保険料の額は、当該役員又は使用人に対する給与とする。

| 改正後 | 改正前 |
|---|---|
| （定期保険等の保険料に相当多額の前払部分の保険料が含まれる場合の取扱い）<br><br>9－3－5の2 法人が、自己を契約者とし、役員又は使用人（これらの者の親族を含む。）を被保険者とする保険期間が3年以上の定期保険又は第三分野保険（以下9－3－5の2において「定期保険等」という。）で最高解約返戻率が50％を超えるものに加入して、その保険料を支払った場合には、当期分支払保険料の額については、次表に定める区分に応じ、それぞれ次により取り扱うものとする。ただし、これらの保険のうち、最高解約返戻率が70％以下で、かつ、年換算保険料相当額（一の被保険者につき2以上の定期保険等に加入している場合にはそれぞれの年換算保険料相当額の合計額）が20万円以下の保険に係る保険料を支払った場合については、9－3－5の例によるものとする。<br><br>(1) 当該事業年度に次表の資産計上期間がある場合には、当期分支払保険料の額のうち、次表の資産計上額の欄に掲げる金額は資産に計上し、残額は損金の額に算入する。<br><br>(注) 当該事業年度の中途で次表の資産計上期間が終了する場合には、次の資産計上額については、当期分支払保険料の額を当該事業年度の月数で除して当該事業年度に含まれる資産計上期間の月数（1月未満の端数がある場合には、その端数を切り捨てる。）を乗じて計算した金額により計算する。<br><br>(2) 当該事業年度に次表の資産計上期間がない場合（当該事業年度に次表の取崩期間がある場合を除く。）には、当期分支払保険料の額は、損金の額に算入する。<br><br>(3) 当該事業年度に次表の取崩期間がある場合には、当期分支払保険料の額（(1)により資産に計上することとなる金額を除く。）を損金の額に算入するとともに、(1)により資産に計上した金額の累積額を取崩期間（当該取崩期間 | （新設） |

| 改 | 正 | 後 | 改 | 正 | 前 |
|---|---|---|---|---|---|

に１月未満の端数がある場合には、その端数を切り上げる。）の経過に応じて均等に取り崩した金額のうち、当該事業年度に対応する金額を損金の額に算入する。

| 区　分 | 資 産 計 上 期 間 | 資 産 計 上 額 | 取 崩 期 間 |
|---|---|---|---|
| 最高解約返戻率50％超70％以下 | 保険期間の開始の日から、当該保険期間の100分の40相当期間を経過する日まで | 当期分支払保険料の額に100分の40を乗じて計算した金額 | 保険期間の100分の75相当期間経過後から、保険期間の終了の日まで |
| 最高解約返戻率70％超85％以下 | | 当期分支払保険料の額に100分の60を乗じて計算した金額 | |
| 最高解約返戻率85％超 | 保険期間の開始の日から、最高解約返戻率となる期間（当該期間経過後の各期間において、その期間における解約返戻金相当額からその直前の期間における解約返戻金相当額を控除した金額を年換算保険料相当額で除した割合が100分の70を超える期間がある場合には、その超えることとなる最も遅い期間）の終了の日まで | 当期分支払保険料の額に最高解約返戻率の100分の70(保険期間の開始の日から、10年を経過する日までは、100分の90)を乗じて計算した金額 | 解約返戻金相当額が最も高い金額となる期間（最も高い金額となる期間が複数ある場合にはその最も遅い期間とし、資産計上期間がこの表の資産計上期間の欄に掲げる(注)に |

| 改 | 正 | 前 | | 改 | 正 | 後 |
|---|---|---|---|---|---|---|
| | | | | | | (注) 該当する場合には、当該(注)による資産計上期間)経過後から、保険期間の終了の日まで |

(注) 上記の資産計上期間が五年未満となる場合には、保険期間の開始の日から、五年を経過する日まで(保険期間が10年未満の場合には、保険期間の開始の日から、当該保険期間の100分の50相当期間を経過する日まで)とする。

(注)1 「解約返戻率」、「最高解約返戻率」及び「当期分支払保険料の額」、「年換算保険料相当額」及び「保険期間」とは、それぞれ次のものをいう。

イ 解約返戻率とは、保険契約時において契約者に示された解約返戻金相当額について、それを受けることとなるまでの間に支払うこととなる保険料の額の合計額で除した割合をいう。

ロ 最高解約返戻率とは、その保険の保険期間を通じて解約返戻率が最も高い割合となる期間におけるその割合をいう。

ハ 当期分支払保険料の額とは、その支払った保険料の額のうち当該事業年度に対応する部分の金額をいう。

ニ 年換算保険料相当額とは、その保険の保険料の総額を保険期間の年数で除した金額をいう。

ホ 保険期間とは、保険契約に定められている契約日から満了日までをいい、当該保険期間の開始の日以後1年ごとに区分した各期間で構成されているものとして本文の取扱いを適用する。

2 保険期間が終身である第三分野保険については、保険期間の開始の日か

| 改正後 | 改正前 |
|---|---|
| ら被保険者の年齢が116歳に達する日までを計算上の保険期間とする。<br><br>3　一定期間分の保険料の額の前払いをした場合には、その全額を資産に計上し、資産に計上した金額のうち当該事業年度に対応する部分の金額について、本文の取扱いによることに留意する。<br><br>4　本文の取扱いは、保険契約時の契約内容に基づいて適用するのであるが、契約内容の変更があった場合の変更後の保険期間については、変更後の契約内容に基づいて本文の取扱いを適用する。<br><br>5　保険金又は給付金の受取人が被保険者又はその遺族である場合であって、役員又は部課長その他特定の使用人（これらの者の親族を含む。）のみを被保険者としているときには、本文の取扱いはなく、当該役員又は使用人に対する給与となる。<br><br>**（定期付養老保険等に係る保険料）**<br><br>9－3－6　法人が、自己を契約者とし、役員又は使用人（これらの者の親族を含む。）を被保険者とする定期付養老保険等（養老保険に定期保険又は第三分野保険を付したものをいう。以下9－3－7までにおいて同じ。）に加入してその保険料を支払った場合には、その支払った保険料に係る保険料の額（特約に係る保険料の額を除く。）について、次に掲げる場合の区分に応じ、それぞれ次により取り扱うものとする。<br><br>(1)　当該保険料の額が生命保険証券等において養老保険に係る保険料の額と定期保険又は第三分野保険に係る保険料の額とに区分されている場合　それぞれの保険料の額について9－3－4、9－3－5又は9－3－5の2の例による。<br><br>(2)　(1)以外の場合　その保険料の額について9－3－4の例による。 | **（定期付養老保険に係る保険料）**<br><br>9－3－6　法人が、自己を契約者とし、役員又は使用人（これらの者の親族を含む。）を被保険者とする定期付養老保険（養老保険に定期保険を付したものをいう。以下9－3－7までにおいて同じ。）に加入してその保険料を支払った場合には、その支払った保険料の額（傷害特約等の特約に係る保険料の額を除く。）について、次に掲げる場合の区分に応じ、それぞれ次により取り扱うものとする。<br><br>(1)　当該保険料の額が生命保険証券等において養老保険に係る保険料の額と定期保険に係る保険料の額とに区分されている場合　それぞれの保険料の額について9－3－4又は9－3－5の例による。<br><br>(2)　(1)以外の場合　その保険料の額について9－3－4の例による。 |

| 改正後 | 改正前 |
|---|---|
| （特約に係る保険料）<br>9-3-6の2　法人が、自己を契約者とし、役員又は使用人（これらの者の親族を含む。）を被保険者とする特約を付した養老保険、定期保険、第三分野保険又は定期付養老保険等に加入し、当該特約に係る保険料を支払った場合には、その支払った保険料の額については、当該特約の内容に応じて、9-3-4、9-3-5又は9-3-5の2の例による。<br><br>（保険契約の転換をした場合）<br>9-3-7　法人がいわゆる契約転換制度によりその加入している養老保険、第三分野保険又は定期付養老保険等（以下9-3-7において「転換後契約」という。）に転換した場合には、資産に計上している保険料の額（以下9-3-7において「資産計上額」という。）のうち、転換後契約の責任準備金に充当される部分の金額（以下9-3-7において「充当額」という。）を超える部分の金額をその転換をした日の属する事業年度の損金の額に算入することができるものとする。この場合において、資産計上額のうち充当額に相当する部分の金額については、その転換のあった日に保険料の一時払いをしたものとして、9-3-4から9-3-6までの例による。<br><br>（払済保険へ変更した場合）<br>9-3-7の2　法人が既に加入している生命保険をいわゆる払済保険に変更 | （傷害特約等に係る保険料）<br>9-3-6の2　…を被保険者とする傷害特約等の特約を付した養老保険、定期保険又は定期付養老保険に加入し、当該特約に係る保険料を支払った場合には、その払った保険料の額は、期間の経過に応じて損金の額に算入することができる。ただし、役員又は部課長その他特定の使用人（これらの者の親族を含む。）のみを傷害特約等に係る給付金の受取人としている場合には、当該保険料の額は、当該役員又は使用人に対する給与とする。<br><br>（保険契約の転換をした場合）<br>9-3-7　法人がいわゆる契約転換制度によりその加入している養老保険（以下9-3-7において「転換後契約」という。）に転換した場合には、資産に計上している保険料の額（以下9-3-7において「資産計上額」という。）のうち、転換後契約の責任準備金に充当される部分の金額（以下9-3-7において「充当額」という。）を超える部分の金額をその転換をした日の属する事業年度の損金の額に算入することができるものとする。この場合において、資産計上額のうち充当額に相当する部分の金額については、その転換のあった日に保険料の一時払いをしたものとして、9-3-4から9-3-6までの例による。<br><br>（払済保険へ変更した場合）<br>9-3-7の2　法人が既に加入している生命保険をいわゆる払済保険に変更 |

| 改正後 | 改正前 |
|---|---|
| した場合には、原則として、その変更時における解約返戻金相当額とその保険契約上資産に計上している保険料の額(以下9－3－7の2において「資産計上額」という。)との差額を、その変更した日の属する事業年度の益金の額又は損金の額に算入する。ただし、既に加入している生命保険の保険料の全額(特約に係る保険料の額を除く。)が役員又は使用人に対する給与となる場合は、この限りでない。<br>(注)1 養老保険、終身保険、定期保険、第三分野保険(特約が付加されていないものに限る。)から同種類の払済保険に変更した場合に、本文の取扱いを適用せずに、既往の資産計上額又は保険事故の発生又は契約失効等により契約が終了するまで計上しているときは、これを認める。<br>2 本文の解約返戻金相当額については、その払済保険へ変更した時点において当該変更後の保険と同一内容の保険に加入して保険期間の全部の保険料を一時払いして処理するものとして、9－3－4から9－3－6までの例により処理するものとする。<br>3 払済保険が復旧された場合には、払済保険を復旧した日の属する事業年度の損金の額又は益金の額に、また、払済保険に変更した後に損金の額に算入した金額は復旧した日の属する事業年度の益金の額に算入する。 | した場合には、原則として、その変更時における解約返戻金相当額とその保険契約上資産に計上している保険料の額(以下9－3－7の2において「資産計上額」という。)との差額を、その変更した日の属する事業年度の益金の額又は損金の額に算入する。ただし、既に加入している生命保険の保険料の全額(傷害特約等に係る保険料の額を除く。)が役員又は使用人に対する給与となる場合は、この限りでない。<br>(注)1 養老保険、終身保険及び年金保険(特約が付加されていないものに限る。)から同種類の払済保険に変更した場合に、本文の取扱いを適用せずに、既往の資産計上額又は保険事故の発生又は契約失効等により契約が終了するまで計上しているときは、これを認める。<br>2 本文の解約返戻金相当額については、その払済保険へ変更した時点において当該変更後の保険と同一内容の保険に加入して保険期間の全部の保険料を一時払いして処理するものとして、9－3－4から9－3－6までの例により処理するものとする。<br>3 払済保険が復旧された場合には、払済保険を復旧した日の属する事業年度の損金の額又は益金の額に、また、払済保険に変更した後に損金の額に算入した金額は復旧した日の属する事業年度の益金の額に算入する。 |

二 経過的取扱い

| 改　正　後 | 改　正　前 |
|---|---|
| (経過的取扱い…改正通達の適用時期)<br><br>この法令解釈通達による改正後の取扱いは平成 31 年 ● 月 ● 日以後の契約に係る定期保険又は第三分野保険の保険料について適用し、同日前の契約に係る定期保険又は第三分野保険の保険料については、この法令解釈通達による改正前の取扱い並びにこの法令解釈通達による廃止前の昭和 54 年 6 月 8 日付直審 4 －18「法人契約の新成人病保険の保険料の取扱いについて」、昭和 62 年 6 月 16 日付直法 2 － 2「法人が支払う長期平準定期保険等の保険料の取扱いについて」、平成元年 12 月 16 日付直審 4 －52「法人又は個人事業者が支払う介護費用保険の保険料の取扱いについて」、平成 13 年 8 月 10 日付課審 4 －100「法人契約の「がん保険（終身保障タイプ）・医療保険（終身保障タイプ）」の保険料の取扱いについて（法令解釈通達）」及び平成 24 年 4 月 27 日付課法 2 － 5 ほか 1 課共同「法人が支払う「がん保険」（終身保障タイプ）の保険料の取扱いについて（法令解釈通達）」の取扱いの例による。(略) | (新　設) |

## 第 2　連結納税基本通達関係

平成 15 年 2 月 28 日付課法 2 － 3 ほか 1 課共同「連結納税基本通達の制定について」（法令解釈基本通達）のうち次の「改正前」欄に掲げるものをそれぞれ「改正後」欄に「改正前」欄のように改める。(略)

# 「法人税基本通達の制定について」（法令解釈通達）ほか１件の一部改正（案）（定期保険及び第三分野保険に係る保険料の取扱い）等に対する意見公募の結果について

令和元年 6 月28日
国税庁

　「法人税基本通達の制定について」（法令解釈通達）及び「連結納税基本通達の制定について」（法令解釈通達）の一部改正並びに保険商品の類型ごとに保険料の損金算入の取扱いを定めている法令解釈通達（個別通達）の廃止については、平成 31 年 4 月 11 日（木）から令和元年 5 月 10 日（金）までホームページ等を通じて意見公募を行ったところ、127 通の御意見をいただきました。御意見をお寄せいただきました方々の御協力に厚く御礼申し上げます。

1　御意見の提出状況
　　○　郵便等によるもの　　　　　　6　通
　　○　ＦＡＸによるもの　　　　　　3　通
　　○　インターネットによるもの　118　通
　　　　　合　　　計　　　　　　127　通

2　御意見の概要及び御意見に対する国税庁の考え方
　　お寄せいただいた御意見の概要及び御意見に対する国税庁の考え方は別紙１のとおりです。また、御意見を踏まえた原案からの修正箇所は別紙２のとおりです。
　（注）御意見については、財務省地下１階（東京都千代田区霞が関３－１－１）の閲覧窓口において閲覧することができます。

| 区分 | 御意見の概要 | 御意見に対する国税庁の考え方 |
|---|---|---|
| 改正の必要性・対象 | いわゆる節税保険は、課税の繰り延べにすぎず、また、中小企業の経営支援や福利厚生にも資するため、今までどおりの取扱いとすべきではないか。 | 保険期間の前半において支払う保険料の中に相当多額の前払部分の保険料が含まれており、中途解約をした場合にはその前払部分の保険料の多くが返戻されるような保険については、個別通達により、その支払保険料の損金算入時期等に関する取扱いの適正化を図ってきました。 |
| | 法人税基本通達を変更するのではなく、行き過ぎた保険商品のみ取扱いを改正するべきではないか。 | 今般の改正は、個別通達の発遣後相当年月を経過し、①保険会社各社の商品設計の多様化や長寿命化等により、それぞれの保険の保険料に含まれる前払部分の保険料の割合にも変化が見られること、②類似する商品であっても個別通達に該当するか否かで取扱いに差異が生じていること、③前払部分の保険料の割合が高い同一の商品であっても加入年齢や保険期間の長短により取扱いが異なること、④第三分野保険のうち個別通達に定めるもの以外はその取扱いが明らかではなかったことから、各保険商品の実態を確認して、その実態に応じた取扱いとなるよう資産計上ルールの見直しを行うとともに、類似する商品や第三分野保険の取扱いに差異が生じることのないよう定期保険及び第三分野保険の保険料に関する取扱いを統一するものです。 |
| | 改正の背景として、「個別通達の発遣後相当年月を経過」とあるが、長期平準定期保険の通達改正からおよそ10年しか経過しておらず、また、「商品設計の多様化」とあるが、前払保険料は10年前の商品より現在の商品のほうが明らかに返戻率が落ちている。長期平準定期保険の取扱いの改正には賛同できない。 | |
| | 今回の改正案は、行き過ぎた節税保険に対して適正化を図ろうとするものであり、評価できる。 | なお、国税庁としては、今後とも引き続き定期保険及び第三分野保険の実態を注視してまいりたいと考えています。 |
| | 個別通達の抜け穴を突くような一部保険会社による全額損金商品の返戻率競争に歯止めをかけることは賛成である。 | |
| | 第三分野保険に「長期傷害保険」が含まれることを明記すべきではないか。 | 今般の改正通達の対象となる第三分野保険とは、保険業法第3条第4項第2号（免許）に掲げる保険（これに類するものを含みます。）としていますので、お尋ねの保険は、第三分野保険に該当することとなります。 |

| | |
|---|---|
| 　中小企業については、老後の蓄えや設備投資を促すために、今までどおりの取扱いとすべきである。 | 　今般の改正は、課税所得の期間計算を適正に行うという観点から定期保険及び第三分野保険に係る支払保険料の損金算入時期に関する取扱いの適正化を図ったものであり、御意見のような観点からその取扱いを定めることは適当ではないと考えています。 |
| 　退職給与引当金や大規模修繕引当金の計上が大幅に制限されているため、その代替手段として保険が用いられているのであり、こうした観点からも、保険料の損金算入を認める必要がある。 | |
| 　被保険者一人当たりの年換算保険料相当額が 20 万円以下のものについても、改正通達の対象とするべきではないか。 | 　改正通達案9－3－5の2においては、最高解約返戻率が 70％以下の保険で、その年換算保険料相当額が少額の場合には、支払保険料の中に含まれる前払部分の保険料を期間の経過に応じて損金の額に算入したとしても、一般に、課税所得の適正な期間計算を著しく損なうこともなく、また、納税者の事務負担の簡素化にも資すると考えられることから、被保険者一人当たりの年換算保険料相当額が 20 万円以下のものについては、同通達案の適用対象から除外することとしていました。 |
| 　改正案の 20 万円は、退職金を準備するには金額が低廉すぎるため、50 万円に引き上げてほしい。 | 　しかしながら、御意見等も踏まえ、課税所得の適正な期間計算の確保と納税者の事務負担への配慮とのバランスや今般の改正の全体的な体系について改めて検討し、改正通達9－3－5の2では、被保険者一人当たりの年換算保険料相当額30万円以下のものについて、同通達の適用対象から除外することとしました。 |
| 　頻繁に通達を変更するのではなく長期的な取扱いとすべきである。 | 　国税庁としては、予測可能性の確保等の観点から、支払保険料の損金算入時期の取扱いについて、御意見のように、長期的に持続可能なものとすることが望ましいと考えています。 |
| 　定期保険及び第三分野保険に係る保険料の取扱い以外の取扱いについても不明確な点があるため、明確化すべきである。 | 　その一方で、保険会社各社の商品設計の多様化、長寿命化その他の経済環境等の変化などに伴い、その取扱いの見直しが必要と認められた場合には、適時適切に対応していく必要があると考えています。 |
| 　今回改正される定期保険等に代わって、いわゆる養老保険の福利厚生プランが利用されることが懸念される。また、低解約返戻金型定期保険を個人に名義変更するいわゆる名義変更プランなどについても、対策を行う必要があるのではないか。 | 　国税庁としては、御意見のような保険商品やその利用実態も含め、保険商品全般の実態を引き続き注視し、必要に応じて取扱いの適正化に努めてまいりたいと考えています。 |

| | | |
|---|---|---|
| 資産計上期間・資産計上額 | 　最高解約返戻率を基準値とした区分や定期保険と第三分野保険の統一化は、公平性・簡素化の観点から秀逸な改正案である。 | 　今般の改正は、生命保険協会からのヒアリング等により、各生命保険会社が販売している各保険商品の実態を確認した上で、各保険商品の保険料の中に含まれる前払部分の保険料の累積額に近似するよう資産計上ルールを定めたものです。<br>　また、現行の取扱いは、支払保険料の額に一定割合を乗じた金額を一律の期間資産計上するという納税者の事務負担に配慮した簡便的な資産計上ルールとしていることから、各保険商品の実態を踏まえつつ、最高解約返戻率が85％以下の商品については、現行の取扱いと同様の簡便なルールとしています。 |
| | 　改正後の取扱いにおける資産計上額等の根拠は何か。 | |
| | 　逓増定期保険や長期平準定期保険は、これまでの通達改正により保険料の前払部分の割合を踏まえた資産計上ルールになっており、直近の通達改正から現在まで前払部分を過度に高めるような商品改定も行われていない。今回の改正に当たっては現在販売されている逓増定期保険や長期平準定期保険のデータも分析し、全額損金商品と同様の弊害が生じていることを確認した上で改正通達の対象に含めたという理解でよいか。 | |
| | 　一定の保険商品については一定の期間、全額資産計上するなど、資産計上割合を高めるべきではないか。 | |
| | 　今回の改正案は厳しすぎるため、資産計上割合を下げるべきではないか。 | |
| | 　期末時点における解約返戻金相当額を益金算入とし、翌年に洗替する方法によるべきではないか。 | 　解約返戻金相当額は、その保険契約が解約等されたときの収益として認識され、法人の所得の金額の計算上、益金の額に算入されることとなります。したがって、国税庁としては、その保険契約が解約等される前に解約返戻金相当額を益金の額に算入することは適当でないと考えています。<br>　なお、一般に、解約返戻金相当額には前払部分の保険料の累積額のほかに未実現の運用益が含まれることから、今般の改正では、この運用益相当額については資産計上額に含まれないよう、保険商品の実態に即した資産計上期間、資産計上割合及び取崩期間を設定しています。 |
| | 　保険契約の権利の時価である解約返戻金の増減額を課税標準に反映する考え方をとるべきではないか。 | |

| | |
|---|---|
| 保険会社等から契約者の各期末における積立保険料及び前払金相当額を告知させ、その額を資産計上するべきではないか。告知が無い場合には、その支払保険料の全額を資産計上するべきではないか。 | 国税庁は、各保険会社に対し、保険商品の販売等に関して指導する立場にはありませんが、従前から、保険会社は保険商品の販売に際し、「解約返戻金については、例えば、金額を保険証券等に表示する、計算方法等を約款等に掲載するなど、保険契約者等に明瞭に開示するための措置を講じ」る必要があるとされています（金融庁「保険会社向けの総合的な監督指針」 Ⅳ－1－10 解約返戻金の開示方法）。 |
| 最高解約返戻率は、資産計上額等の計算の基準となることから、保険証券などに適切に記載されるよう保険会社を指導すべきではないか。 | 支払保険料の中に含まれる前払部分の保険料の額は、保険契約者には通知されず、把握できないことから、今般の改正では、保険契約者が把握可能な指標で、前払部分の保険料の累積額に近似する解約返戻金に着目し、解約返戻率に基づいて資産計上すべき金額を算定することとしています。 |
| 各年度の解約返戻率を基準に資産計上割合を設定するべきではないか。 | 御意見のような取扱いも考えられなくもないところですが、実務上、毎年の解約返戻率の変動に伴い資産計上割合を変動させることは煩雑であることから、計算の簡便性に配慮し、保険契約者が契約時に特定可能な最高解約返戻率を用いて資産計上割合を設定することとしています。 |
| 改正案は複雑であり、経理処理の誤りを誘発するため、契約が長期間に及ぶ保険契約は、よりシンプルな税務上の取扱いとすべきではないか。 | 国税庁としては、税務上の取扱いを明らかにすることにより、課税の透明性・統一性の確保に努め、適正・公平な課税の実現に努めているところであり、保険商品に係る取扱いも同様です。<br><br>今般の改正では、保険契約者が把握可能な指標である最高解約返戻率の区分に応じた資産計上ルールとし、最高解約返戻率が 85％以下の商品については、各商品の実態に応じて、支払保険料の額に一定割合を乗じた金額を一律の期間資産計上するという現行の取扱いと同様の簡便なルールとしています。<br><br>一方、前払部分の保険料が極めて多額となると認められる最高解約返戻率が85％超の商品については、資産計上額の累積額が前払部分の保険料の累積額に近似するよう、最高解約返戻率に応じてより高い割合で資産計上することとしています。 |

| | | |
|---|---|---|
| | 最高解約返戻率85%超の区分における資産計上期間の欄にある「その超えることとなる最も遅い期間」とはどのような意味なのか。<br><br>また、同じ欄の（注）のカッコ内で「保険期間が 10 年未満の場合には・・・」となっているが、（注）の本文が5年未満となる場合となっていることとの関係からすれば、（注）のカッコ内は「保険期間が5年を超え10年未満の場合・・・」となるのではないか。 | 今般の改正では、最高解約返戻率となる期間経過後の各期間において、年換算保険料相当額に対する解約返戻金相当額の増加割合が 70％を超える期間がある場合には、その期間の終了の日までを資産計上期間としています。<br><br>なお、改正通達案9－3－5の2では、表の資産計上期間の欄の括弧書において、この増加割合が70％を超える期間が複数ある場合には、その最も遅い期間の終了の日までが資産計上期間となることを留意的に示していましたが、同欄の「最高解約返戻率となる期間」及び取崩期間の欄の「解約返戻金相当額が最も高い金額となる期間」と併せて、改正通達9－3－5の2の（注）3において、これらの期間が複数ある場合には、いずれもその最も遅い期間がそれぞれの期間となることを明記することとしました。<br><br>また、同欄の（注）では、同欄の本文に当てはめた場合の資産計上期間が5年未満となる場合であっても、資産計上期間を5年とすることとしていますが、保険期間が短い場合（特に保険期間が3年ないしは5年の場合）に、資産計上期間を5年とすることは適当でないため、保険期間が 10 年未満の場合には、その保険期間の100分の50相当期間を資産計上期間とすることとしています。 |
| 個別の取扱い | 改正通達案9－3－5の2の（注）4では、契約内容の変更後の保険期間は、変更後の契約内容に基づくとあるが、最高解約返戻率の区分が変わった場合、過去の事業年度に遡って資産計上額を修正（修正申告）する必要があるのか。 | 過去の事業年度に遡って修正する必要はありません。<br><br>なお、改正通達案9－3－5の2の（注）4では「契約内容の変更があった場合の変更後の保険期間については」としていますが、過去の事業年度に遡って修正する必要はないことを明確にするため、「その契約内容の変更があった場合、保険期間のうち当該変更以後の期間においては、」とすることとしました。 |
| | 最高解約返戻率が 50％超 85％以下の場合の資産計上期間は、保険期間の 100分の 40 相当期間を経過する日まで、とあるが、改正案9－3－5の2の(1)の（注）のとおり、その日が事業年度の月途中であれば、一月未満は切り捨てとなるのか。 | 御意見のとおり、取り扱うこととなります。 |

| | |
|---|---|
| 　最高解約返戻率が85%超の場合、資産計上額は、当初10年が×90%、11年以後が×70%となるが、例えば、10年を経過する日が、法人の事業年度の中途の場合（月途中の場合）、一月未満は切り捨てるのか、切り上げるのかを明記すべきではないか。 | 　御意見のとおり、改正通達案9－3－5の2において、最高解約返戻率が85%超となる場合に資産計上額を計算する際に、当期分支払保険料の額に最高解約返戻率の100分の90を乗ずることとなる期間の末日（保険期間の開始の日から、10年を経過する日）が事業年度の中途（月途中）となるときには、その事業年度において最高解約返戻率の100分の90を乗ずる期間に1月未満の端数が生ずることとなります。<br>　しかしながら、この端数について、切り捨てて計算するのか否かが明らかではありませんでしたので、その1月未満の端数を切り捨てて計算する旨を、改正通達9－3－5の2の(1)(注)に明記することとしました。 |
| 　最高解約返戻率が85%超となる場合、算出される資産計上額が当期分支払保険料の額を超える可能性があるが、当期分支払保険料の額を超えて資産計上を行うのか。 | 　御意見のとおり、改正通達案9－3－5の2の(1)において、資産計上額が当期分支払保険料の額を超過した場合の取扱いが不明確でしたので、算出される資産計上額は当期分支払保険料の額が上限となる旨を、改正通達9－3－5の2の(1)に明記することとしました。 |
| 　最高解約返戻率が85%超で、解約返戻金の増加割合が70%を超える期間がある場合には、その超えることとなる最も遅い期間の終了日までを資産計上期間としているが、「その期間における解約返戻金相当額」というのは、保険期間を1年ごとに区切った場合の各期間のうち、どの時点（年初、年末、各月等）の解約返戻金相当額を用いるのか。 | 　解約返戻率の計算や解約返戻金相当額の増加割合の判定において、各期間における解約返戻金相当額は、その保険の契約時に各保険会社がその期間の解約返戻金相当額として保険契約者に示した金額を用いることとなります。<br>　また、各期間における解約返戻金相当額について、各保険会社が、例えば月ごと又は半年ごとなど、複数時点の金額を示すような場合には、いずれを用いても差し支えありません。ただし、そのような場合には、保険期間を通じて、同一の時点（例えば、「各期間の終了時点」等）の解約返戻金相当額を用いる必要があります。 |
| 　変額定期保険など運用実績に応じて解約返戻金が確定するため、解約返戻金が契約時点では定まらない商品はどのように取り扱えばよいか。 | 　例えば、変額定期保険については、保険会社から契約時に示された、予定利率に基づく解約返戻金相当額を用いて差し支えありません。 |
| 　同一商品でも被保険者の属性等により解約返戻率が異なる可能性があるが、最高解約返戻率は被保険者単位で判定し経理処理を行うのか、それとも商品としての最高返戻率を用い経理処理を行うのか。 | 　最高解約返戻率による区分は、個々の契約ごとに判定し、その区分に応じた処理を行うこととなります。 |

| | |
|---|---|
| 　解約返戻率の計算に当たり、契約者配当を解約返戻金相当額に含めて計算するのか。 | 　いわゆる生存給付金は、解約返戻金相当額に含まれますが、一般に、利差益、死差益及び費差益を原資とする契約者配当は、解約返戻金相当額には含まれません。 |
| 　解約返戻率の計算に当たり、契約者配当を解約返戻金相当額に含めて計算するべきではないか。 | |
| 　最高解約返戻率の判定上、生存給付金は解約返戻金相当額に含めて計算するのか。 | |
| 　最高解約返戻率を算定するに当たり、払込方法（年払・半年払・月払）により解約返戻金額が異なる場合があるが、年単位で判定してよいか。 | 　（最高）解約返戻率は、保険契約時において契約者に示された解約返戻金相当額を用いて算定することとしていますので、契約時に選択した払込方法（年払・半年払・月払）に応じて示された解約返戻金相当額を用いて算定することとなります。 |
| 　最高解約返戻率が 50％以下の第三分野保険の保険料は、法人税基本通達9－3－5の適用により、期間の経過に応じて損金算入することとなるが、保険期間が終身で保険料の払込期間が有期の場合には、どのように損金算入すればよいのか。 | 　今般の改正により、改正通達9－3－5の2の適用がない第三分野保険については、同9－3－5が適用されることとなりますので、その支払保険料の額については、原則として、期間の経過に応じて損金の額に算入することとなります。<br>　しかしながら、御意見のとおり、改正通達案9－3－5において、保険期間が終身で保険料の払込期間が有期である保険の取扱いが明らかではありませんでした。<br>　そこで、このような保険については、改正通達9－3－5の2の（注）2と同様に、保険会社が責任準備金の積立方式及び予定死亡率その他の責任準備金の計算の基礎となるべき係数とする公益社団法人日本アクチュアリー会が作成した第三分野標準生命表2018（男）における最終年齢に基づき、保険期間の開始の日から被保険者の年齢が116歳に達する日までを計算上の保険期間とすることを、同9－3－5の（注）1に明記することとしました。 |

| | |
|---|---|
| 平成24年4月27日付課法2－5、課審5－6「法人が支払う『がん保険』(終身保障タイプ)の保険料の取扱いについて(法令解釈通達)」(以下「がん保険通達」といいます。)では「2(3)例外的取扱い」において、保険期間が終身で保険料の払込期間が有期の保険のうち、保険契約の解約等において払戻金のないものは、保険料の払込の都度損金算入が認められていたが、今回の改正案では、支払の都度、損金算入とすることは認められないのか。 | 御意見にある、今般、廃止するがん保険通達において定めている「例外的取扱い」は、その取扱いを定めた当時に発売されていたがん保険が、払込期間と保険期間(終身)に著しい差異がないという実態であったことを前提に、給与課税の対象とならない保険期間が終身、かつ、保険契約の解約等において払戻金のないがん保険については、保険契約者である納税者の事務負担に配慮し、その支払った保険料の額について、厳格に期間の経過に応じて損金算入を求めなくても、課税所得の適正な期間計算を著しく損なうことがないとの考え方の下、その保険料の支払の都度、損金算入することを認めるというものでした。 |
| | 一方で、近年、保険期間が終身で保険料の払込期間が有期のがん保険であっても、法人経営者向けに、保険料の払込期間を著しく短期に設定し、かつ、その支払保険料の額が高額なものが販売されている実態があり、そのような「例外的取扱い」の前提としていなかった保険料の払込期間と保険期間(終身)に著しい差異がある保険に係る支払保険料の額についてまで、「例外的取扱い」の対象となり、課税所得の適正な期間計算を著しく損なう結果が生じていました。 |
| 従業員の福利厚生を目的として従業員全員を対象とする保険期間が終身のがん保険等に加入している場合、同一の保険契約にも拘わらず、加入年齢によって保険料の経理処理が異なり複雑となるため、がん保険通達で認められていた例外的取扱いを認めるべきではないか。 | 加えて、同様の保険契約の解約等において払戻金のない有期払込の保険であっても、定期保険やがん保険以外の第三分野保険においては、「例外的取扱い」に類する取扱いを定めていないことから、保険商品間の取扱いに差異が生じていました。 |
| | このような考えの下、改正案においては、定期保険及び第三分野保険に該当する保険商品間の取扱いの統一化を図る観点から、この「例外的取扱い」を存置せずに、廃止することとしていました。 |
| | しかしながら、今般の改正により、経理処理として定着している「例外的取扱い」が一切認められないこととなれば、保険契約者である納税者の事務負担が過重となるのではないか等の御意見があったことを踏まえ、新たに、法人が、払戻金(解約返戻金相当額)のない短期払の定期保険又は第三分野保険(ごく少額の払戻金のある契約を含みます。)のうち、給与課税の対象とはならないものに加入した場合において、その事業年度に支払った保険料の額(一の被保険者につき2以上のこれらの保険に加入している場合にはそれぞれについて支払った保険料の額の合計額となります。)が30万円以下のものについては、厳格に期間の経過に応じて損金算入を求めなくても課税所得の適正な期間計算を著しく損なうことがないと考えられますので、その支払った日の属する事業年度において損金算入することを認めることとし、その旨を改正通達9－3－5の(注)2に定めました。 |
| 第三分野保険は、がん患者の就労サポートや健康増進など、様々な側面での活用が考えられることから、既に定着している現行の経理処理方法が望ましい。 | なお、払戻金(解約返戻金相当額)のある定期保険又は第三分野保険については、課税所得の適正な期間計算を確保する観点から、従前の取扱いと同様に、上記の取扱いは適用しません。 |

| | | |
|---|---|---|
| | 災害重点保障型定期保険は、廃止される個別通達の適用対象となる保険契約に該当するのか。 | 個々の契約の内容によって、その取扱いは異なることとなります。 |
| | 保険設計書における解約返戻金や解約返戻率が1年ごとに記載されていない場合はどのように取り扱えばよいか。保険証券の記載事項のみで経理処理が判定できる税制を検討すべきである。 | 今般の改正は、保険契約者が把握可能な指標である解約返戻金相当額を用いて資産計上すべき金額を算定することとしています。<br>なお、解約返戻金額が不明な場合には、契約されている保険会社にお尋ねください。 |
| 適用開始時期 | 改正通達の適用時期は、公表から1年間など一定程度の期間を取るべきである。 | 改正通達の適用時期については、公正性の観点から、同一の内容の保険契約には契約の時期にかかわらず同一の取扱いとすることが適当であるとの考え方もありますが、生命保険会社が多くの商品を販売停止としている現況や、納税者の予測可能性の確保等の観点から総合的に判断し、具体的取扱いが決定次第、できる限り速やかに適用することが望ましいと考えます。 |
| | 保険商品の販売停止が長引くと様々な影響が出るため、早期に内容を確定すべきである。 | |
| 適用関係（既契約分） | 既契約については、従前どおりの取扱いとすべきである。 | 具体的には、解約返戻金相当額のない短期払の定期保険又は第三分野保険以外の定期保険又は第三分野保険については、令和元年7月8日以後に新たに契約する保険契約に係る保険料について、改正通達を適用することとしました。<br>また、本意見公募手続に寄せられた御意見を踏まえ、上記のとおり、改正通達9－3－5の（注）2において、解約返戻金相当額のない短期払の定期保険又は第三分野保険について、その事業年度の支払保険料の額が30万円以下のものについては、その支払った事業年度の損金の額に算入することを認める定めを追加しました。そのため、その追加した内容の周知期間が必要となると考えられることから、これらの保険については、令和元年10月8日以後に新たに契約する保険契約に係る保険料について、改正通達を適用することとしました。<br>なお、定期保険及び第三分野保険のいずれにおいても、それぞれの改正通達の適用開始の日前に契約した既契約分については、それぞれの改正前の通達の取扱いの例によることとしています。 |
| | 既契約についても、今後支払う保険料については新たな取扱いとすべきである。 | |
| | 一部の保険商品については遡及して、全額を資産計上すべきである。 | |
| | 保険商品の販売を停止している保険会社も多いなか、一部の保険会社・代理店が駆け込み販売をしていることは遺憾である。改正通達の適用は、平成31年2月14日以降の契約分まで遡及すべきである。 | |

| | | |
|---|---|---|
| | 金融庁により認可された保険契約について後から税の取扱いを変更すべきではない。 | 税の執行機関である国税庁は、金融庁による保険商品の認可について、考えを述べる立場にはありません。<br>　なお、国税庁では、これまでも保険会社の商品設計の多様化等により、前払部分の保険料の割合等に変化がみられる場合には、その実態に応じて見直しを行ってきています。また、今般の改正通達の適用時期については、予測可能性の確保等の観点から総合的に判断し、既契約については従前どおりの取扱いとしています。 |
| 通達によるルール制定の正当性 | 通達で課税の仕方を決められるのか。租税法律主義に反するのではないか。保険に関する課税の取扱いを、法人税法第22条から考えることは不可能ではないか。 | 法人税法上、当該事業年度の損金の額に算入される費用の額は、別段の定めがあるものを除き、「一般に公正妥当と認められる会計処理の基準に従って計算するものとする」(法人税法22④)とされています。<br>　企業会計原則では、前払費用については、当期の損益計算から除去し、資産の部に計上しなければならないとされており(企業会計原則第二損益計算書原則一、原則第三貸借対照表原則四、財務諸表等規則16、31の2)、このような会計処理は一般に公正妥当と認められる会計処理の基準に適合するものと認められますので、法人税法上、前払部分の保険料は資産計上するのが原則となります。 |
| | 「計算の簡便性」を考慮した損金算入ルールを通達で作ることができる法的根拠は何か。 | 　上記のとおり、今般の改正通達は、法人税法第22条第4項に基づいて、定期保険及び第三分野保険の保険料に関する取扱いを明らかにしたものであり、通達のみで取扱いを定めているものではありません。<br>　国税庁としては、課税の透明性・統一性を図るべく法令解釈通達等において実務上の取扱いを明らかにしているところです。 |
| その他 | 国税庁が、今回の通達改正の方針を生命保険協会に伝達した2月14日以降、金融庁が認可した商品でありながら販売停止を各保険会社に強制指導したことについて、その法的根拠は何か。 | 国税庁において、各生命保険会社に対して保険商品の販売停止を求めた事実はありません。また、税の執行機関である国税庁は、各生命保険会社に対し、保険商品の販売に関する指導等をする立場にはありません。 |

| | 今回の法令解釈通達は行政手続法の「命令等」に該当するか。「命令等の案に関連する資料」等として、最高返戻率の区分や資産計上額等の定めの合理性を裏付けるデータをあらかじめ公示すべきではないか。 | 通達とは、上級行政機関が関係下級行政機関及び職員に対して指揮監督権に基づいて行う命令であり、法人税基本通達（法令解釈通達）は、行政手続法第2条第8号に規定する「命令等」に当たります。<br><br>なお、今般の改正に際して、生命保険協会からのヒアリング等により、各生命保険会社が販売している各保険商品の実態を確認していますが、守秘義務の観点からデータの公表は差し控えさせていただきます。 |
| --- | --- | --- |

（参考）1　「「法人税基本通達の制定について」（法令解釈通達）ほか1件の一部改正（案）（定期保険及び第三分野保険に係る保険料の取扱い）等に対する意見公募手続の実施について」の改正内容に関する御意見のみ掲載しております。

　　　　2　「御意見の概要」欄は、重複した御意見を取りまとめた上で、要約したものを掲載しております。

新旧対照表

## 第１ 法人税基本通達関係

| 修正案 | 原案 |
|---|---|
| （養老保険に係る保険料） | （養老保険に係る保険料） |
| ９－３－４ 法人が、自己を契約者とし、役員又は使用人（これらの者の親族を含む。）を被保険者とする養老保険（被保険者の死亡又は生存を保険事故とする生命保険をいい、特約が付されているものを含む。９－３－６に定める定期付養老保険等を含む。以下９－３－７の２までにおいて同じ。）に加入してその保険料（確定給付企業年金等の掛金等の損金算入）の規定の適用があるものを除く。以下９－３－４において同じ。）を支払った場合には、その支払った保険料の額（特約に係る保険料の額を除く。）について、次に掲げる場合の区分に応じ、それぞれ次により取り扱うものとする。 | ９－３－４ 法人が、自己を契約者とし、役員又は使用人（これらの者の親族を含む。）を被保険者とする養老保険（被保険者の死亡又は生存を保険事故とする生命保険をいい、特約が付されているものを含む。９－３－６に定める定期付養老保険等を含む。以下９－３－７の２までにおいて同じ。）に加入してその保険料（確定給付企業年金等の掛金等の損金算入）の規定の適用があるものを除く。以下９－３－４において同じ。）を支払った場合には、その支払った保険料の額（特約に係る保険料の額を除く。）について、次に掲げる場合の区分に応じ、それぞれ次により取り扱うものとする。 |
| (1) 死亡保険金（被保険者が死亡した場合に支払われる保険金をいう。以下９－３－４において同じ。）及び生存保険金（被保険者が保険期間の満了の日その他一定の時期に生存している場合に支払われる保険金をいう。以下９－３－４において同じ。）の受取人が当該法人である場合　その支払った保険料の額は、保険事故の発生又は保険契約の解除若しくは失効により当該保険料の額は資産に計上するものとする。契約が終了する時まで資産に計上するものとする。 | (1) 死亡保険金（被保険者が死亡した場合に支払われる保険金をいう。以下９－３－４において同じ。）及び生存保険金（被保険者が保険期間の満了の日その他一定の時期に生存している場合に支払われる保険金をいう。以下９－３－４において同じ。）の受取人が当該法人である場合　その支払った保険料の額は、保険事故の発生又は保険契約の解除若しくは失効により当該保険料の額は資産に計上するものとする。契約が終了する時まで資産に計上するものとする。 |
| (2) 死亡保険金及び生存保険金の受取人が被保険者又はその遺族である場合　その支払った保険料の額は、当該役員又は使用人に対する給与とする。 | (2) 死亡保険金及び生存保険金の受取人が被保険者又はその遺族である場合　その支払った保険料の額は、当該役員又は使用人に対する給与とする。 |
| (3) 死亡保険金の受取人が当該法人で、生存保険金の受取人が被保険者の遺族で、その支払った保険料の額のうち、その２分の１に相当する金額である場合　その支払った保険料の額のうち、その２分の１に相当する金額は(1)により資産に計上し、残額は期間の経過に応じて損金の額に算入する。<br><br>ただし、役員又は使用人（これらの者の親族を含む。） | (3) 死亡保険金の受取人が当該法人で、生存保険金の受取人が被保険者の遺族で、その支払った保険料の額のうち、その２分の１に相当する金額である場合　その支払った保険料の額のうち、その２分の１に相当する金額は(1)により資産に計上し、残額は期間の経過に応じて損金の額に算入する。<br><br>ただし、役員又は部課長その他特定の使用人（これらの者の親族を含む。） |

| 修正案 | 原案 |
|---|---|
| のみを被保険者としている場合には、当該残額は、当該役員又は使用人に対する給与とする。<br><br>**（定期保険及び第三分野保険に係る保険料）**<br>9－3－5　法人が、自己を契約者とし、役員又は使用人（これらの者の親族を含む。）を被保険者とする定期保険（一定期間内における被保険者の死亡を保険事故とする生命保険をいい、特約が付されているものを含む。以下9－3－7の2までにおいて同じ。）又は第三分野保険（保険業法第3条第4項第2号《免許》に掲げる保険（これに類するものを含む。）をいい、特約が付されているものを含む。以下9－3－7の2までにおいて同じ。）に加入してその保険料を払った場合には、その支払った保険料の額（特約に係る保険料の額を除く。以下9－3－5の2までにおいて同じ。）について、9－3－5の2《定期保険等の保険料に相当多額の前払部分の保険料が含まれる場合の取扱い》の適用を受けるものを除き、次に掲げるものの区分に応じ、それぞれ次により取り扱うものとする。<br>(1) 保険金又は給付金の受取人が当該法人である場合　その支払った保険料の額は、原則として、期間の経過に応じて損金の額に算入する。<br>(2) 保険金又は給付金の受取人が被保険者又はその遺族である場合　その支払った保険料の額は、原則として、期間の経過に応じて損金の額に算入する。ただし、役員又は特定の使用人（これらの者の親族を含む。）のみを被保険者としている場合には、当該保険料の額は、当該役員又は使用人に対する給与とする。<br>(注1) 保険期間が終身である第三分野保険については、保険期間の開始の日から被保険者の年齢が116歳に達する日までを計算上の保険期間とする。 | のみを被保険者としている場合には、当該残額は、当該役員又は使用人に対する給与とする。<br><br>**（定期保険及び第三分野保険に係る保険料）**<br>9－3－5　法人が、自己を契約者とし、役員又は使用人（これらの者の親族を含む。）を被保険者とする定期保険（一定期間内における被保険者の死亡を保険事故とする生命保険をいい、特約が付されているものを含む。以下9－3－7の2までにおいて同じ。）又は第三分野保険（保険業法第3条第4項第2号《免許》に掲げる保険（これに類するものを含む。）をいい、特約が付されているものを含む。以下9－3－7の2までにおいて同じ。）に加入してその保険料を払った場合には、その支払った保険料の額（特約に係る保険料の額を除く。以下9－3－5の2までにおいて同じ。）について、9－3－5の2《定期保険等の保険料に相当多額の前払部分の保険料が含まれる場合の取扱い》の適用を受けるものを除き、次に掲げるものの区分に応じ、それぞれ次により取り扱うものとする。<br>(1) 保険金又は給付金の受取人が当該法人である場合　その支払った保険料の額は、期間の経過に応じて損金の額に算入する。<br>(2) 保険金又は給付金の受取人が被保険者又はその遺族である場合　その支払った保険料の額は、期間の経過に応じて損金の額に算入する。ただし、役員又は特定の使用人（これらの者の親族を含む。）のみを被保険者としている場合には、当該保険料の額は、当該役員又は使用人に対する給与とする。 |

| 修正案 | 原案 |
|---|---|
| 2 (1)及び(2)前段の取扱いについては、法人が、保険期間を通じて解約返戻金相当額のない定期保険又は第三分野保険(ごく少額の払戻金のある契約を含み、保険料の払込期間が保険期間より短いものに限る。以下9-3-5において「解約返戻金相当額のない短期払の定期保険又は第三分野保険」という。)に加入した場合において、当該事業年度に支払った保険料の額(一の被保険者又は第三分野保険の額について2以上の解約返戻金相当額のない短期払の定期保険又は第三分野保険の額につき2以上の定期保険等に加入している場合にはそれぞれについて支払った保険料の額の合計額)が30万円以下であるものについて、その支払った日の属する事業年度の損金の額に算入しているときは、これを認める。<br><br>(定期保険等の保険料に相当多額の前払部分の保険料が含まれる場合の取扱い)<br>9-3-5の2 法人が、自己を契約者とし、役員又は使用人(これらの者の親族を含む。)を被保険者とする保険期間が3年以上の定期保険又は第三分野保険(以下9-3-5の2において「定期保険等」という。)で最高解約返戻率が50%を超えるものに加入して、その保険料を支払った場合には、当期分支払保険料の額については、次表に定める区分に応じ、それぞれ次により取り扱うものとする。ただし、これらの保険のうち、最高解約返戻率が70%以下で、かつ、年換算保険料相当額(一の被保険者につき2以上の定期保険等に加入している場合にはそれぞれの年換算保険料相当額の合計額)が30万円以下の保険に係る保険料を支払った場合については、9-3-5の例によるものとする。<br>(1) 当期事業年度の資産計上期間がある場合には、当期分支払保険料の額のうち、次表の資産計上額の欄に掲げる金額は資産に計上し、残額は損金の額に算入する。<br>(注) 当該事業年度の中途で次表の資産計上期間が終了する場合には、次表の | (定期保険等の保険料に相当多額の前払部分の保険料が含まれる場合の取扱い)<br>9-3-5の2 法人が、自己を契約者とし、役員又は使用人(これらの者の親族を含む。)を被保険者とする保険期間が3年以上の定期保険又は第三分野保険(以下9-3-5の2において「定期保険等」という。)で最高解約返戻率が50%を超えるものに加入して、その保険料を支払った場合には、当期分支払保険料の額については、次表に定める区分に応じ、それぞれ次により取り扱うものとする。ただし、これらの保険のうち、最高解約返戻率が70%以下で、かつ、年換算保険料相当額(一の被保険者につき2以上の定期保険等に加入している場合にはそれぞれの年換算保険料相当額の合計額)が20万円以下の保険に係る保険料を支払った場合については、9-3-5の例によるものとする。<br>(1) 当期事業年度の資産計上期間がある場合には、当期分支払保険料の額のうち、次表の資産計上額の欄に掲げる金額は資産に計上し、残額は損金の額に算入する。<br>(注) 当該事業年度の中途で次表の資産計上期間が終了する場合には、次表の |

## 修　正　案

資産計上額については、当期分支払保険料の額を当該事業年度の月数で除して当該事業年度に含まれる資産計上期間の月数（1月未満の端数がある場合には、その端数を切り捨てる。）を乗じて計算した金額により計算する。また、当該事業年度の中途で次の表の資産計上額欄の「保険期間の開始の日から、10年を経過する日」が到来する場合の資産計上額についても、同様とする。

(2) 当該事業年度に次の表の資産計上期間がない場合（当該年度に次の表の取崩期間がある場合を除く。）には、当期分支払保険料の額は、損金の額に算入する。

(3) 当該事業年度に次の表の取崩期間がある場合には、当期分支払保険料の額（(1)により資産に計上することとなる金額を除く。）を損金の額に算入するとともに、(1)により資産に計上した金額の累積額を取崩期間（当該取崩期間に1月未満の端数がある場合には、その端数を切り上げる。）の経過に応じて均等に取り崩した金額のうち、当該事業年度に対応する金額を損金の額に算入する。

| 区分 | 資産計上期間 | 資産計上額 | 取崩期間 |
| --- | --- | --- | --- |
| 最高解約返戻率 50％超 70％以下 | 保険期間の開始の日から、当該保険期間の100分の40相当期間を経過する日まで | 当期分支払保険料の額に100分の40を乗じて計算した金額 | 保険期間の100分の75相当期間経過後から、保険期間の終了の日まで |
| 最高解約返戻率 70％超 85％以下 | | 当期分支払保険料の額に100分の60を乗じて計算した金額 | |
| 最高解約 | | 当期分支払保険料 | 解約返戻金相 |

## 原　案

資産計上額については、当期分支払保険料の額を当該事業年度の月数で除して当該事業年度に含まれる資産計上期間の月数（1月未満の端数がある場合には、その端数を切り捨てて計算した金額により計算する。）を乗じて計算した金額により計算する。

(2) 当該事業年度に次の表の資産計上期間がない場合（当該年度に次の表の取崩期間がある場合を除く。）には、当期分支払保険料の額は、損金の額に算入する。

(3) 当該事業年度に次の表の取崩期間がある場合には、当期分支払保険料の額（(1)により資産に計上することとなる金額を除く。）を損金の額に算入するとともに、(1)により資産に計上した金額の累積額を取崩期間（当該取崩期間に1月未満の端数がある場合には、その端数を切り上げる。）の経過に応じて均等に取り崩した金額のうち、当該事業年度に対応する金額を損金の額に算入する。

| 区分 | 資産計上期間 | 資産計上額 | 取崩期間 |
| --- | --- | --- | --- |
| 最高解約返戻率 50％超 70％以下 | 保険期間の開始の日から、当該保険期間の100分の40相当期間を経過する日まで | 当期分支払保険料の額に100分の40を乗じて計算した金額 | 保険期間の100分の75相当期間経過後から、保険期間の終了の日まで |
| 最高解約返戻率 70％超 85％以下 | | 当期分支払保険料の額に100分の60を乗じて計算した金額 | |
| 最高解約 | | 当期分支払保険料 | 解約返戻金相 |

修　正　案

| 返戻率 | | |
|---|---|---|
| 85％超 | 最高解約返戻率となる期間（当該期間経過後の各期間において、その期間における解約返戻金相当額からその直前の期間における解約返戻金相当額を控除した金額を年換算保険料相当額で除した割合が100分の70を超える期間がある場合には、その超えることとなる最も遅い期間）まで<br><br>(注) 上記の資産計上期間が5年未満となる場合には、保険期間の開始の日から、5年を経過する日まで(保険期間が10年未満の場合には、保険期間の開始の日から、当該保険期間の100分の50相当期間を経過する日まで)とする。 | 料の額に最高解約返戻率の100分の70(保険期間の開始の日から、10年を経過する日までは、100分の90)を乗じて計算した金額 | 当額が最も高い金額（資産計上期間）（上期間がこの表の資産計上期間の欄に掲げる(注)に該当する場合には、当該(注)による資産計上期間）経過後から、保険期間の終了の日まで |

(注1) 「最高解約返戻率」、「当期分支払保険料の額」、「年換算保険料相当額」及び「保険期間」とは、それぞれ次のものをいう。

イ　最高解約返戻率とは、その保険の保険期間を通じて解約返戻率(保険

原　案

| 返戻率 | | |
|---|---|---|
| 85％超 | 最高解約返戻率となる期間（当該期間経過後の各期間において、その期間における解約返戻金相当額からその直前の期間における解約返戻金相当額を控除した金額を年換算保険料相当額で除した割合が100分の70を超える期間がある場合には、その超えることとなる最も遅い期間）まで<br><br>(注) 上記の資産計上期間が5年未満となる場合には、保険期間の開始の日から、5年を経過する日まで(保険期間が10年未満の場合には、保険期間の開始の日から、当該保険期間の100分の50相当期間を経過する日まで)とする。 | 料の額の100分の70(保険期間の開始の日から、10年を経過する日までは、100分の90)を乗じて計算した金額 | 当額が最も高い金額（最も高い金額が複数ある場合にはその最も遅い期間）とし上期間がこの表の資産計上期間の欄に掲げる(注)に該当する場合には、当該(注)による資産計上期間）から、保険期間の終了の日まで |

(注1) 「解約返戻率」、「最高解約返戻率」及び「保険期間」並びに「当期分支払保険料の額」、「当期分支払保険料の額」とは、それぞれ次のものをいう。

イ　解約返戻率とは、保険契約時において契約者に示された解約返戻金相

| 修正案 | 原案 |
|---|---|
| 契約時において契約者に示された解約返戻相当額について、それを受けることとなるまでの間に支払うこととなる保険料の額の合計額で除した割合が最も高い割合となる期間における割合をいう。<br><br>ロ　当期分支払保険料の額とは、その支払った期間のうち当該事業年度に対応する部分の金額をいう。<br><br>ハ　年換算保険料相当額とは、その保険の保険料の総額を保険期間の年数で除した金額をいう。<br><br>ニ　保険期間とは、保険契約に定められている契約日から満了日までをいい、当該保険期間の開始の日以後1年ごとに区分した各期間で構成されているものとして本文の取扱いを適用する。<br><br>2　保険期間が終身である第三分野保険については、保険期間の開始の日から被保険者の年齢が116歳に達する日までを計算上の保険期間とする。<br><br>3　表の資産計上期間の欄の「最高解約返戻率」及び「100分の70を超える期間」並びに取崩期間の欄の「解約返戻金相当額が最も高い金額となる期間」がいずれもその最も遅い期間が複数ある場合には、いずれもその最も遅い期間とされるその期間となることに留意する。<br><br>4　一定期間分の保険料の額の前払いをした場合には、その全額を資産に計上し、資産に計上した金額のうち当該事業年度に対応する部分の金額について、本文の取扱いによることに留意する。<br><br>5　本文の取扱いは、保険契約時の契約内容に基づいて適用するのであるが、契約内容の変更があった場合、保険期間のうち当該変更以後の期間については、変更後の契約内容に基づいて9−3−4から9−3−6の2の取扱いを適用する。 | 当額について、それを受けることとなるまでの間に支払うこととなる保険料の額の合計額で除した割合が最も高い割合となる期間における割合をいう。<br><br>ロ　最高解約返戻率とは、その保険の保険期間を通じて解約返戻率が最も高い割合となる場合におけるその割合をいう。<br><br>ハ　当期分支払保険料の額とは、その支払った期間のうち当該事業年度に対応する部分の金額をいう。<br><br>ニ　年換算保険料相当額とは、その保険の保険料の総額を保険期間の年数で除した金額をいう。<br><br>ホ　保険期間とは、保険契約に定められている契約日から満了日までをいい、当該保険期間の開始の日以後1年ごとに区分した各期間で構成されているものとして本文の取扱いを適用する。<br><br>2　保険期間が終身である第三分野保険については、保険期間の開始の日から被保険者の年齢が116歳に達する日までを計算上の保険期間とする。<br><br>3　一定期間分の保険料の額の前払いをした場合には、その全額を資産に計上し、資産に計上した金額のうち当該事業年度に対応する部分の金額について、本文の取扱いによることに留意する。<br><br>4　本文の取扱いは、保険契約時の契約内容に基づいて適用するのであるが、契約内容の変更があった場合、保険期間のうち当該変更以後の期間については、変更後の契約内容に基づいて本文の取扱いを適用する。 |

| 修正案 | 原案 |
|---|---|
| なお、その契約内容の変更に伴い、責任準備金相当額の過不足の精算を行う場合には、その変更後の契約内容に基づいて計算した資産計上額の累積額と既往の資産計上額の累積額との差額について調整を行うことに留意する。<br><br>6　保険金又は給付金の受取人が被保険者又はその遺族である場合であって、役員又は使用人（これらの者の親族を含む。）のみを被保険者としているときには、本文の取扱いの適用はなく、９－３－５の(2)の例により、その支払った保険料の額は、当該役員又は使用人に対する給与となる。<br><br>（定期付養老保険に係る保険料）<br>９－３－６　法人が、自己を契約者とし、役員又は使用人（これらの者の親族を含む。）を被保険者とする定期付養老保険（養老保険に定期保険又は第三分野保険を付したものをいう。以下９－３－７までにおいて同じ。）に加入して、その保険料を支払った場合には、その支払った保険料の額（特約に係る保険料の額を除く。）については、次に掲げる場合の区分に応じ、それぞれ次により取り扱うものとする。<br>(1)　当該保険料の額が生命保険証券等において養老保険に係る保険料の額と定期保険又は第三分野保険に係る保険料の額とに区分されている場合　それぞれの保険料の額について９－３－４、９－３－５又は９－３－５の２の例による。<br>(2)　(1)以外の場合　その保険料の額について９－３－４の例による。<br><br>（特約に係る保険料）<br>９－３－６の２　法人が、自己を契約者とし、役員又は使用人（これらの者の親族を | 5　保険金又は給付金の受取人が被保険者又はその遺族である場合であって、役員又は使用人（これらの者の親族を含む。）のみを被保険者としているときには、本文の取扱いはなく、９－３－５の(2)の例により、その支払った保険料の額は、当該役員又は使用人に対する給与となる。<br><br>（定期付養老保険等に係る保険料）<br>９－３－６　法人が、自己を契約者とし、役員又は使用人（これらの者の親族を含む。）を被保険者とする定期付養老保険（養老保険に定期保険又は第三分野保険を付したものをいう。）に加入して、その保険料を支払った場合には、その支払った保険料の額（特約に係る保険料の額を除く。）については、次に掲げる場合の区分に応じ、それぞれ次により取り扱うものとする。<br>(1)　当該保険料の額が生命保険証券等において養老保険に係る保険料の額と定期保険又は第三分野保険に係る保険料の額とに区分されている場合　それぞれの保険料の額について９－３－４、９－３－５又は９－３－５の２の例による。<br>(2)　(1)以外の場合　その保険料の額について９－３－４の例による。<br><br>（特約に係る保険料）<br>９－３－６の２　法人が、自己を契約者とし、役員又は使用人（これらの者の親族を |

| 修　正　案 | 原　案 |
|---|---|
| 含む。）を被保険者とする特約を付した養老保険、定期保険、第三分野保険又は定期付養老保険等に加入し、当該特約に係る保険料を支払った場合には、その支払った保険料の額については、当該特約の内容に応じ、9－3－4、9－3－5又は9－3－5の2の例による。<br><br>**（保険契約の転換をした場合）**<br>9－3－7　法人がいわゆる契約転換制度によりその加入している養老保険、定期保険、第三分野保険又は定期付養老保険等を他の養老保険、定期保険、第三分野保険又は定期付養老保険等（以下9－3－7において「転換後契約」という。）に転換した場合には、資産に計上している保険料の額（以下9－3－7において「資産計上額」という。）のうち、転換後契約の責任準備金に充当される部分の金額（以下9－3－7において「充当額」という。）を超える部分の金額をその転換をした日の属する事業年度の損金の額に算入することができるものとする。この場合において、資産計上額のうち保険料の一時払いをしたものとして、転換後契約の内容に応じて9－3－4から9－3－6の2までの例による（注、9－3－5の2の表の資産計上期間の欄の注を除く。）。<br><br>**（払済保険へ変更した場合）**<br>9－3－7の2　法人が既に加入している生命保険を，いわゆる払済保険に変更した場合には、原則として、その変更時における解約返戻金相当額とその保険契約により資産に計上している保険料の額（以下9－3－7の2において「資産計上額」という。）との差額を，その変更した日の属する事業年度の益金の額又は損金の額に算入する。ただし、既に加入している生命保険の保険料の全額（特約に係る保険料の額を除く。）が役員又は使用人に | 含む。）を被保険者とする特約を付した養老保険、定期保険、第三分野保険又は定期付養老保険等に加入し、当該特約に係る保険料を支払った場合には、その支払った保険料の額については、当該特約の内容に応じ、9－3－4、9－3－5又は9－3－5の2の例による。<br><br>**（保険契約の転換をした場合）**<br>9－3－7　法人がいわゆる契約転換制度によりその加入している養老保険、定期保険、第三分野保険又は定期付養老保険等を他の養老保険、定期保険、第三分野保険又は定期付養老保険等（以下9－3－7において「転換後契約」という。）に転換した場合には、資産に計上している保険料の額（以下9－3－7において「資産計上額」という。）のうち、転換後契約の責任準備金に充当される部分の金額（以下9－3－7において「充当額」という。）を超える部分の金額をその転換をした日の属する事業年度の損金の額に算入することができるものとする。この場合において、資産計上額のうち保険料の一時払いをしたものとして、転換後契約の内容に応じて9－3－4から9－3－6の2までの例による。<br><br>**（払済保険へ変更した場合）**<br>9－3－7の2　法人が既に加入している生命保険を，いわゆる払済保険に変更した場合には、原則として、その変更時における解約返戻金相当額とその保険契約により資産に計上している保険料の額（以下9－3－7の2において「資産計上額」という。）との差額を，その変更した日の属する事業年度の益金の額又は損金の額に算入する。ただし、既に加入している生命保険の保険料の全額（特約に係る保険料の額を除く。）が役員又は使用人に |

| 修正案 | 原案 |
|---|---|
| 対する給与となる場合は、この限りでない。<br>(注)1　養老保険、終身保険、定期保険、第三分野保険及び年金保険（特約が付加されていないものに限る。）から同種類の払済保険に変更した場合に、本文の取扱いを適用せずに、既往の資産計上額を保険事故の発生又は解約失効等により契約が終了するまで計上しているときは、これを認める。<br>　2　本文の解約返戻金相当額については、その払済保険へ変更した時点において当該変更後の保険を一時払いしたものとして、9－3－4から9－3－6までの例（ただし、9－3－5の2の表の資産計上期間の欄の出を除く。）により処理するものとする。<br>　3　払済保険が復旧された場合には、払済保険に変更した時点で益金の額又は損金の額に算入した金額を復旧した日の属する事業年度の損金の額又は益金の額に、また、払済保険に変更した後に損金の額又は益金の額に算入した金額は復旧した日の属する事業年度の益金の額又は損金の額に算入する。 | 対する給与となる場合は、この限りでない。<br>(注)1　養老保険、終身保険、定期保険、第三分野保険及び年金保険（特約が付加されていないものに限る。）から同種類の払済保険に変更した場合に、本文の取扱いを適用せずに、既往の資産計上額を保険事故の発生又は解約失効等により契約が終了するまで計上しているときは、これを認める。<br>　2　本文の解約返戻金相当額については、その払済保険へ変更した時点において当該変更後の保険を一時払いしたものとして、9－3－4から9－3－6までの例により処理するものとする。<br>　3　払済保険が復旧された場合には、払済保険に変更した時点で益金の額又は損金の額に算入した金額を復旧した日の属する事業年度の損金の額又は益金の額に、また、払済保険に変更した後に損金の額又は益金の額に算入した金額は復旧した日の属する事業年度の益金の額又は損金の額に算入する。 |

| 修正案 | 原案 |
|---|---|
| **（経過的取扱い……改正通達の適用時期）**<br>　この法令解釈通達による改正後の取扱いは令和元年7月8日以後の契約に係る定期保険又は第三分野保険（9－3－5に定める解約等返戻金相当額のない短期払の定期保険又は第三分野保険を除く。）の保険料及び令和元年10月8日以後の契約に係る定期保険又は第三分野保険（9－3－5に定める解約返戻金相当額のない短期払の定期保険又は第三分野保険に限る。）の保険料について適用し、それぞれの日前の契約に係る改正前の取扱い並びにこの法令解釈通達による廃止前の昭和54年6月8日付直審4－18「法人契約の新成人病保険の保険料の取扱いについて」、昭和62年6月16日付直法4－52「法人又は個人事業者が支払う長期平準定期保険の保険料の取扱いについて」、平成元年12月16日付直審4－100「法人又は個人事業者が支払う介護費用保険の保険料の取扱いについて」、平成13年8月10日付課審4－100「法人契約のがん保険（終身保障タイプ）の保険料の取扱いについて」及び平成24年4月27日付課法2－5ほか1課共同「がん保険（終身保障通達）の取扱いの例による。 | **（経過的取扱い……改正通達の適用時期）**<br>　この法令解釈通達による改正後の取扱いは平成31年●月●日以後の契約に係る定期保険の保険料について適用し、同日前の契約に係る改正前の取扱い並びにこの法令解釈通達による廃止前の昭和54年6月8日付直審4－18「法人契約の新成人病保険等の保険料の取扱いについて」、昭和62年6月6日付直法4－52「法人又は個人事業者が支払う長期平準定期保険の保険料の取扱いについて」、平成元年12月16日付直審4－52「法人又は個人事業者が支払う介護費用保険の保険料の取扱いについて」、平成13年8月10日付課審4－100「法人契約の「がん保険（終身保障タイプ）・医療保険（終身保障通達）及び平成24年4月27日付課法2－5ほか1課共同「がん保険（終身保障タイプ）の保険料の取扱いについて「法人が支払う「がん保険（終身保障通達）」の取扱いの例による。 |

# 法人税基本通達等の一部改正について（法令解釈通達）（定期保険及び第三分野保険に係る保険料の取扱い）

令和元年 6 月28日
課法 2 －13
課審 6 －10
査調 5 － 3

　昭和44年 5 月 1 日付直審（法）25「法人税基本通達の制定について」（法令解釈通達）ほか 1 件の法令解釈通達の一部を別紙のとおり改正するとともに，次に掲げる通達を廃止したから，これによられたい。

1　平成24年 4 月27日付課法 2 － 5 他 1 課共同「法人が支払う「がん保険」（終身保障タイプ）の保険料の取扱いについて（法令解釈通達）」

2　平成13年 8 月10日付課審 4 －100他 1 課共同「法人契約の「がん保険（終身保障タイプ）・医療保険（終身保障タイプ）」の保険料の取扱いについて（法令解釈通達）

3　平成元年12月16日付直審 4 －52他 1 課共同「法人又は個人事業者が支払う介護費用保険の保険料の取扱いについて」

4　昭和62年 6 月16日付直法 2 － 2 「法人が支払う長期平準定期保険等の保険料の取扱いについて」

5　昭和54年 6 月 8 日付直審 4 －18「法人契約の新成人病保険の保険料の取扱いについて」

（趣旨）

　定期保険及び第三分野保険に係る保険料の取扱いについて，所要の見直しを行うために改正を行ったものである。

　●（注）　アンダーラインを付した箇所が，新設し，又は改正した箇所である。

# 第1　法人税基本通達関係

昭和44年5月1日付直審（法）25「法人税基本通達の制定について」（法令解釈通達）のうち次の「改正後」欄に掲げるものをそれぞれ「改正前」欄に掲げるものをそれぞれ「改正後」欄のように改める。

| 改　正　後 | 改　正　前 |
|---|---|
| （養老保険に係る保険料）<br>9－3－4　法人が、自己を契約者とし、役員又は使用人（これらの者の親族を含む。）を被保険者とする養老保険（被保険者の死亡又は生存を保険事故とする生命保険をいい、傷害特約等の特約が付されているものを含むが、9－3－6に定める定期付養老保険等を含まない。以下9－3－7までにおいて同じ。）に加入してその保険料（令第135条（確定給付企業年金等の掛金等の損金算入）の規定の適用があるものを除く。以下9－3－4において同じ。）を支払った場合には、その支払った保険料の額（傷害特約等の特約に係る保険料の額を除く。）については、次に掲げる場合の区分に応じ、それぞれ次により取り扱うものとする。<br>(1) 死亡保険金（被保険者が死亡した場合に支払われる保険金をいう。以下9－3－5まで同じ。）及び生存保険金（被保険者が保険期間の満了の日その他一定の時期に生存している場合に支払われる保険金をいう。以下9－3－4において同じ。）の受取人が当該法人である場合　その支払った保険料の額は、資産に計上するものとする。<br>(2) 死亡保険金及び生存保険金の受取人が被保険者又はその遺族である場合　その支払った保険料の額は、当該役員又は使用人に対する給与とする。<br>(3) 死亡保険金の受取人が当該法人で、生存保険金の受取人が被保険者である場合　その支払った保険料の額のうち、その2分の1に相当する金額は(1)により資産に計上し、残額は期間の経過に応じて損金の額に算入する。 | （養老保険に係る保険料）<br>9－3－4　法人が、自己を契約者とし、役員又は使用人（これらの者の親族を含む。）を被保険者とする養老保険（被保険者の死亡又は生存を保険事故とする生命保険をいい、特約が付されているものを含むが、9－3－6に定める定期付養老保険等を含まない。以下9－3－7までにおいて同じ。）に加入してその保険料（令第135条（確定給付企業年金等の掛金等の損金算入）の規定の適用があるものを除く。以下9－3－4において同じ。）を支払った場合には、その支払った保険料の額（特約に係る保険料の額を除く。）については、次に掲げる場合の区分に応じ、それぞれ次により取り扱うものとする。<br>(1) 死亡保険金（被保険者が死亡した場合に支払われる保険金をいう。以下9－3－5まで同じ。）及び生存保険金（被保険者が保険期間の満了の日その他一定の時期に生存している場合に支払われる保険金をいう。以下9－3－4において同じ。）の受取人が当該法人である場合　その支払った保険料の額は、保険事故の発生又は保険契約の解除若しくは失効により当該保険契約が終了する時まで資産に計上するものとする。<br>(2) 死亡保険金及び生存保険金の受取人が被保険者又はその遺族である場合　その支払った保険料の額は、当該役員又は使用人に対する給与とする。<br>(3) 死亡保険金の受取人が当該法人で、生存保険金の受取人が被保険者である場合　その支払った保険料の額のうち、その2分の1に相当する金額は(1)により資産に計上し、残額は期間の経過に応じて損金の額に算入する。 |

（注）アンダーラインを付した場所は、改正部分である。

| 改正後 | 改正前 |
|---|---|
| ただし、役員又は部課長その他特定の使用人（これらの者の親族を含む。）のみを被保険者としている場合には、当該残額は、当該役員又は使用人に対する給与とする。<br><br>（定期保険及び第三分野保険に係る保険料）<br>9−3−5　法人が、自己を契約者とし、役員又は使用人（これらの者の親族を含む。）を被保険者とする定期保険（一定期間内における被保険者の死亡を保険事故とする生命保険をいい、特約が付されているものを含む。以下9−3−7の2までにおいて同じ。）又は第三分野保険（保険業法第3条第4項第2号《免許》に掲げる保険（これに類するものを含む。）をいい、特約が付されているものを含む。以下9−3−7の2までにおいて同じ。）に加入してその保険料の額（特約に係る保険料の額を除く。以下9−3−5の2《定期保険等の保険料に相当多額の前払部分の保険料が含まれる場合の取扱い》及び9−3−5の2（定期保険等の保険料に相当多額の前払部分の保険料が含まれる場合の取扱い）の適用を受けるものを除き、それぞれ次により取り扱うものとする。<br><br>(1)　保険金又は給付金の受取人が当該法人である場合　その支払った保険料の額は、原則として、期間の経過に応じて損金の額に算入する。<br><br>(2)　保険金又は給付金の受取人が被保険者又はその遺族である場合　その支払った保険料の額は、原則として、期間の経過に応じて損金の額に算入する。ただし、役員又は部課長その他特定の使用人（これらの者の親族を含む。）のみを被保険者としている場合には、当該保険料の額は、当該役員又は使用人に対する給与とする。<br><br>(注1)　保険期間が終身である第三分野保険については、保険期間の開始の日から被保険者の年齢が116歳に達する日までを計算上の保険期間とす | ただし、役員又は部課長その他特定の使用人（これらの者の親族を含む。）のみを被保険者としている場合には、当該残額は、当該役員又は使用人に対する給与とする。<br><br>（定期保険に係る保険料）<br>9−3−5　法人が、自己を契約者とし、役員又は使用人（これらの者の親族を含む。）を被保険者とする定期保険（一定期間内における被保険者の死亡を保険事故とする生命保険をいい、傷害特約等の特約が付されているものを含む。以下9−3−7までにおいて同じ。）に加入してその保険料を支払った場合には、その支払った保険料の額（傷害特約等の特約に係る保険料の額を除く。）については、次に掲げる場合の区分に応じ、それぞれ次により取り扱うものとする。<br><br>(1)　死亡保険金の受取人が当該法人である場合　その支払った保険料の額は、期間の経過に応じて損金の額に算入する。<br><br>(2)　死亡保険金の受取人が被保険者の遺族である場合　その支払った保険料の額は、期間の経過に応じて損金の額に算入する。ただし、役員又は部課長その他特定の使用人（これらの者の親族を含む。）のみを被保険者としている場合には、当該保険料の額は、当該役員又は使用人に対する給与とする。 |

| 改正後 | 改正前 |
|---|---|
| る。<br>2　(1)及び(2)前段の取扱いについては、法人が、保険期間を通じて解約返戻金相当額のない定期保険又は第三分野保険（ごく少額の払戻金のある契約を含み、保険料の払込期間より短いものに限る。以下9－3－5において「解約返戻金相当額のない短期払の定期保険又は第三分野保険」という。）に加入した場合において、当該事業年度に支払った保険料の額（一の被保険者につき2以上の解約返戻金相当額のない短期払の定期保険又は第三分野保険に加入している場合にはそれぞれについて支払った保険料の額の合計額）が30万円以下であるものについて、その支払った日の属する事業年度の損金の額に算入しているときは、これを認める。<br><br>（定期保険等の保険料に相当多額の前払部分の保険料が含まれる場合の取扱い）<br>9－3－5の2　法人が、自己を契約者とし、役員又は使用人（これらの者の親族を含む。）を被保険者とする保険期間が3年以上の定期保険又は第三分野保険（以下9－3－5の2において「定期保険等」という。）で最高解約返戻率が50％を超えるものに加入して、その保険料を支払った場合には、当該保険料の額については、次表に定める区分に応じ、それぞれ次により取り扱うものとする。ただし、これらの保険のうち、最高解約返戻率が70％以下で、かつ、年換算保険料相当額（一の被保険者につき2以上の定期保険等に加入している場合にはそれぞれの年換算保険料相当額の合計額）が30万円以下の保険に係る場合には、9－3－5の例によるものとする。<br>(1)　当該事業年度に次表の資産計上期間がある場合には、当期分支払保険料の額のうち、次表の資産計上額の欄に掲げる金額（当期分支払保険料の額に相当する額を限度とする。）は資産に計上し、残額は損金の額に算入する。 | （新　設） |

| 改　　正　　前 | 改　　正　　後 |
|---|---|

（改正後の欄）

　(11)　当該事業年度の中途で次表の資産計上期間が終了する場合には、次表の資産計上額について、当期分支払保険料の額を当該事業年度の月数で除して当該事業年度に含まれる資産計上期間の月数（1月未満の端数がある場合には、その端数を切り捨てる。）を乗じて計算した金額により計算する。また、当該事業年度の中途で次表の資産計上額の欄の「保険期間の開始の日から、10年を経過する日」が到来する場合の資産計上額についても、同様とする。

　(2)　当該事業年度に次表の資産計上期間がない場合（当該事業年度に次表の資産計上額の欄（当期分支払保険料の額を除く。）には、当期分支払保険料の額は、損金の額に算入する。

　(3)　当該事業年度に次表の資産計上期間の取崩期間がある場合には、当期分支払保険料の額とともに、(1)により資産に計上することとなる金額を除く。）を損金の額に算入するとともに、(1)により資産に計上した金額の累積額を取崩期間（当該取崩期間に1月未満の端数がある場合には、その端数を切り上げる。）の経過に応じて均等に取り崩した金額のうち、当該事業年度に対応する金額を損金の額に算入する。

| 区　分 | 資 産 計 上 期 間 | 資 産 計 上 額 | 取 崩 期 間 |
|---|---|---|---|
| 最高解約返戻率 50 % 超 70% 以下 | 保険期間の開始の日から、当該保険期間の100分の40相当期間を経過する日まで | 当期分支払保険料の額の40を乗じて計算した金額 | 保険期間の100分の75相当期間経過後から、保険期間の終了の日まで |
| 最高解約返戻率 70 % 超 85% 以下 | | 当期分支払保険料の額に100の60を乗じて計算した金額 | |

| 改正後 | 改正前 |
|---|---|
| 最高解約返戻率 85％超 | |

保険期間の開始の日から、最高解約返戻率となる期間の各期間（当該期間経過後の各期間において、その期間における解約る解約返戻金相当額からその解約返戻金相当額を控除した金額を年換算保険料相当額で除した割合が100分の70を超える期間がある場合には、その超える期間の末日まで期間）の終了の日まで

（注）上記の資産計上期間が5年未満となる場合には、保険期間の開始の日から、5年を経過する日まで（保険期間が10年未満の場合には、当該保険期間の開始の日から、当該保険期間の100分の50相当期間を経過する日まで）とする。

当期分支払保険料の額に最高解約返戻率の100分の70(保険期間の開始の日から、10年を経過する日までは、100分の90)を乗じて計算した金額

解約返戻金相当額が最も高い金額となる期間（資産計上期間がこの表の資産計上期間に掲げる（注）に該当する場合には、当該（注）による資産計上期間）経過後から、保険期間の終了の日まで

注1　「最高解約返戻率」、「当期分支払保険料の額」、「年換算保険料相当額」及び「保険期間」とは、それぞれ次のものをいう。

イ　最高解約返戻率とは、その保険の保険期間を通じて解約返戻率（保険

| 前 | 正 | 改 |
|---|---|---|

改正後:

契約時において契約者に示された解約返戻金相当額について、それを受けることとなるまでの間に支払うこととなる保険料の額の合計額で除した割合が最も高い割合となる期間におけるその割合をいう。

ロ　当期分支払保険料の額とは、その支払った保険料の額のうち当該事業年度に対応する部分の金額をいう。

ハ　年換算保険料相当額とは、その保険の保険料の総額を保険期間の年数で除した金額をいう。

ニ　保険期間とは、保険契約に定められている契約日から満了日までをいい、当該保険期間の開始の日以後1年ごとに区分した各期間で構成されているものとして本文の取扱いを適用する。

2　保険期間が終身である第三分野保険については、保険期間の開始の日から被保険者の年齢が116歳に達する日までを計算上の保険期間とする。

3　表の資産計上期間の欄の「最高解約返戻率」及び「100分の70を超える期間」並びに取崩期間の欄の「解約返戻金相当額が最も高い金額となる期間」が複数ある場合には、いずれもその最も遅い期間がそれぞれの期間となることに留意する。

4　一定期間分の保険料の額の前払をした場合には、その全額を資産に計上し、資産に計上した金額のうち当該事業年度に対応する部分の金額について、本文の取扱いによることに留意する。

5　本文の取扱いは、保険契約時の契約内容に基づいて適用するのであるが、その契約内容の変更があった場合、保険期間のうち当該変更以後の期間においては、変更後の契約内容に基づいて9－3－4から9－3－6の2の取扱いを適用する。

なお、その契約内容の変更に伴い、責任準備金相当額の過不足の精算を行う場合には、その変更後の契約内容に基づいて計算した資産計上額の累

| 改正後 | 改正前 |
|---|---|
| 積額と既往の責準計上額の累積額との差額について調整を行うことに留意する。<br><br>6 保険金又は給付金の受取人が被保険者又はその遺族である場合であって、役員又は部課長その他特定の使用人(これらの者の親族を含む。)のみを被保険者としているときには、本文の取扱いの適用はなく、9-3-5の(2)の例により、その支払った保険料の額は、当該役員又は使用人に対する給与となる。<br><br>**(定期付養老保険等に係る保険料)**<br><br>9-3-6 法人が、自己を契約者とし、役員又は使用人(これらの者の親族を含む。)を被保険者とする定期付養老保険等(養老保険に定期保険又は第三分野保険を付したものをいう。以下9-3-7までにおいて同じ。)に加入してその保険料を支払った場合には、その支払った保険料の額(特約に係る保険料の額を除く。)について、次に掲げる場合の区分に応じ、それぞれ次により取り扱うものとする。<br><br>(1) 当該保険料の額が生命保険証券等において養老保険に係る保険料の額と定期保険又は第三分野保険に係る保険料の額とに区分されている場合 その定期保険又は第三分野保険に係る保険料の額について9-3-4、9-3-5又は9-3-5の2の例による。<br><br>(2) (1)以外の場合 その保険料の額について9-3-4の例による。<br><br>**(特約に係る保険料)**<br><br>9-3-6の2 法人が、自己を契約者とし、役員又は使用人(これらの者の親族を含む。)を被保険者とする特約を付した養老保険、定期保険、第三分野保険又は定期付養老保険等に加入し、当該特約に係る保険料を支払った場合には、そ | 9-3-6 法人が、自己を契約者とし、役員又は使用人(これらの者の親族を含む。)を被保険者とする定期付養老保険(養老保険に定期保険を付したものをいう。以下9-3-7までにおいて同じ。)に加入してその保険料を支払った場合には、その支払った保険料の額(傷害特約等の特約に係る保険料の額を除く。)について、次に掲げる場合の区分に応じ、次に掲げる場合の区分に応じ、それぞれ次により取り扱うものとする。<br><br>(1) 当該保険料の額が生命保険証券等において養老保険に係る保険料の額と定期保険に係る保険料の額とに区分されている場合 その定期保険に係る保険料の額について9-3-4又は9-3-5の例による。<br><br>(2) (1)以外の場合 その保険料の額について9-3-4の例による。<br><br>**(傷害特約等に係る保険料)**<br><br>9-3-6の2 法人が、自己を契約者とし、役員又は使用人(これらの者の親族を含む。)を被保険者とする傷害特約等の特約を付した養老保険、定期保険又は定期付養老保険に加入し、当該特約に係る保険料を支払った場合には、その支<br><br>**(定期付養老保険に係る保険料)** |

| 改正後 | 改正前 |
|---|---|
| の支払った保険料の額については、当該特約の内容に応じ、9-3-4、9-3-5又は9-3-5の2の例による。<br><br>**（保険契約の転換をした場合）**<br>9-3-7　法人がいわゆる契約転換制度によりその加入している養老保険、定期保険、第三分野保険又は定期付養老保険等（以下9-3-7において「転換後契約」という。）に転換した場合には、資産に計上している保険料の額（以下9-3-7において「資産計上額」という。）のうち、転換後契約の責任準備金に充当される部分の金額（以下9-3-7において「充当額」という。）を超える部分の金額をその転換をした日の属する事業年度の損金の額に算入することができるものとする。この場合において、その転換のあった日に保険料の一時払いをしたものとして、転換後契約の内容に応じて9-3-4から9-3-6までの例による。<br>（注）9-3-5の2の資産計上期間の欄の（注）を除く。<br><br>**（払済保険へ変更した場合）**<br>9-3-7の2　法人が既に加入している生命保険をいわゆる払済保険に変更し、その変更時における解約返戻金相当額とその保険契約により資産に計上している保険料の額（以下9-3-7の2において「資産計上額」という。）との差額を、その変更した日の属する事業年度の益金の額又は損金の額に算入する。ただし、既に加入している生命保険の保険料の全額（特約に係る保険料の額を除く。）が役員又は使用人に | 払った保険料の額は、期間の経過に応じて損金の額に算入することができる。ただし、役員又は部課長その他特定の使用人（これらの者の親族を含む。）のみを被保険者等に係る給付金の受取人としている保険料の額は、当該役員又は使用人に対する給与とする。<br><br>**（保険契約の転換をした場合）**<br>9-3-7　法人がいわゆる契約転換制度によりその加入している養老保険又は定期付養老保険（以下9-3-7において「転換後契約」という。）に転換した場合には、資産に計上している保険料の額（以下9-3-7において「資産計上額」という。）のうち、転換後契約の責任準備金に充当される部分の金額（以下9-3-7において「充当額」という。）を超える部分の金額をその転換をした日の属する事業年度の損金の額に算入することができるものとする。この場合において、その転換のあった日に保険料の一時払いをしたものとして、転換後契約の内容に応じて9-3-4から9-3-6までの例による。<br><br>**（払済保険へ変更した場合）**<br>9-3-7の2　法人が既に加入している生命保険に変更し、その変更時における解約返戻金相当額とその保険契約により資産に計上している保険料の額（以下9-3-7の2において「資産計上額」という。）との差額を、その変更した日の属する事業年度の益金の額又は損金の額に算入する。ただし、既に加入している生命保険の保険料の全額（特約等に係る保険料の額を除く。）が役員又は使用人に |

| 改正後 | 改正前 |
|---|---|
| 対する給与となる場合は、この限りでない。<br>（注）1 養老保険、終身保険、定期保険、第三分野保険及び年金保険（特約が付加されていないものに限る。）から同種類の払済保険に変更した場合に、本文の取扱いを適用せずに、既往の資産計上額を保険事故の発生又は契約が終了するまで計上しているときは、これを認める。<br>2 本文の解約返戻金相当額については、その払済保険へ変更した時点において当該変更後の保険と同一内容の保険に加入して保険期間の全部の保険料を一時払いしたものとして、9－3－4から9－3－6までの例（ただし、9－3－5の2の表の資産計上額期間の欄の⑪を除く。）により処理するものとする。<br>3 払済保険が復旧された場合には、払済保険に変更した時点で益金の額又は損金の額に算入した金額を復旧した日の属する事業年度の損金の額又は益金の額に、また、払済保険に変更した後に損金の額又は益金の額に算入した金額は復旧した日の属する事業年度の益金の額に算入する。 | 用人に対する給与となる場合は、この限りでない。<br>（注）1 養老保険、終身保険及び年金保険（定期保険（定期保険特約が付加されていないものに限る。）から同種類の払済保険に変更した場合に、本文の取扱いを適用せずに、既往の資産計上額を保険事故の発生又は契約が終了するまで計上しているときは、これを認める。<br>2 本文の解約返戻金相当額については、その払済保険へ変更した時点において当該変更後の保険と同一内容の保険に加入して保険期間の全部の保険料を一時払いしたものとして、9－3－4から9－3－6までの例により処理するものとする。<br>3 払済保険が復旧された場合には、払済保険に変更した時点で益金の額又は損金の額に算入した金額を復旧した日の属する事業年度の損金の額又は益金の額に、また、払済保険に変更した後に損金の額又は益金の額に算入した金額は復旧した日の属する事業年度の益金の額に算入する。 |

二 経過的取扱い

| 改正後 | 改正前 |
|---|---|
| （経過的取扱い…改正通達の適用時期）<br><br>この法令解釈通達による改正後の取扱いは令和元年7月8日以後の契約に係る定期保険又は第三分野保険（9－3－5に定める解約返戻金相当額のない短期払の定期保険又は第三分野保険を除く。）の保険料及び令和元年10月8日以後の契約に係る定期保険又は第三分野保険（9－3－5に定める解約返戻金相当額のない短期払の定期保険又は第三分野保険に限る。）の保険料について適用し、それぞれの日前の契約に係る定期保険又は第三分野保険の保険料については、この法令解釈通達による改正前の取扱い並びにこの法令解釈通達による廃止前の昭和54年6月8日付直審4－18「法人契約の新成人病保険の保険料の取扱いについて」、昭和62年6月16日付直審2－2「法人が支払う長期平準定期保険等の保険料の取扱いについて」、平成元年12月16日付直審4－52「法人又は個人事業者が支払う介護費用保険の保険料の取扱いについて」、平成13年8月10日付課審4－100「法人契約の「がん保険（終身保障タイプ）・医療保険（終身保障タイプ）」の保険料の取扱いについて（法令解釈通達）」及び平成24年4月27日付課法2－5ほか1課共同「法人が支払う「がん保険（終身保障タイプ）の保険料の取扱いについて（法令解釈通達）」の取扱いの例による。 | （新設） |

# 定期保険及び第三分野保険に係る 保険料の取扱いに関する FAQ

令和元年7月8日
国税庁

　定期保険及び第三分野保険に係る保険料の取扱いについては，令和元年6月28日付課法2－13他2課共同「法人税基本通達等の一部改正について」（法令解釈通達）が発遣され，取扱通達（法基通9－3－4等）の改正とともに，個別通達の廃止が行われており，令和元年7月8日以後の契約に係る定期保険又は第三分野保険の保険料については改正後の取扱いが適用されます（解約返戻金相当額のない短期払の定期保険又は第三分野保険の保険料については，令和元年10月8日以後の契約に係るものについて，改正後の取扱いが適用されます。）。

　この FAQ は，改正後の通達に関して寄せられた主な質問に対する回答を取りまとめたものです。

（注）
　1．この FAQ は，令和元年6月28日現在の法令・通達に基づいて作成しています。

　なお，「法人税基本通達」のほか，「連結納税基本通達」についても同様の改正が行われています（連基通8－3－4から8－3－9まで）。

　2．この FAQ において使用している次の省略用語は，それぞれ次に掲げる通達を示します。

　法基通：法人税基本通達，連基通：連結納税基本通達

　3．今回の通達改正の経緯や趣旨等については以下を参照してください。

「法人税基本通達の制定について」（法令解釈通達）ほか1件の一部改正（案）（定期保険及び第三分野保険に係る保険料の取扱い）に対する意見公募手続の実施について（意見公募は終了しています。）

「法人税基本通達の制定について」（法令解釈通達）ほか1件の一部改正（案）（定期保険及び第三分野保険に係る保険料の取扱い）に対する意見公募の結果について

[Q1]　改正通達の適用時期はどのようになりますか。

[A]

　　改正後の法基通及び連基通の取扱い（解約返戻金相当額のない短期払の定期保険又は第三分野保険を除きます。）は、令和元年7月8日以後の契約に係る定期保険又は第三分野保険の保険料について適用されますので、同日前の契約に遡って改正後の取扱いが適用されることはありません。

　　また、法基通9－3－5の(注)2及び連基通8－3－5の(注)2に定める解約返戻金相当額のない短期払の定期保険又は第三分野保険の保険料については、令和元年10月8日以後の契約に係るものについて、改正後の取扱いが適用されますので、同日前の契約に遡って改正後の取扱いが適用されることはありません。

　　なお、上記のそれぞれの日前の契約に係る定期保険又は第三分野保険の保険料については、引き続き、改正前の法基通若しくは連基通又は廃止前の各個別通達の取扱いの例によることとなります。

| 保険の種類 | | 適用関係 | | | |
| --- | --- | --- | --- | --- | --- |
| | | 7／8前契約 | 7／8以後契約 | 10／8前契約 | 10／8以後契約 |
| 定期保険 | | 旧9-3-5他 廃止前個別通達 | 新9-3-5、9-3-5の2他 | | |
| | 無解約返戻金・短期払 | 旧9-3-5他 | | | 新9-3-5他 |
| | 30万以下 | | | | 新9-3-5の(注)2 |
| 第三分野保険 | | 廃止前個別通達 | 新9-3-5、9-3-5の2他 | | |
| | 無解約返戻金・短期払 | 廃止前個別通達 （廃止前のがん保険通達の(3)例外的取扱い) | | | 新9-3-5他 |
| | 30万以下 | | | | 新9-3-5の(注)2 |

**【当期分支払保険料の額】**

[Q2]　法基通9－3－5の2では、「当期分支払保険料の額」について、一定額を資産に計上し、あるいは損金の額に算入するとされていますが、この「当期分支払保険料の額」はどのように計算するのですか。

　　また、保険料を年払としている場合には、法基通2－2－14((短期の前払費用))により損金算入した金額を当期分支払保険料の額とすることは認められますか。

[A]

　　「当期分支払保険料の額」とは、その支払った保険料の額のうち当該事業年度に対応する部分の金額をいいます（法基通9－3－5の2(注)1のロ）。したがって、例えば、いわゆる前納制度を利用して前納金を支払った場合や保険料を短期払した場合など、一定期間分の保険料の額の前払をしたときには、その全額を資産に計上し、資産に計上した金額のうち当該事業年度に対応する部分の金額が、当期分支払保険料の額として法基通9－3－5の2の本文の取扱いによることとなります（法基通9－3－5の2(注)4）。

また、法基通２－２－14 により、支払日から１年以内に提供を受ける役務に係るものを支払った場合（例えば、保険料を年払としている場合）において、その支払額に相当する金額を継続して支払日の属する事業年度の損金の額に算入しているときは、その金額を当期分支払保険料の額とすることは認められます。

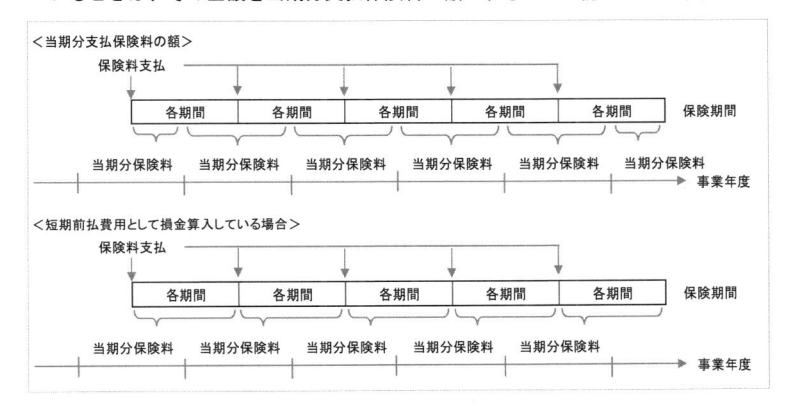

## 【資産計上期間と取崩期間】

[Q3] 法基通９－３－５の２の表のうち、最高解約返戻率が 85%超の区分となる場合の資産計上期間の欄や取崩期間の欄にある「期間」とは、どのような意味ですか。

[A]

　　法基通９－３－５の２では、保険期間を基に資産計上期間及び取崩期間を設定し、各事業年度に資産計上期間又は取崩期間があるか否かにより、当期分支払保険料の額の取扱いを定めています。

　　ここで、「保険期間」とは、保険契約に定められている契約日から満了日までの期間をいい、当該保険期間の開始の日（契約日）以後１年ごとに区分した各期間で構成されているものとしています（法基通９－３－５の２（注）１のニ）。したがって、最高解約返戻率が 85%超の区分となる場合における資産計上期間の欄や取崩期間の欄にある「期間」とは、保険期間の開始の日（契約日）以後１年ごとに区分した各期間のうちの特定の期間（例えば、「最高解約返戻率となる期間」や「解約返戻金相当額が最も高い金額となる期間」など）のことをいい、当該法人の各事業年度とは異なります。

## 【（最高）解約返戻率と解約返戻金相当額】

[Q4] 　（最高）解約返戻率の計算や、最高解約返戻率が 85%超の区分となる場合の資産計上期間の判定に用いる「解約返戻金相当額」は、どのように把握するのですか。また、解約返戻率に端数が生じた場合はどうするのですか。

[A]

　　保険期間中の各期間における解約返戻金相当額は、契約時に保険会社から各期

間の解約返戻金相当額として保険契約者に示された金額（「〇年目の解約返戻金△△円」などと示された金額）によることとなります。

　なお、この金額は、各保険商品の標準例としてパンフレット等に記載された金額ではなく、保険設計書等に記載される個々の契約内容に応じて設定される金額となります。

　また、解約返戻率は、解約返戻金相当額について、それを受けることとなるまでの間に支払うこととなる保険料の額の合計額で除した割合としていますので（法基通９－３－５の２（注）１のイ）、これに端数が生じた場合、原則として、端数の切捨て等を行わずに最高解約返戻率を計算することとなりますが、現状、各保険会社は小数点１位までの数値により解約返戻率を通知しているという実務や経理事務の簡便性を考慮し、小数点２位以下の端数を切り捨てて計算した解約返戻率が保険設計書等に記載されている場合には、その解約返戻率を用いて最高解約返戻率の区分を判定しても差し支えありません。

［Ｑ５］　いわゆる前納制度を利用して前納金を支払った場合や、保険料を短期払込とした場合、（最高）解約返戻率はどのように計算するのですか。

　［Ａ］

　いわゆる前納制度を利用して前納金を支払った場合には、各期間の保険料として充当されることとなる部分の額の合計額を分母とし、その合計額に係る解約返戻金相当額を分子として（最高）解約返戻率を計算することとなります。

　一方で、保険料を短期払込とした場合には、各期間までに実際に支払うこととなる短期払込の保険料の額の合計額を分母とし、その合計額に係る解約返戻金相当額を分子として（最高）解約返戻率を計算することとなります。

　また、最高解約返戻率が 85％超の区分となる場合の資産計上期間の判定における解約返戻金相当額についても同様に計算することになります。

　なお、契約者には、上記のことを踏まえた解約返戻金相当額が保険会社から示されるものと考えられます。

［Ｑ６］　特約に係る保険料や特別保険料を支払った場合、（最高）解約返戻率はどのように計算するのですか。

　［Ａ］

　保険給付のない特約に係る保険料（例えば、保険料払込免除特約等）や特別保険料は、主契約に係る保険料に含め、また、当該特約保険料や特別保険料を含めたところで計算される解約返戻金相当額により、（最高）解約返戻率を計算することとなります。

　なお、保険給付のある特約に係る保険料は、主契約に係る保険料とは区分して取り扱われることとなります（法基通９－３－６の２）（［Ｑ18］参照）。

［Ｑ７］　契約者配当の額や、いわゆる「生存給付金」、「無事故給付金」は、解約返戻金

相当額に含まれますか。

[Ａ]

　　契約者配当の額は、一般に、利差益、死差益及び費差益から成り、将来の払戻しを約束しているものではないため、解約返戻金相当額には含まれません。したがって、契約時の参考指標として、過去の契約者配当の実績を踏まえた予想配当額が示されている場合でも、解約返戻金相当額に含める必要はありません。ただし、契約時に、契約者配当が確実に見込まれているような場合は、この限りではありません。

　　次に、いわゆる「生存給付金」や「無事故給付金」は、契約者に将来の払戻しを約束しているものですので、解約返戻金相当額に含まれます。したがって、契約時に、保険会社が各期間の「解約返戻金」として示す金額と「生存給付金」や「無事故給付金」とを区分して表示している場合には、これらの金額を合計した金額が解約返戻金相当額となります。

[Ｑ８]　　いわゆる「変額保険」、「積立利率変動型保険」、「外貨建て保険」及び「健康増進型保険」のように、将来の解約返戻金相当額が確定していない場合、解約返戻金相当額はどのように把握するのですか。

[Ａ]

　　いわゆる「変額保険」や「積立利率変動型保険」については、契約時に示される予定利率を用いて計算した解約返戻金相当額を用いて差し支えありません。また、「外貨建て保険」については、契約時の為替レートを用いて計算した解約返戻金相当額を用いて差し支えありません。

　　なお、いわゆる「健康増進型保険」については、保険商品ごとにその契約内容が異なりますので、その取扱いは個別に判断する必要がありますが、将来の達成が不確実な事由（例えば、毎日１万歩歩くなど）によって、キャッシュバックが生じたり支払保険料等が変動するような商品については、そのキャッシュバックが生じないあるいは支払保険料等の変動がないものとして、契約時に示される解約返戻金相当額とこれに係る保険料によって（最高）解約返戻率を計算して差し支えありません。

　　また、これらの事由が契約後に確定した場合には、契約内容の変更（[Ｑ11]参照）には該当しないものとして差し支えありません。

**【年換算保険料相当額が 30 万円以下の場合】**

[Ｑ９]　　年換算保険料相当額が 30 万円以下か否かは、どのように判定するのですか。

[Ａ]

　　年換算保険料相当額が 30 万円以下か否かは、保険会社やそれぞれの保険契約への加入時期の違いにかかわらず、一の者（例えば、代表取締役：甲）を被保険者として、その法人が加入している全ての定期保険等に係る年換算保険料相当額の合計額で判定することとなりますが、その判定に際しては、特に次の点に留意す

る必要があります。

① 　合計額に含めるのは、保険期間が3年以上の定期保険又は第三分野保険で最高解約返戻率が50%超70%以下のものに係る年換算保険料相当額となります。

　　なお、役員又は部課長その他特定の使用人（これらの者の親族を含みます。）のみを被保険者としている場合で、その保険料の額が当該役員又は使用人に対する給与となるものは、判定に含める必要はありません。

② 　事業年度の途中で上記①の定期保険等の追加加入又は解約等をした場合の取扱いは次のとおりです。

　　最初に加入した定期保険等に係る年換算保険料相当額が30万円以下で、当期に追加加入した定期保険等に係る年換算保険料相当額を合計した金額が30万円超となる場合には、最初に加入した定期保険等に係る当期分支払保険料の額のうちその追加加入以後の期間に対応する部分の金額については、法基通9－3－5の2の取扱いによることとなります（経理事務が煩雑となるため、追加加入した日を含む事業年度に係る当期分支払保険料の額の全額について同通達の取扱いによることとしている場合には、それでも差し支えありません。）。

　　反対に、2つの定期保険等に加入している場合で、事業年度の途中に一方の定期保険等を解約等したことにより、年換算保険料相当額の合計額が30万円以下となるときには、他の定期保険等に係る当期分支払保険料の額のうちその解約等以後の期間に対応する部分の金額については、法基通9－3－5の2の取扱いの適用はありません（経理事務が煩雑となるため、解約等した日を含む事業年度に係る当期分支払保険料の額の全額について同通達の取扱いによらないこととしている場合には、それでも差し支えありません。）。この場合、既往の資産計上額の累積額については、保険期間の100分の75相当期間経過後から、保険期間の終了の日までの取崩期間の経過に応じて取り崩すこととなります。

③ 　改正通達の適用日前に契約した定期保険等に係る年換算保険料相当額は判定に含める必要はありません。

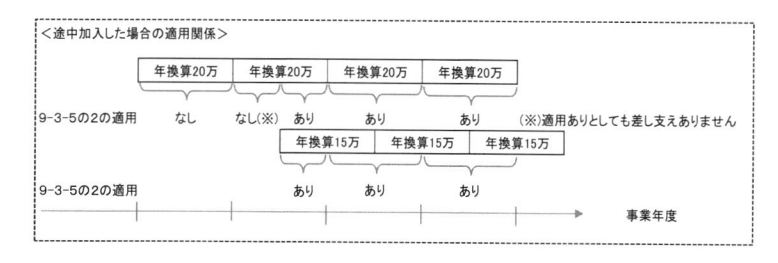

**【最高解約返戻率が85%超となる場合の資産計上期間】**

［Q10］　最高解約返戻率が85%超の区分となる場合の資産計上期間は、どのように判定するのですか。特に、法基通9－3－5の2の表中の資産計上期間の欄の（注）は、どのような場面で適用されるのですか。

［A］

　　最高解約返戻率が 85％超の区分となる場合の資産計上期間は、原則として、保険期間の開始日から、最高解約返戻率となる期間の終了の日までとなります。ただし、最高解約返戻率となる期間経過後の期間においても、その支払保険料の中に相当多額の前払部分の保険料が含まれている場合（解約返戻金相当額の対前年増加額を年換算保険料相当額で除した割合が７割を超える場合）には、７割を超える期間の終了の日まで資産計上期間が延長されることとなります。

　　なお、この増加割合が７割を超える期間が複数ある場合には、その最も遅い期間の終了の日までが資産計上期間となります（法基通９－３－５の２（注）３）。

　　また、最高解約返戻率となる期間が極めて早期に到来し、その後、解約返戻率が急減するような商品については、資産計上期間を最低でも５年間とする必要があります。ただし、そのような商品であっても、保険期間が 10 年未満である場合の資産計上期間については、保険期間の５割相当期間となります。したがって、例えば、法基通９－３－５の２の表中の資産計上期間の欄の本文に従って計算された資産計上期間が３年、かつ、保険期間が８年の保険契約の場合、その資産計上期間は４年となります。

## 【契約内容の変更】

［Q11］　法基通９－３－５の２（注）５にある「契約内容の変更」とは、どのような変更をいうのですか。

［A］

　　法基通９－３－５の２は、契約時の最高解約返戻率の区分に応じて資産計上期間、資産計上割合及び取崩期間を設定していますので、解約返戻率の変動を伴う契約内容の変更や保険期間の変更は、原則として、「契約内容の変更」に当たり、例えば、次に掲げるような変更が該当します。

(1)　払込期間の変更（全期払（年払・月払）を短期払に変更する場合等）

(2)　特別保険料の変更

(3)　保険料払込免除特約の付加・解約

(4)　保険金額の増額、減額又は契約の一部解約に伴う高額割引率の変更により解約返戻率が変動する場合

(5)　保険期間の延長・短縮

(6)　契約書に記載した年齢の誤りの訂正等により保険料が変動する場合

　　一方で、例えば、次に掲げるような変更は、原則として、「契約内容の変更」には当たりません。

(7)　払込方法の変更（月払を年払に変更する場合等）

(8)　払込経路の変更（口座振替扱いを団体扱いに変更する場合等）

(9)　前納金の追加納付

(10)　契約者貸付

(11)　保険金額の減額（部分解約）

なお、保険給付のある特約に追加加入した場合、その特約に係る保険料は、主契約に係る保険料とは区分して取り扱われることとなりますので、特約の付加に伴う高額割引率の変更により主契約の保険料が変動するようなことがない限り、主契約の「契約内容の変更」としては取り扱われません（法基通９－３－６の２）（［Q18］参照）。

また、契約の転換、払済保険への変更、契約の更新も、法基通９－３－５の２（注）５の「契約内容の変更」としては取り扱われません（［Q14］参照）。

上記のとおり、解約返戻率の変動を伴う契約内容の変更は、原則として、「契約内容の変更」に当たることから、次の［Q12］の処理を行う必要がありますが、「契約内容の変更」により最高解約返戻率が低くなることが見込まれる場合で、経理事務が煩雑となるため、あえて［Q12］の処理を行わないこととしているときには、それでも差し支えありません。

［Q12］　定期保険等に加入後、「契約内容の変更」があった場合、具体的には、どのような処理を行うのですか。

［A］

法基通９－３－５の２は、契約時の契約内容に基づいて適用されますので、その契約後に契約内容の変更があった場合、保険期間のうち当該変更があった時以後の期間においては、変更後の契約内容に基づいて法基通９－３－４から９－３－６の２までの取扱いを適用することとなります（法基通９－３－５の２（注）５）。

なお、保険料や保険金額の異動（これに伴い解約返戻率も変動）を伴う契約内容の変更がある場合には、変更前の責任準備金相当額と変更後の契約内容に応じて必要となる責任準備金相当額との過不足の精算を行うのが一般的であり、これにより、責任準備金相当額は契約当初から変更後の契約内容であったのと同じ額となりますので、税務上の資産計上累積額もこれに合わせた調整を行う必要があります。

具体的には、変更時に精算（追加払い又は払戻し）される責任準備金相当額を損金の額又は益金の額に算入するとともに、契約当初から変更後の契約内容であったとした場合の各期間の解約返戻率を基にその保険期間に係る最高解約返戻率の区分を再判定して契約当初から変更時までの資産計上累積額を計算し、これと既往の資産計上累積額との差額について、変更時の益金の額又は損金の額に算入することとなります。この調整により、税務上の資産計上累積額は契約当初から変更後の契約内容であったのと同じ額となります（この処理は、契約変更時に行うものですので、過去の事業年度に遡って修正申告等をする必要はありません。）。

変更後の各事業年度における当期分支払保険料の額については、上記の新たな最高解約返戻率の区分に応じて取り扱い、上記の調整後の資産計上累積額についても、この新たな区分に応じた取崩し期間に従って取り崩すこととなります。

また、最高解約返戻率が85％以下の場合で、最高解約返戻率の区分に変更がないときには、資産計上期間や資産計上割合は変わらないことから、必ずしも上記

の処理によることなく、責任準備金相当額の精算のみを行う処理も認められます。例えば、①責任準備金相当額の追加払があった場合に、変更後の保険料に含めて処理することや、②責任準備金相当額の払戻しがあった場合に、既往の資産計上累積額のうち払い戻された責任準備金相当額に応じた金額を取り崩すといった処理も認められます。

〔責任準備金相当額の追加払がある場合〕

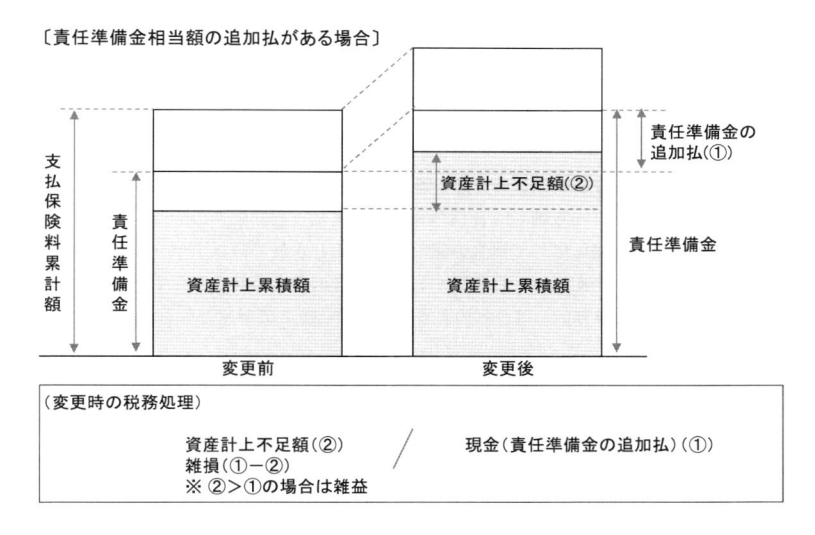

[Q13]　改正通達の適用日前の契約に係る定期保険等について、改正通達の適用日以後に契約内容の変更があった場合はどのように取り扱われるのですか。

[A]

　　　改正通達の適用日前の契約に係る定期保険等の保険料については、改正通達の適用日以後に契約内容の変更があった場合であっても、改正前の取扱い又は廃止前の個別通達の取扱いの例によりますので、改正後の取扱いは適用されません。

[Q14]　改正通達の適用日前の契約に係る定期保険等について、改正通達の適用日後に、転換、払済保険への変更、契約の更新、保険給付のある特約の付加があった場合はどのように取り扱われるのですか。

[A]

　　　契約の転換は、既契約の保険契約を新たな契約に切り替えるものですので、改正通達の適用日前の契約に係る定期保険等を改正通達の適用日後に転換した場合には、転換後の契約については、改正後の取扱いによることとなります（[Q19]参照）。このことは、改正通達の適用日後に払済保険に変更した場合も同様です。

　　　次に、契約の更新も、既契約の保険契約を新たな契約に切り替えるものですので、改正通達の適用日前の契約に係る定期保険等を改正通達の適用日後に更新し

た場合には、更新後の契約については、改正後の取扱いによるのが相当と考えられます。ただし、実務的には自動更新される場合が多く、契約者にとっては新たな保険に加入したとの認識もないため、自動更新を前提に保険に加入した契約者の予測可能性の確保等の観点から、保障内容に変更のない自動更新については新たな契約とは取り扱わずに、改正前の取扱いによって差し支えありません。

　なお、改正通達の適用日前の契約に係る定期保険等について、改正通達の適用日後に、保険給付のある特約を付加した場合には、その特約に係る保険料については、改正後の取扱いによることとなります。


**【解約返戻金相当額のない短期払の定期保険又は第三分野保険】**

[Q15]　法基通９－３－５の（１）及び（２）では、支払った保険料の額は、原則として、保険期間の経過に応じて損金の額に算入するとされていますが、同通達の（注）２では、保険料を支払った日の属する事業年度の損金の額に算入することが認められています。具体的には、どのような場合に（注）２の対象となるのですか。

[Ａ]

　法人が支払った保険料の額は、原則として、保険期間の経過に応じて損金の額に算入することとなりますが、納税者の事務負担に配慮し、法人が、保険期間を通じて解約返戻金相当額のない短期払の定期保険又は第三分野保険に加入した場合において、一の被保険者につき当該事業年度に支払った保険料の額が30万円以下であるものについて、その支払った日の属する事業年度の損金の額に算入しているときには、その処理が認められます（法基通９－３－５の（注）２）。

　なお、役員又は部課長その他特定の使用人（これらの者の親族を含みます。）のみを被保険者としている場合で、その保険料の額が当該役員又は使用人に対する給与となるものについては、（注）２の取扱いは適用されません。

（注）法基通９－３－５の２では、年換算保険料相当額（保険料総額を保険期間の年数で除した金額）により、同通達の適用対象となるかを判定しますが、同９－３－５の（注）２では、年換算保険料相当額とは異なり当該事業年度中に支払った保険料の額で適用関係を判定することに留意する必要があります。

[Q16]　保険期間のうち一定期間のみ解約返戻金のない商品は、法基通９－３－５の（注）２の対象となりますか。

　また、「ごく少額の払戻金がある契約」とは、どのような契約をいうのですか。

[Ａ]

　法基通９－３－５の（注）２は、「保険期間を通じて」解約返戻金相当額のない定期保険又は第三分野保険と定めていますので、例えば、保険料払込期間中は解約返戻金相当額がないものの、払込期間終了以後は解約返戻金相当額があるような商品は、同通達の対象となりません。

　なお、ここでいう解約返戻金相当額とは、法基通９－３－５の２の解約返戻金

相当額と同じ意味です（［Ｑ７］参照）。

　　また、現行の終身保障の第三分野保険のなかには、払込期間終了以後、ごく少額の解約返戻金や死亡保険金が支払われる商品や、保険期間中にごく少額の健康祝金や出産祝金などが支払われる商品が多くありますが、このように、ごく少額の払戻金しかない商品については、解約返戻金相当額のない保険に含まれます。

　　「ごく少額の払戻金」の範囲について、現行の商品では、入院給付金日額などの基本給付金額（５千円～１万円程度）の 10 倍としている商品が多いようであり、このような払戻金は、一般的にはごく少額のものと考えられますが、ごく少額か否かは、支払保険料の額や保障に係る給付金の額に対する割合などを勘案して個別に判断することとなります（廃止された、いわゆる「がん保険通達」と考え方が変わるものではありません。）。

［Q17］　当該事業年度に支払った保険料の額が 30 万円以下か否かは、どのように判定するのですか。

［Ａ］

　　当該事業年度に支払った保険料の額が 30 万円以下か否かについては、特に次の点に留意する必要があります。

①　一の被保険者（例えば、代表取締役：甲）につき、法基通９－３－５の(注)２に定める「解約返戻金相当額のない短期払の定期保険又は第三分野保険」に複数加入している場合は、保険会社やそれぞれの保険契約への加入時期の違いにかかわらず、その全ての保険について当該事業年度に支払った保険料の額を合計して判定することとなります。したがって、例えば、年払保険料 20 万円の無解約返戻金型終身医療保険（払込期間 30 年）と年払保険料 100 万円の無解約返戻金型終身がん保険（払込期間５年）に加入して当該事業年度に保険料を支払った場合、いずれの保険料についても、同通達の(注)２の取扱いは認められず、それぞれの保険期間（保険期間の開始から 116 歳までの期間）の経過に応じて損金算入することとなります。

　　なお、役員又は部課長その他特定の使用人（これらの者の親族を含みます。）のみを被保険者としている場合で、その保険料の額が当該役員又は使用人に対する給与となるものは、判定に含める必要はありません。

②　事業年度の途中で「解約返戻金相当額のない短期払の定期保険又は第三分野保険」の追加加入又は解約等をした場合の取扱いは次のとおりです。

　　最初に加入した定期保険又は第三分野保険の年払保険料の額が 30 万円以下で、事業年度の途中で追加加入した定期保険又は第三分野保険について当該事業年度に支払った保険料の額との合計額が 30 万円超となる場合には、当該事業年度に支払ったいずれの保険料についても、同通達の(注)２の取扱いは認められず、それぞれの保険期間の経過に応じて損金の額に算入することとなります。

　　反対に、２つの定期保険又は第三分野保険に加入している場合で、事業年度の途中に一方の保険を解約等したことにより、当該事業年度に支払った保険料

の合計額が 30 万円以下となるときには、当該事業年度に支払った保険料の額を当期の損金の額に算入することができます。

③　改正通達の適用日前に契約した「解約返戻金相当額のない短期払の定期保険又は第三分野保険」に係る支払保険料の額は判定に含める必要はありません。

### 【特約に係る保険料】

［Q18］　特約に係る保険料を支払った場合、どのように取り扱われるのですか。

　［A］

　　　　法人が、自己を契約者とし、役員又は使用人（これらの者の親族を含みます。）を被保険者とする特約を付した養老保険、定期保険、第三分野保険又は定期付養老保険等に加入し、当該特約に係る保険料を支払った場合には、その支払った保険料の額については、当該契約の内容に応じ、法基通９－３－４、９－３－５又は９－３－５の２の例によることとなります（法基通９－３－６の２）。

　　　　ここでいう特約とは、保険給付がある特約のことをいい、保険給付がある特約に係る保険料を支払った場合には、主契約に係る保険料とは区別して、法基通９－３－４、９－３－５又は９－３－５の２の取扱いによることとなります。

　　　　一方で、保険給付のない特約に係る保険料（例えば、保険料払込免除特約に係る保険料）は、主契約に係る保険料に含めて各通達の取扱いによることとなります（［Q６］及び［Q11］参照）。

### 【保険契約の転換】

［Q19］　いわゆる契約転換制度により、現在加入している養老保険を定期保険又は第三分野保険に転換した場合、転換後契約はどのように取り扱われるのですか。

　［A］

　　　　いわゆる契約転換制度により、現在加入している養老保険を定期保険又は第三分野保険に転換した場合には、養老保険の保険料について資産計上した金額のうち、転換後の定期保険又は第三分野保険の責任準備金に充当される部分の金額（充当額）を超える部分の金額を転換日の属する事業年度の損金の額に算入することができ、その上で、充当額に相当する部分の金額については、転換後の定期保険又は第三分野保険に係る保険料の一時払いをしたものとして、法基通９－３－５及び９－３－５の２の例によることとなります（法基通９－３－７）。

　　　　この充当額（転換価格）については、前納金として扱い転換後契約の応当日に各期間の保険料に充当していく方式（保険料充当方式）と、転換後契約の保険料の一部の一時払いとする方式（一部一時払方式）があるようですが、いずれの方式であっても転換後契約が定期保険又は第三分野保険である場合には、その充当額（転換価格）の全額を資産に計上し、資産計上した金額のうち転換後の各事業年度に対応する部分の金額が当期分支払保険料の額として法基通９－３－５の２の本文の取扱いによることとなります（法基通９－３－５の２(注)4）（［Q2］参照）。

　　　　ところで、転換後契約については、上記の充当額（転換価格）のほかに平準保険料を

支払うのが一般的なようですが、そのような場合には、この平準保険料を合わせた額を当期分支払保険料の額として法基通9－3－5の2の本文の取扱いによることとなります。

なお、転換後契約に係る（最高）解約返戻率については、転換時に保険会社から示される転換後契約に係る解約返戻金相当額について、それを受けることとなるまでの間に支払うこととなる保険料の額の合計額で除した割合によることとなります。

また、契約の転換は、既契約の保険契約を新たな契約に切り替えるものですので、転換のあった日を保険期間の開始の日として資産計上期間や取崩期間を判定することとなりますが、転換後の定期保険又は第三分野保険の最高解約返戻率が85%超の区分となる場合でも、同通達の表の資産計上期間の欄の(注)に定める資産計上期間を最低でも5年とする取扱いの適用はありません（法基通9－3－7）。

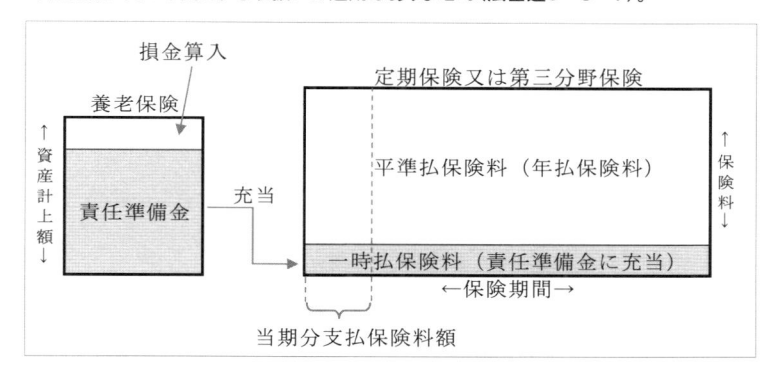

**【長期傷害保険】**

[Q20] 文書回答事例「長期傷害保険（終身保障タイプ）に関する税務上の取扱いについて」（平成18年4月28日回答）にある長期傷害保険は、通達改正後、どのように取り扱われるのですか。

[A]

長期傷害保険は、法基通9－3－5に定める第三分野保険に該当することとなりますので、改正通達の適用日以後の契約に係る長期傷害保険の保険料については、改正後の取扱いによることとなります。

なお、同日前の契約に係る長期傷害保険の保険料については、文書回答事例「長期傷害保険（終身保障タイプ）に関する税務上の取扱いについて」（平成18年4月28日回答）の取扱いの例によることとなります。

# 法人契約の新成人病保険の保険料の取扱いについて

昭和54年6月8日（廃止：令和元年6月28日）
直審4－18

　標題のことについて，○○生命保険株式会社取締役社長○○○○から別紙2のとおり照会があり，これに対して当庁直税部審理課長名をもって別紙1のとおり回答したから了知されたい。

別紙1

直審4－17

昭和54年6月8日

○○生命保険株式会社

取締役社長　　○○○○　　殿

国税庁直税部審理課長

○○○○

## 法人契約の新成人病保険の保険料の取扱いについて
### （昭和54.5.17付照会に対する回答）

　標題の新成人病保険については，保険期間満了時に給付金がないこと等に顧み，法人が当該保険の保険料をその払込みの都度損金経理した場合には，その計算を認めることとします。

昭和54年5月17日

国税庁直税部審理課長　　殿

○○生命保険株式会社

### 法人契約の場合の新成人病保険の保険料の取扱について

　当社では，昭和54年５月１日付で下記の内容の新成人病保険の発売認可を得ました。

　つきましては，法人が自己を契約者および保険金受取人とし，役員または従業員を被保険者としてこの新成人病保険を契約した場合，契約者である法人の払込む保険料は，その払込のつど損金の額に算入されるものと考えますが，この保険の発売にあたり，貴庁の御見解をお伺いしたくご照会申し上げます。

記

（新成人病保険の概要）

## １．保険事故および保険金・給付金

| （保険事故） | （保険金・給付金） |
| --- | --- |
| 成人病により死亡したとき | 死亡保険金および成人病割増保険金 |
| 成人病以外により死亡したとき | 死亡保険金 |
| 成人病により入院したとき | 成人病入院給付金 |
| 成人病により介護状態になったとき | 成人病介護給付金 |

## ２．法人契約の場合の受取人に関する特則

　法人が契約者および死亡保険金受取人の場合には，この保険による諸給付金および特約による保険金・給付金の受取人も契約者である法人となります。

## 3. 保険期間と契約年齢

| 保険期間 | 保険料払込期間 | 契約年齢 |
|---|---|---|
| 60歳満期 | 全期払 | 30〜55歳 |
| 65歳満期 | 全期払 | 35〜60歳 |
| 70歳満期 | 全期払 | 40〜65歳 |

## 4. 保険料払込方法

年払い，半年払い，月払い

## 5. 払戻金

　この保険は，保険料は掛捨てで満期保険金はありませんが，契約年齢により保険期間が長期にわたる場合には，中途で解約したとき保険料の払込期間に応じた所定の解約払戻金が保険契約者に払戻されます。これは，保険期間が長期にわたるため，高齢化するにつれて高まる死亡率に対して，平準化した保険料を算出しているためです。

以上

〔添付書類〕

　　1．新成人病保険約款

　　2．保険料表

　　3．解約払戻金例表

---

　※令和元年6月28日付課法2−13ほか2課共同「法人税基本通達等の一部改正について（法令解釈通達）」（以下「改正通達」といいます。）の発遣により，本通達は，令和元年6月28日をもって廃止されています。

　　ただし，改正通達の取扱いは令和元年7月8日以後の契約に係る定期保険又は第三分野保険（法人税基本通達9−3−5及び連

---

結納税基本通達8－3－5に定める解約返戻金相当額のない短期払の定期保険又は第三分野保険を除く。）の保険料及び令和元年10月8日以後の契約に係る定期保険又は第三分野保険（法人税基本通達9－3－5及び連結納税基本通達8－3－5に定める解約返戻金相当額のない短期払の定期保険又は第三分野保険に限る。）の保険料について適用し，それぞれの日前の契約に係る定期保険又は第三分野保険の保険料については，改正通達による改正前の取扱い並びに改正通達による廃止前の本通達の取扱いの例によることとされています。

# 法人が支払う長期平準定期保険等の保険料の取扱いについて

昭和62年6月16日直法2－2（例規）
平成8年7月4日課法2－3（例規）により改正
平成20年2月28日課法2－3，課審5－18により改正

（廃止：令和元年6月28日）

標題のことについては，当面下記により取り扱うこととしたから，これによられたい。

（趣旨）

定期保険は，満期保険金のない生命保険であるが，その支払う保険料が平準化されているため，保険期間の前半において支払う保険料の中に前払保険料が含まれている。特に保険期間が長期にわたる定期保険や保険期間中に保険金額が逓増する定期保険は，当該保険の保険期間の前半において支払う保険料の中に相当多額の前払保険料が含まれていることから，その支払保険料の損金算入時期等に関する取扱いの適正化を図ることとしたものである。（平8年課法2－3により改正）

記

## 1．対象とする定期保険の範囲

この通達に定める取扱いの対象とする定期保険は，法人が，自己を契約者とし，役員又は使用人（これらの者の親族を含む。）を被保険者として加入した定期保険（一定期間内における被保険者の死亡を保険事故とする生命保険をいい，障害特約等の特約の付されているものを含む。

以下同じ。）のうち，次に掲げる長期平準定期保険及び逓増定期保険
（以下これらを「長期平準定期保険等」という。）とする。（平8年課法
2－3，平20年課法2－3により改正）

(1) 長期平準定期保険（その保険期間満了の時における被保険者の年齢
　　が70歳を超え，かつ，当該保険に加入した時における被保険者の年齢
　　に保険期間の2倍に相当する数を加えた数が105を超えるものをいい，
　　(2)に該当するものを除く。）

(2) 逓増定期保険（保険期間の経過により保険金額が5倍までの範囲で
　　増加する定期保険のうち，その保険期間満了の時における被保険者の
　　年齢が45歳を超えるものをいう。）
　　(注)　「保険に加入した時における被保険者の年齢」とは，保険契約証書
　　　　　に記載されている契約年齢をいい，「保険期間満了の時における被保
　　　　　険者の年齢」とは，契約年齢に保険期間の年数を加えた数に相当する
　　　　　年齢をいう。

## 2．長期平準定期保険等に係る保険料の損金算入時期

　法人が長期平準定期保険等に加入してその保険料を支払った場合（役
員又は部課長その他特定の使用人（これらの者の親族を含む。）のみを
被保険者とし，死亡保険金の受取人を被保険者の遺族としているため，
その保険料の額が当該役員又は使用人に対する給与となる場合を除
く。）には，法人税基本通達9－3－5及び9－3－6（（定期保険に係
る保険料等））にかかわらず，次により取り扱うものとする。（平8年課
法2－3，平20年課法2－3により改正）

(1) 次表に定める区分に応じ，それぞれ次表に定める前払期間を経過す
　　るまでの期間にあっては，各年の支払保険料の額のうち次表に定める

資産計上額を前払金等として資産に計上し，残額については，一般の定期保険（法人税基本通達９－３－５の適用対象となる定期保険をいう。以下同じ。）の保険料の取扱いの例により損金の額に算入する。

〔前払期間，資産計上額等の表〕

| | 区分 | 前払期間 | 資産計上額 |
|---|---|---|---|
| (1) 長期平準定期保険 | 保険期間満了の時における被保険者の年齢が70歳を超え，かつ，当該保険に加入した時における被保険者の年齢に保険期間の２倍に相当する数を加えた数が105を超えるもの | 保険期間の開始の時から当該保険期間の60％に相当する期間 | 支払保険料の２分の１に相当する金額 |
| (2) 逓増定期保険 | ① 保険期間満了の時における被保険者の年齢が45歳を超えるもの（②又は③に該当するものを除く。） | 保険期間の開始の時から当該保険期間の60％に相当する期間 | 支払保険料の２分の１に相当する金額 |
| | ② 保険期間満了の時における被保険者の年齢が70歳を超え，かつ，当該保険に加入した時における被保険者の年齢に保険期間の２倍に相当する数を加えた数が95を超えるもの（③に該当するものを除く。） | 同上 | 支払保険料の３分の２に相当する金額 |
| | ③ 保険期間満了の時における被保険者の年齢が80歳を超え，かつ，当該保険に加入した時における被保険者の年齢に保険期間の２倍に相当する数を加えた数が120を超えるもの | 同上 | 支払保険料の４分の３に相当する金額 |

（注）　前払期間に１年未満の端数がある場合には，その端数を切り捨てた期間を前払期間とする。

(2)　保険期間のうち前払期間を経過した後の期間にあっては，各年の支払保険料の額を一般の定期保険の保険料の取扱いの例により損金の額に算入するとともに，(1)により資産に計上した前払金等の累積額をその期間の経過に応じ取り崩して損金の額に算入する。

（注）

　　　１．保険期間の全部又はその数年分の保険料をまとめて支払った場合には，いったんその保険料の全部を前払金として資産に計上し，そ

の支払の対象となった期間（全保険期間分の保険料の合計額をその全保険期間を下回る一定の期間に分割して支払う場合には，その全保険期間とする。）の経過に応ずる経過期間分の保険料について，(1)又は(2)の処理を行うことに留意する。

2．養老保険等に付された長期平準定期保険等特約（特約の内容が長期平準定期保険等と同様のものをいう。）に係る保険料が主契約たる当該養老保険等に係る保険料と区分されている場合には，当該特約に係る保険料についてこの通達に定める取扱いの適用があることに留意する。

### （経過的取扱い……逓増定期保険に係る改正通達の適用時期）

この法令解釈通達による改正後の取扱いは平成20年2月28日以後の契約に係る改正後の1(2)に定める逓増定期保険（2(2)の注2の適用を受けるものを含む。）の保険料について適用し，同日前の契約に係る改正前の1(2)に定める逓増定期保険の保険料については，なお従前の例による。（平20年課法2-3により追加）

※令和元年6月28日付課法2-13ほか2課共同「法人税基本通達等の一部改正について（法令解釈通達）」（以下「改正通達」といいます。）の発遣により，本通達は，令和元年6月28日をもって廃止されています。

ただし，改正通達の取扱いは令和元年7月8日以後の契約に係る定期保険又は第三分野保険（法人税基本通達9-3-5及び連結納税基本通達8-3-5に定める解約返戻金相当額のない短期払の定期保険又は第三分野保険を除く。）の保険料及び令和元年10月8日以後の契約に係る定期保険又は第三分野保険（法人税基本通達9-3-5及び連結納税基本通達8-3-5に定める解約返戻金相当額のない短期払の定期保険又は第三分野保険に限

る。）の保険料について適用し，それぞれの日前の契約に係る定期保険又は第三分野保険の保険料については，改正通達による改正前の取扱い並びに改正通達による廃止前の本通達の取扱いの例によることとされています。

# 法人契約の「がん保険（終身保障タイプ）・医療保険（終身保障タイプ）」の保険料の取扱いについて（法令解釈通達）

平成13年 8 月10日
平成24年 4 月27日課法 2 － 3 , 課審 5 － 5 により改正
（廃止：令和元年 6 月28日）
課審 4 － 100

　標題のことについて，社団法人生命保険協会から別紙 2 のとおり照会があり，これに対して当庁課税部長名をもって別紙 1 のとおり回答したから，平成13年 9 月 1 日以降にその保険に係る保険料の支払期日が到来するものからこれによられたい。

　なお，昭和50年10月 6 日付直審 4 － 76「法人契約のがん保険の保険料の取扱いについて」（法令解釈通達）は，平成13年 9 月 1 日をもって廃止する。

　おって，この法令解釈通達による保険料の取扱いのうち，がん保険（終身保障タイプ）に係る取扱いは，平成24年 4 月27日をもって廃止する。ただし，同日前の契約に係るがん保険（終身保障タイプ）に係る取扱いについては，なお従前の例による。

別紙 1

課審 4 － 99
平成13年 8 月10日

社団法人生命保険協会
専務理事　諏訪茂　殿

国税庁課税部長<br>村上喜堂

**法人契約の「がん保険（終身保障タイプ）・医療保険（終身保障タイプ）」の保険料の取扱いについて（平成13年8月8日付企第250号照会に対する回答）**

標題のことについては，貴見のとおり取り扱って差し支えありません。

なお，御照会に係る事実関係が異なる場合又は新たな事実が生じた場合には，この回答内容と異なる課税関係が生ずることがあります。

おって，当庁においては，平成13年9月1日以降にその保険に係る保険料の支払期日が到来するものから御照会のとおり取り扱うこととしましたので申し添えます。

別紙2

企第250号<br>平成13年8月8日

国税庁

課税部長　村上喜堂　殿

社団法人生命保険協会<br>専務理事　諏訪　茂

**がん保険（終身保障タイプ）及び医療保険（終身保障タイプ）に関する税務上の取扱について**

当協会の加盟会社の中には，下記の内容のがん保険（終身保障タイプ）及び医療保険（終身保障タイプ）を販売している会社があります。

つきましては，法人が自己を契約者とし，役員又は使用人（これらの者の親族を含む。）を被保険者としてがん保険（終身保障タイプ）及び医療保険（終身保障タイプ）に加入した場合の保険料の取扱いについて

は，以下のとおり取り扱って差し支えないか，貴庁の御意見をお伺いしたく御照会申し上げます。

記

## ＜がん保険（終身保障タイプ）の概要＞

（省　略）

## ＜医療保険（終身保障タイプ）の概要＞

１．主たる保険事故及び保険金

| 保険事故 | 保険金 |
| --- | --- |
| 災害による入院 | 災害入院給付金 |
| 病気による入院 | 病気入院給付金 |
| 災害又は病気による手術 | 手術給付金 |

　（注）　保険期間の終了（保険事故の発生による終了を除く。）に際して支払う保険金はない。なお上記に加えて，ごく小額の普通死亡保険金を支払うものもある。

２．保険期間　終身

３．保険料払込方法　一時払，年払，半年払，月払

４．保険料払込期間　終身払込，有期払込

５．保険金受取人　会社，役員又は使用人（これらの者の親族を含む。）

６．払戻金

　この保険は，保険料は掛け捨てでいわゆる満期保険金はないが，保険契約の失効，告知義務違反による解除及び解約等の場合には，保険料の払込期間に応じた所定の払戻金が保険契約者に払い戻される。これは，保険期間が長期にわたるため，高齢化するにつれて高まる死亡率等に対して，平準化した保険料を算出しているためである。

## ＜保険料の税務上の取扱いについて＞

1．保険金受取人が会社の場合
　(1)　終身払込の場合は，保険期間の終了（保険事故の発生による終了を除く。）に際して支払う保険金がないこと及び保険契約者にとって毎年の付保利益は一定であることから，保険料は保険期間の経過に応じて平準的に費用化することが最も自然であり，その払込の都度損金の額に算入する。

　(2)　有期払込の場合は，保険料払込期間と保険期間の経過とが対応しておらず，支払う保険料の中に前払保険料が含まれていることから，生保標準生命表の最終の年齢「男性106歳，女性109歳」を参考に「105歳」を「計算上の満期到達時年齢」とし，払込保険料に「保険料払込期間を105歳と加入時年齢の差で除した割合」を乗じた金額を損金の額に算入し，残余の金額を積立保険料として資産に計上する。

　(3)　保険料払込満了後は，保険料払込満了時点の資産計上額を「105歳と払込満了時年齢の差」で除した金額を資産計上額より取り崩して，損金の額に算入する。ただし，この取り崩し額は年額であるため，払込満了時が事業年度の中途である場合には，月数あん分により計算する。

2．保険金受取人が役員又は使用人（これらの者の親族を含む。）の場合
　(1)　終身払込の場合は，保険期間の終了（保険事故の発生による終了を除く。）に際して支払う保険金がないこと及び保険契約者にとって毎年の付保利益は一定であることから，保険料は保険期間の経過に応じて平準的に費用化することが最も自然であり，その払込の都度損金の額に算入する。

　(2)　有期払込の場合は，保険料払込期間と保険期間の経過とが対応し

ておらず，支払う保険料の中に前払保険料が含まれていることから，生保標準生命表の最終の年齢「男性106歳，女性109歳」を参考に「105歳」を「計算上の満期到達時年齢」とし，払込保険料に「保険料払込期間を105歳と加入時年齢の差で除した割合」を乗じた金額を損金の額に算入し，残余の金額を積立保険料として資産に計上する。

(3)　保険料払込満了後は，保険料払込満了時点の資産計上額を「105歳と払込満了時年齢の差」で除した金額を資産計上額より取り崩して，損金の額に算入する。ただし，この取り崩し額は年額であるため，払込満了時が事業年度の中途である場合には，月数あん分により計算する。

(4)　ただし，役員又は部課長その他特定の使用人（これらの者の親族を含む。）のみを被保険者としている場合には，当該役員又は使用人に対する給与とする。

※令和元年6月28日付課法2−13ほか2課共同「法人税基本通達等の一部改正について（法令解釈通達）」（以下「改正通達」といいます。）の発遣により，本通達は，令和元年6月28日をもって廃止されています。

　ただし，改正通達の取扱いは令和元年7月8日以後の契約に係る定期保険又は第三分野保険（法人税基本通達9−3−5及び連結納税基本通達8−3−5に定める解約返戻金相当額のない短期払の定期保険又は第三分野保険を除く。）の保険料及び令和元年10月8日以後の契約に係る定期保険又は第三分野保険（法人税基本通達9−3−5及び連結納税基本通達8−3−5に定める解約返戻金相当額のない短期払の定期保険又は第三分野保険に限る。）の保険料について適用し，それぞれの日前の契約に係る定期保険又は第三分野保険の保険料については，改正通達による改

正前の取扱い並びに改正通達による廃止前の本通達の取扱いの例によることとされています。

# 法人又は個人事業者が支払う介護費用保険の保険料の取扱いについて

平成元年12月16日（廃止：令和元年6月28日）
直審4−52（例規）
直審3−77

　標題のことについては，当面下記により取り扱うこととしたから，これによられたい。

（趣旨）
　保険期間が終身である介護費用保険は，保険事故の多くが被保険者が高齢になってから発生するにもかかわらず各年の支払保険料が毎年平準化されているため，60歳頃までに中途解約又は失効した場合には，相当多額の解約返戻金が生ずる。このため，支払保険料を単に支払の対象となる期間の経過により損金の額又は必要経費に算入することは適当でない。そこで，その支払保険料の損金の額又は必要経費に算入する時期等に関する取扱いを明らかにすることとしたものである。

記

## 1　介護費用保険の内容

　この通達に定める取扱いの対象とする介護費用保険は，法人又は事業を営む個人（これらを以下「事業者」という。）が，自己を契約者とし，役員又は使用人（これらの者の親族を含む。）を被保険者として加入した損害保険で被保険者が寝たきり又は痴ほうにより介護が必要な状態になったときに保険事故が生じたとして保険金が被保険者に支払われるも

のとする。

　事業者が介護費用保険に加入してその保険料を支払った場合（役員又は部課長その他特定の使用人（これらの者の親族を含む。）のみを被保険者とし，保険金の受取人を被保険者としているため，その保険料の額が当該役員又は使用人に対する給与となる場合を除く。）には，次により取り扱うものとする。

(1)　保険料を年払又は月払する場合には，支払の対象となる期間の経過に応じて損金の額又は必要経費に算入するものとするが，保険料払込期間のうち被保険者が60歳に達するまでの支払分については，その50％相当額を前払費用等として資産に計上し，被保険者が60歳に達した場合には，当該資産に計上した前払費用等の累積額を60歳以後の15年で期間の経過により損金の額又は必要経費に算入するものとする。

(2)　保険料を一時払する場合には，保険料払込期間を加入時から75歳に達するまでと仮定し，その期間の経過に応じて期間経過分の保険料につき(1)により取り扱う。

(3)　保険事故が生じた場合には，(1)又は(2)にかかわらず資産計上している保険料について一時の損金の額又は必要経費に算入することができる。

　(注)

　　1　数年分の保険料をまとめて支払った場合には，いったんその保険料の全額を前払金として資産に計上し，その支払の対象となった期間の経過に応ずる経過期間分の保険料について，(1)の取扱いによることに留意する。

　　2　被保険者の年齢が60歳に達する前に保険料を払済みとする保険契約又は払込期間が15年以下の短期払済みの年払又は月払の保険契約にあっては，支払保険料の総額を一時払したものとして(2)の取扱いによる。

3　保険料を年払又は月払する場合において，保険事故が生じたときには，以後の保険料の支払は免除される。しかし，免除後に要介護の状態がなくなったときは，再度保険料の支払を要することとされているが，当該支払保険料は支払の対象となる期間の経過に応じて損金の額又は必要経費に算入するものとする。

## 3　被保険者である役員又は使用人の課税関係

被保険者である役員又は使用人については，介護費用保険が掛け捨ての保険であるので，法人税基本通達9－3－5又は所得税基本通達36－31の2に定める取扱いに準じて取り扱う。

## 4　保険契約者の地位を変更した場合（退職給与の一部とした場合等）の課税関係

保険契約者である事業者が，被保険者である役員又は使用人が退職したことに伴い介護費用保険の保険契約者の地位（保険契約の権利）を退職給与の全部又は一部として当該役員又は使用人に供与した場合には，所得税基本通達36－37に準じ当該契約を解除した場合の解約返戻金の額相当額が退職給与として支給されたものとして取り扱う。

なお，事業者が保険契約者の地位を変更せず，定年退職者のために引き続き保険料を負担している場合であっても，所得税の課税対象としなくて差し支えない（役員又は部課長その他特定の使用人（これらの者の親族を含む。）のみを被保険者とし，保険金の受取人を被保険者としている場合を除く。）。

## 5　保険金の支払を受けた役員又は使用人の課税関係

被保険者である役員又は使用人が保険金の支払を受けた場合には，当該保険金は所得税法施行令第30条《非課税とされる保険金，損害賠償金等》に規定する保険金に該当するものとして，非課税として取り扱う。

## 6　適用時期

この通達は，平成元年９月１日以後の支払期日の到来分から適用する。

---

※令和元年６月28日付課法２−13ほか２課共同「法人税基本通達等
　の一部改正について（法令解釈通達）」（以下「改正通達」といい
　ます。）の発遺により，本通達は，令和元年６月28日をもって廃
　止されています。
　　ただし，改正通達の取扱いは令和元年７月８日以後の契約に係
　る定期保険又は第三分野保険（法人税基本通達９−３−５及び連
　結納税基本通達８−３−５に定める解約返戻金相当額のない短期
　払の定期保険又は第三分野保険を除く。）の保険料及び令和元年
　10月８日以後の契約に係る定期保険又は第三分野保険（法人税基
　本通達９−３−５及び連結納税基本通達８−３−５に定める解約
　返戻金相当額のない短期払の定期保険又は第三分野保険に限
　る。）の保険料について適用し，それぞれの日前の契約に係る定
　期保険又は第三分野保険の保険料については，改正通達による改
　正前の取扱い並びに改正通達による廃止前の本通達の取扱いの例
　によることとされています。

---

# 法人が支払う「がん保険」（終身保障タイプ）の保険料の取扱いについて（法令解釈通達）

平成24年4月27日
（廃止：令和元年6月28日）
課法2−5
課審5−6

標題のことについては、当面下記により取り扱うこととしたから、これによられたい。

**（趣　旨）**

保険期間が終身である「がん保険」は、保険期間が長期にわたるものの、高齢化するにつれて高まる発生率等に対し、平準化した保険料を算出していることから、保険期間の前半において中途解約又は失効した場合には、相当多額の解約返戻金が生ずる。このため、支払保険料を単に支払の対象となる期間の経過により損金の額に算入することは適当でない。そこで、その支払保険料を損金の額に算入する時期等に関する取扱いを明らかにすることとしたものである。

記

## 1　対象とする「がん保険」の範囲

この法令解釈通達に定める取扱いの対象とする「がん保険」の契約内容等は、以下のとおりである。

(1)　契約者等

法人が自己を契約者とし、役員又は使用人（これらの者の親族を含む。）を被保険者とする契約。

ただし、役員又は部課長その他特定の使用人（これらの者の親族を含む。）のみを被保険者としており、これらの者を保険金受取人としていることによりその保険料が給与に該当する場合の契約を除く。

(2)　主たる保険事故及び保険金

次に掲げる保険事故の区分に応じ、それぞれ次に掲げる保険金が支払われる契約。

| 保　険　事　故 | 保　険　金 |
| --- | --- |
| 初めてがんと診断 | がん診断給付金 |
| がんによる入院 | がん入院給付金 |
| がんによる手術 | がん手術給付金 |
| がんによる死亡 | がん死亡保険金 |

（注）1　がん以外の原因により死亡した場合にごく小額の普通死亡保険金を支払うものを含むこととする。

2 毎年の付保利益が一定（各保険金が保険期間を通じて一定であることをいう。）である契約に限る（がん以外の原因により死亡した場合にごく小額の普通死亡保険金を支払う契約のうち、保険料払込期間が有期払込であるもので、保険料払込期間において当該普通死亡保険金の支払がなく、保険料払込期間が終了した後の期間においてごく小額の普通死亡保険金を支払うものを含む。）。

(3) 保険期間

保険期間が終身である契約。

(4) 保険料払込方法

保険料の払込方法が一時払、年払、半年払又は月払の契約。

(5) 保険料払込期間

保険料の払込期間が終身払込又は有期払込の契約。

(6) 保険金受取人

保険金受取人が会社、役員又は使用人（これらの者の親族を含む。）の契約。

(7) 払戻金

保険料は掛け捨てであり、いわゆる満期保険金はないが、保険契約の失効、告知義務違反による解除及び解約等の場合には、保険料の払込期間に応じた所定の払戻金が保険契約者に払い戻されることがある。

(注) 上記の払戻金は、保険期間が長期にわたるため、高齢化するにつれて高まる保険事故の発生率等に対して、平準化した保険料を算出していることにより払い戻されるものである。

## 2 保険料の税務上の取扱い

法人が「がん保険」に加入してその保険料を支払った場合には、次に掲げる保険料の払込期間の区分等に応じ、それぞれ次のとおり取り扱う。

(1) 終身払込の場合

イ 前払期間

加入時の年齢から 105 歳までの期間を計算上

の保険期間（以下「保険期間」という。）とし、当該保険期間開始の時から当該保険期間の 50% に相当する期間（以下「前払期間」という。）を経過するまでの期間にあっては、各年の支払保険料の額のうち2分の1に相当する金額を前払金等として資産に計上し、残額については損金の額に算入する。

(注) 前払期間に1年未満の端数がある場合には、その端数を切り捨てた期間を前払期間とする。

ロ 前払期間経過後の期間

保険期間のうち前払期間を経過した後の期間にあっては、各年の支払保険料の額を損金の額に算入するとともに、次の算式により計算した金額を、イによる資産計上額の累計額（既にこのロの処理により取り崩した金額を除く。）から取り崩して損金の額に算入する。

［算　式］

$$資産計上額の累計額 \times \frac{1}{105 - 前払期間経過年齢} = 損金算入額 \\ (年\ 額)$$

(注) 前払期間経過年齢とは、被保険者の加入時年齢に前払期間の年数を加算した年齢をいう。

(2) 有期払込（一時払を含む。）の場合

イ 前払期間

保険期間のうち前払期間を経過するまでの期間にあっては、次に掲げる期間の区分に応じ、それぞれ次に定める処理を行う。

① 保険料払込期間が終了するまでの期間

次の算式により計算した金額（以下「当期分保険料」という。）を算出し、各年の支払保険料の額のうち、当期分保険料の2分の1に相当する金額と当期分保険料を超える金額を前払金等として資産に計上し、残額については損金の額に算入する。

［算　式］

$$支払保険料（年\ 額） \times \frac{保険料払込期間}{保険期間} = 当期分保険料 \\ (年\ 額)$$

（注）　保険料払込方法が一時払の場合には、
その一時払による支払保険料を上記算
式の「支払保険料（年額）」とし、
「保険料払込期間」を１として計算す
る。

②　保険料払込期間が終了した後の期間
当期分保険料の２分の１に相当する金額を、
①による資産計上額の累計額（既にこの②の
処理により取り崩した金額を除く。）から取
り崩して損金の額に算入する。

ロ　前払期間経過後の期間
保険期間のうち前払期間を経過した後の期間
にあっては、次に掲げる期間の区分に応じ、そ
れぞれ次に定める処理を行う。

①　保険料払込期間が終了するまでの期間
各年の支払保険料の額のうち、当期分保険
料を超える金額を前払金等として資産に計上
し、残額については損金の額に算入する。

また、次の算式により計算した金額（以下
「取崩損金算入額」という。）を、イの①に
よる資産計上額の累計額（既にこの①の処理
により取り崩した金額を除く。）から取り崩
して損金の額に算入する。

［算　式］

$$\frac{\left[\dfrac{\text{当期分保険料}}{2} \times \text{前払期間}\right] \times 1}{105-\text{前払期間経過年齢}} = \text{取崩損金算入額}$$

②　保険料払込期間が終了した後の期間
当期分保険料の金額と取崩損金算入額を、
イ及びこのロの①による資産計上額の累計額
（既にイの②及びこのロの処理により取り崩
した金額を除く。）から取り崩して損金の額
に算入する。

⑶　例外的取扱い
保険契約の解約等において払戻金のないもの
（保険料払込期間が有期払込であり、保険料払込
期間が終了した後の解約等においてごく小額の払
戻金がある契約を含む。）である場合には、上記

⑴及び⑵にかかわらず、保険料の払込の都度当該
保険料を損金の額に算入する。

### 3　適用関係
上記２の取扱いは、平成24年4月27日以後の契
約に係る「がん保険」の保険料について適用する。

# あとがき

　保険税務はおろか，保険商品の設計までもが通達に大きく影響を受けている中にあって，今回の通達改正のインパクトは相当に大きいものといえよう。節税保険を巡る納税者（保険会社）と国税当局の攻防は，これまで，節税保険商品の開発と，それを牽制しようとする国税庁の規制が，いわばいたちごっこの様相を呈していた。「長期平準定期保険」や「がん保険（終身保障タイプ）」などを巡る個別通達による対応がそれである。

　もっとも，保険は，単なる節税のためのものというよりは，役員退職金の積立てなどにも有益であるし，事業承継に関していえば，被保険者である先代代表者亡き後の当座の運転資金や相続税の納税資金対策，借入金返済資金の準備，後継者が分散している自社株を買い戻す際の資金対策など，法人企業運営になくてはならないものでもある。そうであるがゆえに，法人契約の保険に関する課税上の取扱いに関する理解は，租税専門家である税理士にとっても極めて重要なものといえよう。

　本書は，単に改正通達の内容を解説するためのものではなく，通達の背景にある考え方や，そもそも通達の有する性質など，より踏み込んだ内容を掲載したものである。かような意味では，単なるノウハウ本とは異なり，本質論にまで踏み込んだ書籍として世に問うたものとなっていると自負している。

　保険税務を通じて，改めて，通達課税という問題についても，読者諸兄に再考を促したいと思うところである。

　令和元年9月

酒井　克彦

# 著者紹介

## ◆編著者

**酒井　克彦** (さかい・かつひこ)

中央大学商学部教授（中央大学ロースクール兼担），博士（法学），（一社）アコード租税総合研究所所長，（一社）ファルクラム代表理事

執筆：第1章，第2章Ⅵ，第3章Ⅰ・Ⅱ，第4章対談

［主な著書］

『レクチャー租税法解釈入門』（弘文堂2015），『租税正義と国税通則法総則』〔共著〕（信山社2018），『通達のチェックポイント―相続税裁判事例精選20―』（第一法規2019），『同―所得税裁判事例精選20―』（第一法規2018），『同―法人税裁判事例精選20―』（第一法規2017），『アクセス税務通達の読み方』（第一法規2016），『プログレッシブ税務会計論Ⅰ〔第2版〕』（中央経済社2018），『同Ⅱ〔第2版〕』（中央経済社2018），『同Ⅲ』（中央経済社2019），『裁判例からみる法人税法〔2訂版〕』（大蔵財務協会2017），『裁判例からみる所得税法』（大蔵財務協会2016），『ステップアップ租税法と私法』（財経詳報社2019），『クローズアップ事業承継税制』（財経詳報社2019），『クローズアップ課税要件事実論〔第4版改訂増補版〕』（財経詳報社2017），『クローズアップ保険税務』（財経詳報社2017），『クローズアップ租税行政法〔第2版〕』（財経詳報社2016），『スタートアップ租税法〔第3版〕』（財経詳報社2015），『所得税法の論点研究』（財経詳報社2011），『「正当な理由」をめぐる認定判断と税務解釈』（清文社2015），『「相当性」をめぐる認定判断と税務解釈』（清文社2013），『キャッチアップ外国人労働者の税務』（ぎょうせい2019），『キャッチアップ改正相続法の税務』（ぎょうせい2019），『キャッチアップ仮想通貨の最新税務』（ぎょうせい2019），『新しい加算税の実務〜税務調査と資料情報への対応』（ぎょうせい2016），『附帯税の理論と実務』（ぎょうせい2010），ほか多数。

## ◆著　者（執筆順）

### 泉　　絢也（いずみ・じゅんや）
千葉商科大学商経学部講師，博士（会計学），（一社）アコード租税総合研究所研究顧問
執筆：第2章Ⅰ，第3章Ⅲ
[主な著書・論文]
『キャッチアップ外国人労働者の税務』〔共著〕（ぎょうせい2019），『キャッチアップ改正相続法の税務』〔共著〕（ぎょうせい2019），『キャッチアップ仮想通貨の最新税務』〔共著〕（ぎょうせい2019），『仮想通貨はこう変わる!!暗号資産の法律・税務・会計』〔共著〕（ぎょうせい2019），「仮想通貨（暗号通貨，暗号資産）の譲渡による所得の譲渡所得該当性—アメリカ連邦所得税におけるキャピタルゲイン及び為替差損益の取扱いを手掛かりとして—」税法学581号（2019），「テクノロジー（暗号通貨・ブロックチェーン・人工知能）の税務行政への活用—VAT逋脱対策とVATCoin構想—」千葉商大論叢56巻3号（2019），ほか多数。

### 菅原　英雄（すがはら・ひでお）
税理士，菅原経理事務所所長，税務会計研究学会会員，（一社）アコード租税総合研究所研究顧問，元国士舘大学大学院客員教授
執筆：第2章Ⅱ
[主な著書]
『イチからはじめる法人税実務の基礎〔第4版〕』（税務経理協会2019），『きちんとわかる移転価格の基礎と実務』（税務経理協会2017），『キャッチアップ仮想通貨の最新税務』〔共著〕（ぎょうせい2019），『合併等の税務』〔共著〕（大蔵財務協会2018），『クローズアップ事業承継税制』〔共著〕（財経詳報社2019），『クローズアップ保険税務』〔共著〕（財経詳報社2017），ほか多数。

### 多賀谷　博康（たがや・ひろやす）
税理士・米国公認会計士（inactive），あがたグローバル税理士法人東京事務所長社員税理士，あがたグローバルコンサルティング株式会社取締役，（一社）アコード租税総合研究所会員，（一社）ファルクラム租税法研究会研究員
執筆：第2章Ⅲ
[主な著書・論文]
『キャッチアップ外国人労働者の税務』〔共著〕（ぎょうせい2019），『通達のチェックポイント—相続税裁判事例精選20—』〔共著〕（第一法規2019），『同—所得税裁判事例

精選20—』〔共著〕（第一法規2018），『同—法人税裁判事例精選20—』〔共著〕（第一法規2017），『グループ経営をはじめよう〔第4版〕』〔共著〕（税務経理協会2018），「不動産流動化実務指針が法人税22条4項にいう公正処理基準には当たらないとされた事例」税務事例50巻12号（2018），「法人税法132条の2の適用要件とその射程範囲—ヤフー事件最高裁判決を素材にして—」アコード・タックス・レビュー9＝10号（2018），ほか多数。

## 髙木　英樹（たかぎ・ひでき）

税理士・行政書士，髙木英樹税理士事務所所長，（一社）アコード租税総合研究所会員，（一社）ファルクラム租税法研究会研究員

執筆：第2章Ⅳ

［主な著書・論文］

『通達のチェックポイント—相続税裁判事例精選20—』〔共著〕（第一法規2019），『同—法人税裁判事例精選20—』〔共著〕（第一法規2018），『同—所得税裁判事例精選20—』〔共著〕（第一法規2017），「企業会計における会計処理と法人税法上の損金算入」税理62巻10号（2019），『クローズアップ事業承継税制』〔共著〕（財経詳報社2019），「『事業と必要経費』の判断—所得税法上の必要経費算入を争点とした裁決・裁判例等を素材として—」税理61巻6号（2018），「第二次納税義務者が本来の納税義務者に対する課税処分の瑕疵につき不服申立てをすることの可否」アコード・タックス・レビュー8号（2016），ほか多数。

## 酒井　春花（さかい・はるか）

（公社）日本租税研究協会・IFA日本支部事務局研究員，明治大学助手，拓殖大学講師（非常勤），（一社）アコード租税総合研究所会員

執筆：第2章Ⅴ

［主な著書・論文］

『キャッチアップ外国人労働者の税務』〔共著〕（ぎょうせい2019），『キャッチアップ改正相続法の税務』〔共著〕（ぎょうせい2019），『キャッチアップ仮想通貨の最新税務』〔共著〕（ぎょうせい2019），『OECDモデル租税条約〔2017年版〕』〔共著〕（日本租税研究協会2019），「我が国における国外転出時課税制度の創設—国外転出時課税制度における基礎理論—」経営学研究論集47号（2017），「非居住者による土地等売買における源泉徴収制度—東京地裁平成23年度判決を契機とする国際課税の一検討—」経営学研究論集50号（2019），「米国における出国税規定の歴史的変遷とわが国の国外転出時課税制度」税務事例50巻2号（2018），「仮想通貨に対する所得税法60条の2国外転出時課税制度の適用可能性」税務事例51巻1号（2019），ほか多数。

# 臼倉　真純 (うすくら・ますみ)

（一社）アコード租税総合研究所主任研究員，（一社）ファルクラム上席主任研究員

執筆：第2章Ⅵ

［主な著書・論文］

『キャッチアップ改正相続法の税務』〔共著〕（ぎょうせい2019），『キャッチアップ仮想通貨の最新税務』〔共著〕（ぎょうせい2019），『新しい加算税の実務～税務調査と資料情報への対応』〔共著〕（ぎょうせい2016），『クローズアップ事業承継税制』〔共著〕（財経詳報社2019），『クローズアップ保険税務』〔共著〕（財経詳報社2017），『通達のチェックポイント─相続税裁判事例精選20─』〔共著〕（第一法規2019），『同─所得税裁判事例精選20─』〔共著〕（第一法規2018），『同─法人税裁判事例精選20─』〔共著〕（第一法規2017），「意見公募手続・適用時期」税理62巻10号（2019），「持戻し免除の意思表示の推定規定」税理61巻13号（2018），「仮想通貨と会計処理」税理61巻11号（2018），「『事業専従者』の判断」税理61巻6号（2018），「会計上の『単一性の原則』と所得税法22条4項」税務事例48巻8号（2016），ほか多数。

# 松岡　章夫 (まつおか・あきお)

税理士，東京国際大学客員教授，東京地方裁判所所属民事調停委員，早稲田大学大学院会計研究科非常勤講師，（一社）アコード租税総合研究所研究顧問

執筆：第2章Ⅶ

［主な著書］

『キャッチアップ改正相続法の税務』〔共著〕（ぎょうせい2019），『キャッチアップ仮想通貨の最新税務』〔共著〕（ぎょうせい2019），『平成31年2月改訂版図解事業承継税制』〔共著〕（大蔵財務協会2019），『平成30年版小規模宅地等の特例』〔共著〕（大蔵財務協会2018），『平成30年12月改訂版所得税・個人住民税ガイドブック』〔共著〕（大蔵財務協会2018），『クローズアップ事業承継税制』〔共著〕（財経詳報社2019），『クローズアップ保険税務』〔共著〕（財経詳報社2017），ほか多数。

**通達改正でこう変わる!!**
**キャッチアップ 保険の税務**

令和元年 9 月30日　第 1 刷発行

編　著　　酒井　克彦

発行所　　株式会社 **ぎょうせい**

〒136-8575　東京都江東区新木場 1 -18-11
電話　編集　03-6892-6508
営業　03-6892-6666
フリーコール　0120-953-431
URL：https：//gyosei.jp

〈検印省略〉

印刷・製本　ぎょうせいデジタル㈱

ⓒ2019　Printed in Japan

＊乱丁本・落丁本はお取り替えいたします。

ISBN978-4-324-10719-5

(5108556-00-000)

〔略号：キャッチ保険税務〕